中国社会保障理论研究园地
世界社会保障学术交流平台

CSSCI来源集刊

社会保障研究

Social Security Studies

2015年第2卷（总第22卷）

主编　郑功成

中国社会保障学会
中国劳动社会保障出版社

图书在版编目(CIP)数据

社会保障研究. 2015. 第2卷：总第22卷/郑功成编著. —北京：中国劳动社会保障出版社，2015

ISBN 978-7-5167-2234-3

Ⅰ.①社… Ⅱ.①郑… Ⅲ.①社会保障-文集 Ⅳ.①C913.7-53

中国版本图书馆CIP数据核字(2015)第261069号

中国劳动社会保障出版社出版发行

（北京市惠新东街1号　邮政编码：100029）

*

保定市中画美凯印刷有限公司印刷装订　新华书店经销

787毫米×1092毫米　16开本　13印张　300千字

2015年10月第1版　2015年10月第1次印刷

定价：28.00元

读者服务部电话：（010）64929211/64921644/84643933

发行部电话：（010）64961894

出版社网址：http://www.class.com.cn

目　录

·社会保障综论·

·养老保险与服务·

·医疗保险与老年长期照护·

Contents

社会权利视角下基本养老保险制度“去商品化”程度的比较分析

王 一

【摘要】当社会福利被作为一种社会权利被劳动者获得时，劳动者便拥有了独立于市场的地位，亦即实现了劳动力的“去商品化”。本文以此为依据对现阶段基本养老保险领域中，不同群体间社会权利的实现情况进行比较分析，通过量化处理，发现机关事业单位工作人员和城镇企业职工这两类具有职业身份的群体所获得的独立于市场的地位要显著高于城乡居民，“身份化”特征明显。这种以“职业身份”为基础的福利制度不仅强化了初次分配形成的社会分层，同时也制约了社会权利的实现。面对我国基本养老保险制度中存在的问题，要实现社会权利能够满足社会成员的合理需求，需要将分散的养老保险项目整合为统一的养老保险体系，打破当前不同身份群体之间的内部分裂和福利分配差序格局，使全体公民无论身份、地域、行业，都能够平等地享受基本的养老保障。

【关键词】养老保险　社会权利　去商品化

An Comparative Analysis of the Degree of “De-commodification” of the Basic Old-Age Insurance under the Perspective of Social Rights

Wang Yi

(*School of Philosophy and Society, Jilin University, Jilin Changchun 130012*)

Abstract From the perspective of rights, when social welfare is required by laborers as a kind of social rights, laborers will have their status independent of the market, which also means the realization of “de-commodification” of labor force. Based on this, the paper does a comparative analysis on the implementing situation of social rights between different groups. Upon the quantitative treatment, the writer finds that the status independent of the market acquired by the two groups with occupational identity including the staff in public institutions and the staff in the town enterprises is higher than urban and rural residents. This shows that the social security system in China, whose corporatism is insurance system-centered, main part is labor and capital group, foundation is contribution and performance, is highly dependent on “occupational identity”. The social security system is not amending the imparity caused by social stratification but worsening the situation. Based on the above-mentioned matters, this essay also provides a preliminary idea for the construction of

---

作者简介：王一，女，博士，吉林省社会科学院社会学所助理研究员，研究方向：社会保障理论与政策。

基金项目：国家社会科学基金青年项目（14CSH051）“公民权利视角下社会保障制度‘去身份化’问题研究”课题。

social security system from the perspective of civil rights.

Keywords old-age insurance social rights de-commodification

改革开放以来，我国逐步建立起与市场经济体制相适应的社会化的养老保险基本框架，在制度层面上基本实现了全覆盖。但在养老保险制度改革过程中所采取的城乡分割与分区操作的推进方式使不同身份群体之间存在着明显的福利差距，“福利身份化”问题仍然突出，使得养老保险制度在公平性、协调性、整合性等方面面临着严峻考验。本文将在社会权利的视角下以“去商品化”程度作为衡量标准，重新认识并反思“身份化”养老保险制度。

一、社会权利与劳动力“去商品化”问题研究

社会权利的实现情况是衡量社会福利制度的必要方式。现代市场经济使人类的需要和劳动力都成为了“商品”，人们在市场之外求得生存的权利失去了保障，造成了劳动力的“商品化”问题。社会权利的实现作为“允许人们不通过纯市场力量就可以享受一定生活水平的程度”①，降低了公民地位的“商品性”，社会福利的“非商品化”与社会权利相对应，是现代社会福利制度的本质特征，② 也是改革社会保障制度的有效手段。

19世纪中期，卡尔·马克思提出了劳动力“商品化”理论，成为关于劳动力资本和劳动力市场研究的经典理论。马克思的劳动力“商品化”理论指出：“工人同资本之间所进行的交换并不是货币与劳动之间的交换，而是一种在货币与活的劳动能力之间所进行的交换……工人所提供的使用价值既不存在于工人之外，也没有物化到产品当中，而是从可能性上来讲的作为工人的能力存在……工人所用以交换的是有生之年可能耗尽的全部的劳动能力，资本家换得的是转化为商品的劳动能力……工人把自己的劳动能力当作可供使用的商品出售”③。在马克思看来，在资本主义社会当中，劳动力的“商品化”是人的“异化”，是一个时间序列，“需要在历史过程的前提之下来认识劳动对资本的关系，是在促使所有者本身从事劳动这种形式发生解体的历史过程当中得以实现的”，“从某种意义上来看，工人将自己所拥有的劳动力作为商品进行交换和出卖，是资本主义生产的全部过程和整体系统的基础所在”④。在马克思的理论体系当中，所谓资本主义的生产方式就是通过劳动力再生产实现交换价值，形成资本积累的重要成分，并作为剩余价值的重要来源。也就是说，工人通过出卖劳动力以换取货币，购买维持自我生存与发展的生活资料，进而完成自身的劳动力再生产过程。在马克思的理论体系当中，工资——通过纯粹的资本主义生产方式所获得的——是对劳动力价值进行补偿的唯一方式，社会福利在理论上被彻底抽象掉了。在这样的理论假设下，资本主义生产方式的确立依赖于普遍而彻底的劳动力“商品化”，在此基础上，得出了资本主义市场经济的矛盾根源在于剩余价值的生产，工人阶级的反抗也基于此而成为一种反剥削运动。马克思对劳动力“商品化”问题的认识是深刻的，但我们也应该意识到劳动力的“商品化”并非资本主义社会所特有的，而是经济发展到一定阶段在任何社会形态中都会出现的

① 哥斯塔·埃斯平-安德森. 福利资本主义的三个世界［M］. 苗正民等译. 北京：商务印书馆，2010.

② 郑秉文. 社会权利：现代福利国家模式的起源于诠释［J］. 山东大学学报，2005，(2).

③ 马克思，恩格斯. 马克思恩格斯全集（第四十六卷·上册）［M］. 北京：人民出版社，1979.

④ 马克思. 资本论［M］. 北京：人民出版社，1975.

产物。

在马克思看来，劳动力“商品化”意味着生产者失去了生产资料，劳动力再生产所需的产品和服务主要来自市场。而在波兰尼看来，劳动力“商品化”虽然意味着生产资料不再属于生产者，但社会福利等非市场途径可以成为劳动力再生产所需的产品和服务的重要来源。二者的区别被概括为“马克思式的抗争”与“波兰尼式的抗争”。[①] 在波兰尼看来，资本主义市场经济的发展过程是在自由放任的市场化趋势不断扩张的同时，以社会权利实现和社会福利制度为中心的社会保护性反应的不断反击与抗争。继承马克思的观点，波兰尼将劳动力“商品化”视为市场经济得以确立的根本性前提，但与马克思观点不同的是，波兰尼认为“试图实现自发调节的市场是不切实际的，那只能是一种彻头彻尾的乌托邦”[②]，也就是说，彻底的劳动力“商品化”只会导致社会本身的崩溃，是不可能在现实社会中存在的。在波兰尼看来，劳动力与普通商品具有本质上的差别，劳动力是一种由经济制度生发出来的“虚构”的商品[③]，在自由放任、未经任何调控的市场当中，市场将试图对劳动力这种虚拟商品进行彻底的控制。与此同时，这一过程必然会激发出另一种对抗性力量：社会的自我保护运动，劳动者将通过社会运动的方式要求政府对自由放任的市场经济和劳动力“商品化”过程进行限制和调控。最终，自由放任的市场经济与社会的保护性反应这两种影响劳动力“商品化”的力量相互作用，使得劳动力的“商品化”程度被限制在一个现实社会中的制度化的框架之内，也就是将市场运行“内嵌”在市场以外的制度之中，这种“嵌入性”事实上是市场赖以维系的基础。由此可见，工伤、失业、养老等社会福利都是对劳动力“商品化”趋势进行约束的力量，这些力量成为保证市场经济有效运行的必要条件。资本主义劳动契约的普遍建立标志着劳动力被“商品化”了，但工人运动的风起云涌和现代社会权利的确立却动摇了劳动力“商品化”的地位，社会权利是对劳动力的“商品”属性的一种反动和制约因素。

综合马克思和波兰尼的研究可以发现，社会权利的实现改变了劳动力“商品化”的趋势，当社会福利被作为一种社会权利而被劳动者获得时，劳动者便拥有了独立于市场的地位，也就是实现了劳动力的“去商品化”。因此，“社会权利”既可以被看成是对福利国家的起源的诠释，又可以被看成是福利国家的本来意义。[④] 也就是说，社会权利是判断一个社会“去商品化”程度的标准，社会成员依靠非市场性的力量，能够在多大程度上实现维持和改善日常生活的目标，就具有相应程度的“去商品化”能力。

二、基本养老保险制度中社会权利实现情况的比较分析

基本养老保险制度作为具有经济福利性的生活保障体系，是公共资源的重要组成部分，它修正了市场资源分配产生的不平等，起到保护弱者的作用，满足公共利益的需要。但我国的基本养老保险制度在不断扩大覆盖群体的同时并没有从根本上解决社会保障的公平性问题，制度的“身份化”特征仍然显著，下面我们将通过“去商品化”程度衡量养老保险制度

---

① Beverly J. Silver. *Forces of Labor*：*Workers' Movements and Globalization since* 1870. Cambridge：Cambridge University Press，2003.

② 卡尔·波兰尼. 大转型：我们时代的政治与经济起源［M］. 冯钢等译. 杭州：浙江人民出版社，2006.

③ 孟捷等. 改革以来劳动力商品化和雇佣关系的发展——波兰尼和马克思的视角［J］. 开放时代，2013，(5).

④ 郑秉文. 社会权利：现代福利国家模式的起源于诠释［J］. 山东大学学报，2005，(2).

中社会权利的实现情况，进而完成对“身份化”的制度反思。

（一）基本养老保险制度“去商品化”程度的比较分析

在市场经济条件下，所有人类的需要和劳动力都成为了“商品”，人们失去了在市场之外求得生存的保障，造成了劳动力的“商品化”问题，而当一项社会保障制度作为一种社会权利向社会成员赋予时，社会成员就获得了独立于市场的地位，实现了“去商品化”。也就是说，社会成员所拥有的“去商品化”能力，取决于其通过非市场力量维持和改善生活的程度。一般来说，一项保障制度能够使社会成员依靠非市场力量维持和改善生活的能力越强，就越能促进社会的实现，也就具有越高程度的“去商品化”能力。

20世纪末，丹麦学者哥斯塔·埃斯平-安德森对劳动力“去商品化”问题进行了系统的比较研究。在安德森的理论体系当中，社会权利的实现与扩张通常包括三个层次：一是公民权利的实现是国家责任的必要组成部分；二是社会保障项目的供给不是施舍或者社会控制，而是公民的权利；三是社会保障项目的获得是公民权利行使的重要步骤。① “去商品化”的衡量标准包括享受条件的限制，内置的、打消积极性的因素的强度，保障水平与社会一般水平之间的差距。

具体到养老保险领域，包括城镇职工基本医疗保险制度、机关事业单位工作人员养老保险制度和城乡居民社会保险制度三种制度形态。需要说明的是，自2014年10月开始执行的《国务院关于机关事业单位工作人员养老保险制度改革的决定》，规定“新人”实行统账结合的基本养老保险制度，并在此基础上参加职业年金；“中人”在实行统账结合基本养老保险制度的基层上发放过渡性养老金；“老人”是决定实施前已经退休的人员，继续享受原有待遇。由于“中人”“新人”的养老保险政策尚未出台细则，很难进行估算，因此，本文中所指的机关事业单位工作人员是指已退休人员，即“老人”。

参照安德森的分析方法，养老保险制度的“去商品化”程度可以通过以下三个层次来反映：

一是社会权利的进入资格，进入资格越低，“去商品化”的潜能就越大。一般来讲，救助型保障致力于维持最基本的生活标准，并以严格的生计调查为基础，“去商品化”程度最低；普遍型保障基于公民资格，与工作和需求之间没有必然联系，追求较好的境遇和平等的福利，“去商品化”程度最高；保险型保障需要在劳动力市场获得认可，待遇与缴费情况相关，“去商品化”程度高于救助型、低于普遍型。职工基本养老保险以工作和缴费为前置条件，体现权利与义务相对应的原则，属于保险型保障模式；城乡居民社会养老保险以年龄、缴费年限等为条件、以公民资格为基础、以维持最基本生存为标准，具备救助型、保险型、普遍型的综合特征；机关事业单位工作人员中的“老人”，以职业身份为基础，待遇水平与在岗工资、工作年限等相关，具备普遍型和保险型的特征，“新人”则与城镇企业职工趋同，属于保险型保障模式，“中人”属于过渡期的特殊群体，介于“新人”和“老人”之间，详见表1。社会权利的进入资格主要通过缴费年限和个人缴费情况两个指标来衡量，缴费年限计算方法为领取养老金所需要的缴费年数，个人缴费情况的计算方法为缴纳总额中个人所负

① Pierson，C. Beyond the Welfare State? Cambridge：Polity Press，1991：37.

担的比例。

表 1　养老保险计划类型比较

群体		养老保险类型
城镇企业职工		保险型
机关事业单位工作人员	新人	保险型
	老人	普遍型、保险型
城乡居民		救助型、保险型、普遍型

二是养老保险的保障水平。具体指标为退休金的平均替代率，分别考察城镇企业退休职工养老金占其在职工资的比例、城镇居民社会养老保险人均年领取额占城镇居民人均可支配收入的比例、农村居民社会养老保险人均年领取额占农村居民人均纯收入的比例、机关事业单位（“老人”）养老金占其在职工资的比例。

三是养老保险的覆盖率。分别计算三种养老保险制度的实际覆盖率。在对不同群体的缴费年限、个人缴费情况、养老金替代率进行打分的基础上，再按照实际覆盖率予以加权。

具体的量化过程为：先获取各群体缴费年限、个人缴费情况、养老金替代率的基础数据，再按照数值高低进行纵向比较，比较后分别赋予 1～4 分的数值，“去商品化”程度越高则赋值越高，“去商品化”程度越低则赋值越低，再按照实际覆盖率予以加权，最终得到去商品化的具体数值，详见表 2。

表 2　2013 年各群体养老保险“去商品化”数值

	缴费年限赋值	个人缴费情况赋值	养老金替代率赋值	实际覆盖率加权值	“去商品化”程度赋值
城镇企业职工	2	1	3	0.84	5.04
机关事业单位工作人员（已退休人员）	1	4	4	1	9
城镇居民	3	2	1	0.48	2.88
农村居民	3	3	2	0.54	4.32

通过最终的“去商品化”程度赋值可以看出，机关事业单位工作人员（“老人”）的“去商品化”程度最高，其次是城镇企业职工，“去商品化”程度最低的城乡居民群体，也就是说，城镇企业职工和机关事业单位工作人员（“老人”）这两类具有职业身份的群体所获得的独立于市场的地位要显著高于城乡居民。

（二）“身份化”养老保险制度的制度反思

通过比较分析可以看出，不同身份群体享受不同的养老待遇，制度的“身份化”问题突出。在具体的制度执行过程中，社会权利在城镇企业职工与机关事业单位工作人员这两个群体中的实现情况出现逐步接近的态势，城乡居民这两个群体社会权利的实现情况处于大致相当的水平。具体地说，城镇企业职工基本养老保险待遇的获得需要以劳动力市场的认可和缴费作为前置条件，享受待遇与工作年限、工作业绩等相挂钩，强调权利与义务的对等关系。机关事业单位工作人员群体的养老保险制度正处于调整当中，由传统的养老金制度向统账结合的基本养老保险制度过渡，在传统的养老金制度中，机关事业单位工作人员的待遇是以职业身份为基础获得的，在新的制度框架下，机关事业单位工作人员的养老保险包括基本养老保险和强制性职业年金两部分，养老保险待遇的享受要以缴费为前提。城乡居民社会养老保险是一种具有普遍性、基于最低生存标准的保障制度，筹资包括个人缴费、集体补助、政府补贴三种渠道，由基础养老金和个人账户养老金两部分构成，个人账户养老金以个人缴费为主，基础养老金由政府补贴，在满足年龄、缴费年限等要求的情况下可以领取。城乡居民社会养老保险的待遇处于较低水平，人均年领取额低于同期最低生活保障标准。

可以看出，虽然已经实现了制度层面的全覆盖，但基本养老保险制度的覆盖范围是从城镇从业群体逐步向城乡居民扩展的，从业群体的制度完备程度和待遇水平都要远远高于城乡居民，养老保险待遇的获得主要取决于社会成员在劳动力市场当中所获得的职位和薪金，是一种以贡献和业绩为基础的保障制度，既注重再分配领域的公平需求，又体现出社会成员之间贡献和业绩的差别。虽然这种由“职业身份”差异造成的福利层级化问题正在逐步被弥合，但社会成员养老保险待遇仍然是以“职业身份”为基础获得的，存在着明显的“身份化”特征，城乡居民所获得的保障待遇往往是救助式的，而职业群体的待遇水平却得到了更为迅速的增长，2012年，城镇职工基本养老保险人均年领取额为20 897元，而同期城乡居民养老保险人均年领取额仅为877元，前者约是后者的24倍左右，待遇水平差距显著。

三、基本养老保险制度“去身份化”的基本思路

从整体上来看，我国的基本养老保险障制度高度依赖于“职业身份”，具备了法团主义以保险制度为核心、以劳资群体为主体、以贡献和业绩为基础、强调权利义务相对等、层级制度鲜明的特征。虽然我国正在弥合由“职业身份”和“地域身份”差异造成的福利层级化问题，但这种转变是为了体现国民收入再分配更加注重公平的要求，社会保障待遇的获得仍然取决于“职业身份”。拥有职业身份的群体所获得的独立于市场的地位要显著高于城乡居民，社会权利的实现呈现出与工作高度相关的状态。这种以“职业身份”为基础的福利制度不仅强化了初次分配形成的社会分层，同时也制约了社会权利的实现。

面对我国社会保障制度中存在的问题，我们需要思考的是，如何实现社会权利能够满足社会成员的合理需求，同时修正社会分层所带来的不平等，也就是需要解决“怎样分配权利和义务才算是对等与合理”这一问题，事实上这涉及到“分配正义”。在社会保障领域，对于社会权利的讨论总是同社会正义联系在一起，并围绕着社会正义如何实现来展开的，可以说，社会正义决定着社会权利的实现形态，社会权利的实现程度取决于我们选择怎样的社会正义观。在社会正义领域，个人自由与社会平等作为正义原则的两端，对两者关系的平衡就构成了社会正义的价值选择。具体到基本养老保险领域，需要对正义原则做出如下选择：一是需要原则，对应的是社会平等；二是贡献原则，对应的是个人自由。

基本养老保险领域的需要是独立于个人偏好的客观性需要，在生产力发展水平和物质经济基础的具体条件下，按照社会必需进行分配，并通过对社会财富的分配满足全体社会成员基本的生存和发展需求，以达到对不利地位进行矫正和调节的作用。结合中国国情，需要原则的具体内涵应包括以下几方面内容：

一是国家作为责任主体。根据社会契约理论，个人权利的让渡使国家获得强制性的国家

权力，因而国家有责任保障公民权利。基本养老保险的公民权利转向需要国家责任作为根本保障，目前中国的基本养老保险制度以单位和个人责任为主体，国家承担最终的托底责任，这是一种动态调整与事后补救相结合的总体性责任。在需要原则指导下，应进一步明确国家对基本国民保障的具体责任，负担起基本保障项目的主要资金来源，为社会权利的拓展奠定基础。二是覆盖范围的广泛性。希望在需要原则的指导下能够达成用统一的制度设计来覆盖全体社会成员的目标，也就是说，我们要将社会权利的实现无差别地拓展至全体社会成员。三是体现社会必需的客观独立性。人的需要是有层次的，在基本养老保险领域，如何确定独立于个人偏好、具有普遍性和客观性的基本需要是需要原则必须解决的问题。四是与经济社会发展水平的适应性。需要的产生与满足都依赖于生产力发展水平，同时受社会进步程度的制约。在需要原则的指导下，基本养老保险项目的经费主要来源于国家，因此，必须考虑财政的可承受程度，在合理的范围内科学界定保障水平，在实现社会权利拓展的同时确保制度的可持续性。

基本养老保险领域的贡献原则是指按照个人通过劳动所作出的贡献来分配福利资源，是与自由的正义观相对应的价值规范，体现了权利与义务相对等的关系，是对效率和自由的关照，考虑到基本养老保险制度调节收入分配差距的性质，需要通过设置限额等方式加以限制。结合中国国情，贡献原则的具体内涵应包括以下几方面内容：一是体现权利义务相对等原则。贡献原则强调以个人的劳动贡献为依据进行福利分配，由个人和雇主按照劳动收入的一定比例共同缴费形成保障基金，作为制度的经费来源。个人的劳动贡献越大，劳动收入越多，所缴纳的社会保险费也越高，企业配套缴纳的费用也相应提高，其获得的福利分配就越多，体现出"多劳多得"和"多缴多得"的特征。二是主要覆盖有劳动收入的社会成员。贡献原则指导下的保障制度以劳动者的劳动收入为基础，因此，制度所覆盖的仅限于有劳动收入的社会成员。除了覆盖城镇从业人员之外，也覆盖有意愿的农业劳动者，需要强调的是，农业劳动者可按照劳动收入按比例缴纳社会保险费，而需要由雇主配套缴纳的费用则由国家财政负担。三是保障层次的补充性。贡献原则所针对的是在基本生存需求得到保障情况下，针对更高的保障需求所进行的制度设计。四是保障水平的适度性。以劳动所得作为基础的贡献原则是以劳动者在初次分配当中取得的份额为依据的，对初次分配的结果仍然有延续性，为突出保障性，避免对社会分层和贫富分化产生不利影响，贡献原则指导下的基本养老保险制度必须有所限制，其标准最高不得超过社会平均水平。

具体地说，养老保险制度由需要原则指导下的基本养老保险制度和由贡献原则指导下的补充养老保险制度组成。基本养老保险制度是整合现行的城镇企业职工基本养老保险、机关事业单位工作人员养老保险和城乡居民社会养老保险等养老制度，打破身份界限，覆盖全体社会成员的基础养老金制度。基本养老保险制度覆盖全体社会成员，向年满65周岁的社会成员，按照上年度各地居民人均消费支出的40%左右支付养老金，所需资金由各级财政负担。补充养老保险制度覆盖从业群体，整合现行城镇企业职工基本养老保险中的个人账户、企业年金、职业年金等制度，由用人单位和个人分别按照工资总额的8%和4%进行缴费，全部计入个人账户基金，在职工退休后按照个人账户储存额除以计发月数予以发放。

在指标选择上，居民人均消费支出涵盖了食品、居住、医疗、衣着、文化娱乐等消费支出，基本覆盖了居民生活所需支付的全部成本，能够比较准确地反映居民的基本生存需求；

在替代率上，国际劳工组织要求养老金的最低目标替代率不低于40%①，我国城镇企业职工全部新增退休人员养老金平均替代率约为42%，因此，40%的替代率标准是比较符合实际情况和一般要求的。在成本分担上，在当前的税收分成体制下，建议基本养老保险制度支付成本的70%由中央财政负担，30%由各级地方政府负担；补充养老保险制度由用人单位和个人缴费形成的基金支付。在待遇水平上，2013年，城镇企业职工月均领取养老金约1 914元，机关事业单位工作人员月均领取养老金约3 949元，城镇居民月均领取额约为120元，农村居民月均领取额约为70元②。在我们所设计的制度框架下，城镇居民家庭人均消费现金支出为18 022元，按照40%的替代率计算，城镇居民将每月领取约600元基本养老金；农村居民家庭平均每人现金消费支出为6 113元，同样按照40%的替代率计算，农村居民将每月领取约200元基本养老金；城镇企业职工和机关事业单位工作人员在领取每月约600元基本养老金的基础上，还将领取补充养老金，2013年，城镇单位在岗职工平均工资为52 388元，我国目前实际平均工作年限约为32.5年，假定所有职工自工作时起直至退休都参加了补充养老保险，按照2%的贴现率③、101个月的计发月数④计算，城镇就业人员每月可领取到约1 800元补充养老金。也就是说，城镇企业职工每月可领取到约2 400元养老金，与现行制度下的1 914元略有提升；机关事业单位工作人员每月可领取到约2 400元养老金，与现行制度下的3 949元相比下降约39%；城镇居民每月可领取到约600元养老金，与现行制度下的120元相比提高了4倍；城镇居民每月可领取到约200元养老金，与现行制度下的80元相比提高了1.5倍，详见表3。

表3　养老保险待遇水平比较⑤

	现行制度下人均月领取额（元）	新制度下人均月领取额（元）	待遇水平变动情况
城镇企业职工	1 914	2 400	提高了25%
机关事业单位工作人员	3 949	2 400	下降了39%
城镇居民	120	600	提高了4倍
农村居民	70	200	提高了1.5倍

从支付成本上来看，个人缴费额由工资额8%下降到4%，用人单位缴费额由20%下降到8%。对于政府财政，以2013年的数据来测算城镇65岁以上社会成员的支付成本，月支付额最低的是西藏（408元），最高的是上海（938元），全国平均线为600元，所需支付总额约为5 117亿元；农村居民月支付额最低的是西藏（119元），最高的是上海（474元），全国平均线为（220元），所需支付总额约为1 453亿元。据测算，2013年城乡支付总额约为6 570亿元，占GDP总额的1.15%，占公共财政支出总额的4.7%。同年，需要财政支出的机关事业单位退休金支付总额约为1 572亿元，城乡居民养老补贴总额为904亿元，共计为2 476亿元，基本养老金制度所需财政支出是现有制度的2.65倍，但仍低于同期教育

① 吴连霞. 中国养老保险制度变迁机制研究［M］. 北京：中国社会科学出版社，2012：157.

②⑤ 王一. 公民权利视角下社会保障制度“去身份化”问题研究［D］. 吉林大学博士学位论文.

③ 杨燕绥教授在设计养老金方案时将保底贴现率设定为2%，本文参考了这一贴现率标准。

④ 参考《机关事业单位工作人员养老保险制度改革的决定》中对个人账户养老金计发月数的规定。

(21 877 亿元)、城乡社区事务（11 067 元)、科学技术与文化传媒（7 583 亿元）等公共事业的支出额。与发达国家进入深度老龄社会时情况相比较，以过去 30 年为时间序列，用城乡居民人均消费增长率和 GDP 年均增长率这两个指标进行回归相关分析，可以得出农村居民均消费支出增长率与 GDP 年均增长率的相关系数为 0.91，城市为 0.85。在 2013 年以后，假设 GDP 年均增长率为 7%的情况下，预测农村居民平均消费支出增长率为 6.44%，城镇居民平均消费支出增长率为 5.92%。据此测算，到 2035 年中国进入深度老龄社会时，基本养老保险支付总额约为 54 812 亿元，约占当年 GDP 总额的 2.3%。在 20 世纪 80 年代，当发达国家处于深度老龄社会时，英国国民年金的政府财政支出约占 GDP 总额的 4%左右，美国老遗残保障金政府财政支出约占 GDP 总额的 5%左右。因此，我们所设计的方案支付成是相对较低的。

因此，以基本养老保险和补充养老保险为核心内容的养老保险制度显著提高了城乡居民的养老待遇，解决了不同身份群体间待遇差距过大的问题，用人单位和个人的缴费额降低，政府财政负担在可控范围之内，是兼具公平性和可行性的制度设计。

OECD 国家社会保障水平的经济适应性评估及对中国的启示

朱俊生　赵海珠

【摘要】 本文实证分析了 OECD 国家的社会保障水平和经济发展水平之间的关系，并根据埃斯平·安德森对福利国家的划分，对保守体制、自由体制、社会民主体制类型福利国家的社会保障水平和经济发展水平关系分别进行了探讨与比较；在此基础上，实证分析了中国社会保障水平，探讨其经济适应性。研究认为中国社会保障水平相对于经济发展还不足，但已呈现了较快的增长势头，现实中也出现了福利竞赛的现象。在我国宏观经济长期增长约束日益增强的情况下，如何构建与经济发展相适应、可持续的社会保障制度成为急需破解的一个难题。其中的核心就在于如何评估社会保障的经济适应性。

【关键词】 社会保障水平　经济适应性　曲线估计

Assessment of Social Security's Economic Adaptability: Research Based on the Comparison with OECD Countries and China

Zhu Junsheng　Zhao Haizhu

(*Capital University of Economics and Business*)

Abstract The paper analyses the level of social security and economic development in OECD countries. According to Anderson's classification of welfare states, the paper describes the curves of the social security level and economic development level in conservative regime, free regime and social democracyregime. The empirical analysis shows that while the social security level in China still has space for growth, it indeed presents a high increase speed and welfare competition has appeared. The welfare competition should be constrained. As China's macroeconomic growth faces increasing constraints, it becomes urgent to build a sustainable social security system compatible with thedevelopment of economy, the core of which is how to assess social security's economicadaptability.

Keywords social security level　economic adaptability　curve estimating

一、问题提出与文献综述

进入 21 世纪以来，政府针对脆弱群体社会保障不足的现象采取了一系列强有力的措施，

作者简介：朱俊生，首都经济贸易大学劳动经济学院教授，博士生导师，研究方向为社会保障理论；赵海珠，首都经济贸易大学劳动经济学院博士生，研究方向为社会保障理论。

基金项目：本文为国家自然科学基金项目“社会保障的经济适应性评估”（项目批准号：71373164）和国家社科基金重大项目“建立社会公平保障体系与维护社会公平正义研究”（项目批准号：13&ZD042）的阶段性研究成果。

覆盖城乡的社会保障体系建设取得重大成就。但2008年受美国次贷危机及其引发的全球经济危机影响，我国经济增速下滑，部分企业经营困难。政府推出“五缓四减三补贴”政策，降低企业的社会保险负担。2011年第二季度以来，全球经济又出现较大的波动，再次造成我国一些企业生产经营困难。2011年起我国的GDP增速下降至9.5%，2014年进一步降至7.4%。从长远看，我国宏观经济增长的约束日益增强，增速放缓将成为中长期趋势。这就提出了“如何构建与经济发展相适应、可持续的社会保障制度”的重大命题。

本轮国际金融与经济危机也警示，社会保障制度不可持续将拖累经济与社会发展。债务危机从希腊开始的一个重要原因是其公共养老金发展缺乏可持续性，负担沉重，最终拖累了国家财政。欧洲一些国家在危机中掀起养老金制度改革的新浪潮，但遇到很多阻力，甚至引发社会骚乱。这些教训表明，如果社会保障与经济发展水平脱节，缺乏可持续性，将有可能成为引发社会矛盾的导火索。

但目前理论上对于社会保障可能具有的负面影响缺乏深入的考量，实践中也只注重制度本身覆盖面的提升和保障水平的提高，而对其可能的不利后果考察不够，特别是对社会保障的经济适应性缺乏系统的审视。因此，要实现社会保障制度的可持续性发展，必须评估其经济适应性，研究宏观层面的适度水平。

对社会保障与经济发展之间的关系，国外的研究主要关注社会保障对经济增长的影响及其作用机制。早期研究主要是在新古典增长理论框架内，利用生命周期模型，重点关注社会保障通过影响居民储蓄进而影响物质资本积累和经济增长的作用机制（Feldstein，1974、1980、1996；Ehrlich and Zhong，1998）。近年来，学术界逐渐摈弃了新古典增长模型，转而主要以内生经济增长理论为基础，考虑父母的利他主义和利己主义动机，着重考察社会保障通过影响人力资本积累进而对经济增长特别是对长期经济增长的作用机制的影响（Ehrlich and Zhong，1998；Kaganovich and Zilcha，1999；Kemnitz and Wigger，2000；Glomm and Kaganovich，2003）。已有研究揭示了实现社会保障经济适应性的内在机理。但目前这方面的经验研究还相对较少且没有给出一致结论。

穆怀中教授（1997、2001、2003）较早关注这个问题，并引发了一些后续研究。已有研究主要通过实证方法，评判社会保障与经济发展的关系。一是通过统计分析衡量社会保障水平与经济发展适应性。研究中使用的量化指标主要是“社会保障支出占GDP的比重”（穆怀中，1997）。杨翠迎、何文炯（2004）提出用社会保障水平发展系数（CSS）、王晓琴等（2008）采用类似的“社会保障支出增长弹性”作为社会保障水平与经济发展适应性的衡量标准。二是运用相关、回归与协整等计量方法探讨社会保障水平与经济发展的关系。如穆怀中（2001）运用相关和回归分析方法，揭示出社会保障水平与人均国内生产总值二者之间的正相关关系。董拥军、邱长溶（2007）、刘苓玲等（2012）运用协整分析方法，探讨社会保障支出和经济增长之间的正向关系以及因果关系。但也有实证研究表明（彭浩然、申曙光，2007；贾俊雪、郭庆旺等，2011），社会保障对经济增长具有显著的抑制作用。而关于社会保障的适度水平，已有的研究主要基于穆怀中（1997）根据柯布-道格拉斯生产函数提出的社会保障水平测定模型。

综上所述，社会保障与经济发展之间的关系一直为学者用不同的方式所探讨，所得出的结论也并不尽一致。笔者将在此基础上利用OECD国家的相关数据对社会保障水平和经济发展水平的关系进行曲线估计，探讨二者关系的一般规律，并据此研究中国的社会保障水平的适度性。

二、指标选择与数据来源

社会保障水平可以用两个指标分析，一个是人均的社会保障支出（暂称为社会保障密度），一个是社会保障支出占GDP的比重（暂称为社会保障深度）。为便于国际间的比较，本文采用相对数——社会保障支出占GDP的比重。

目前四大国际组织（国际劳工组织、经济合作与发展组织、欧盟、世界银行）都有社会保障相关的统计，鉴于OECD的统计口径最宽，支出的项目包括老年福利、遗属福利、失能人员福利、健康福利、家庭福利、积极劳动力市场计划、失业福利、住房福利和其他社会政策领域的福利，本文将采用OECD提供的社会保障数据库中1980—2010年的数据进行分析。OECD将社会保障支出（Social Expenditure）分为公共支出、强制性的私人支出和自愿性的私人支出。为便于与中国的比较，考虑中国自愿性的私人支出较少且难以统计的状况，将社会保障支出界定为公共支出和强制性的私人支出之和。因此，本文采用的社会保障水平衡量指标为社会保障深度，即公共支出和强制性私人支出之和占GDP的比重。同时，采用人均GDP反映一国的经济发展状况和国民的生活状况。

相比之下，中国的社会保障项目涉及的领域较为狭窄，本着便于统计的原则，且按照公共支出和强制性私人支出之和的思路，中国的社会保障总支出大体包括以下内容：财政性社会保障支出、预算外社会保障支出、社会保险基金支出和新农合基金支出。其中，狭义的社会保障总支出＝财政性社会保障和就业支出＋预算外社会保障和就业支出＋社会保险基金支出＋新农合基金支出－财政补贴社会保险基金支出－财政补贴新农合基金支出。广义的社会保障总支出＝财政性社会保障和就业支出＋医疗卫生支出＋住房保障支出＋地震灾后恢复重建支出＋预算外社会保障和就业支出＋社会保险基金支出＋新农合基金支出－财政补贴社会保险基金支出－财政补贴新农合基金支出。这些数据来源于历年《中国统计年鉴》和《中国财政年鉴》。

三、OECD国家社会保障水平与经济发展水平关系的实证分析

（一）OECD国家社会保障体制类型的划分

1990年，丹麦籍学者埃斯平-安德森（Gosta Esping-Andersen）运用“非商品化”这个工具进行福利国家的比较研究，将福利资本主义分为三个世界或称三个模式，从此开拓了比较社会政策研究的新天地。本文借鉴这种福利模式的划分，在不同类型的社会保障模式中选取了15个典型国家，以考察不同类型的社会保障模式的支出水平是否有区别。

其中，5个保守体制的福利国家为奥地利、比利时、法国、德国、意大利，集中分布在欧洲大陆地区。该制度类型的特点是社会权利的资格以工作业绩为计算基础，即以参与劳动市场和社保缴费记录为前提条件，带有保险的精算性质。

5个自由体制的福利国家为澳大利亚、加拿大、日本、瑞士、美国，在这种福利体制中，居支配地位的是不同程度地运用经济调查和家计调查式的社会救助，辅以少量的“普救

式”转移支付或作用有限的社会保险计划。

5个社会民主体制的福利国家为丹麦、芬兰、荷兰、挪威、瑞典，集中分布在北欧地区。它缘于贝弗里奇的普遍公民权原则，资格的确认几乎与个人需求程度或工作表现无关，而主要取决于公民资格或长期居住资格。社会民主体制国家更关注公平、平等，看重社会团结，主张国家干预经济、提供平等的福利。

（二）OECD国家社会保障水平呈现波动中缓慢上升状态

总体来看，在1980—2010年间，福利国家社会保障水平在波动中上升，基本波动在19％～28％之间（参见图1）。其中，1980—1989年间，除在1984年有所降低外，总体保持平稳，略有上升，由19.14％上升至20.73％；1990—1993年间，均值水平上升幅度较大，增至24.88％，2000年回落至23.26％，2003年出现反弹趋近于24.71％后又回落至2007年的23.57％；受金融危机影响，2009年社会保障水平又出现了明显的波峰。整个阶段的社会保障水平年平均增速为0.3％。

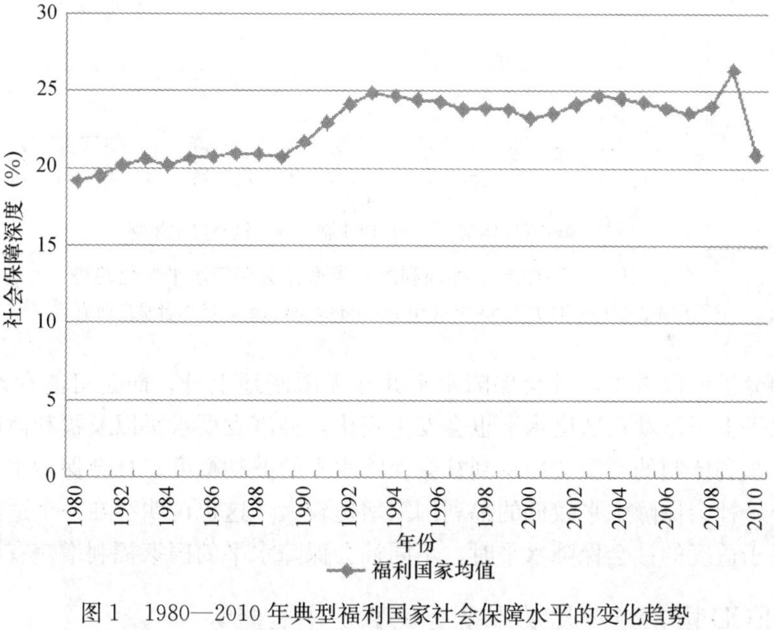

图1　1980—2010年典型福利国家社会保障水平的变化趋势

数据来源：OECD数据库网站http://stats.oecd.org/，经作者整理而成。

分类型来看，自由体制国家的社会保障水平要远远低于保守体制和社会民主体制国家的社会保障水平（参见图2）。在1980—2010年，除瑞士外，自由体制国家的社会保障水平最高的时期未超过20％，而保守体制和社会民主体制国家的社会保障水平一直保持在20％以上；比较保守体制及社会民主体制国家的社会保障水平可以发现，在1996年之前，社会民主体制国家的社会保障水平一直高于或等于保守体制国家的社会保障水平，1996年之后则相反，保守体制国家的社会保障水平超过了社会民主体制国家的社会保障水平，出现变化的原因有待于进一步的考察。

自由体制国家和保守体制国家社会保障水平的变化较社会民主体制国家更平稳，波动幅度较小，呈现稳中上升的变化趋势，而社会民主体制国家社会保障水平出现了1980—1985年、1985—1989年、2000—2008年三次小幅度波动以及1989—2000年一次大幅度波动。

自由体制国家社会保障水平增长最快，年平均增速为1.58%，社会民主体制国家次之，主要受金融危机后社会保障支出骤增的影响，年平均增速为0.81%，保守体制国家最慢，年平均增速为0.74%。

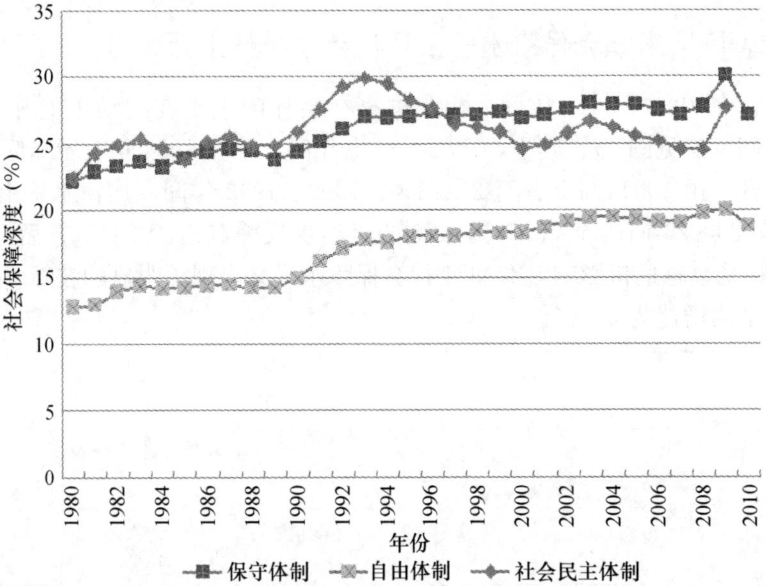

图2　1980—2010年三种福利国家类型社会保障水平变化趋势

数据来源：OECD数据库网站 http://stats.oecd.org/，经作者整理而成。

从以上的分析可以看出，社会保障水平并非无限制地上升，而是可能存在一个适度水平，在适度水平上下浮动；适度水平也会发生变化，经济发展水平以及福利体制类型是可能的影响因素；福利体制的类型会影响到社会保障水平的波动幅度；社会保障水平较高的福利国家增速较小，社会保障水平较低的福利国家增速较大，这也说明存在一个适度的社会保障水平，在趋近于适度的社会保障水平时，不同社会保障水平的国家福利增速有所区别。

（三）OECD国家经济发展水平呈现稳步增长趋势

总体来看，1980—2010年福利国家人均GDP水平基本呈现稳步增长的状态（参见图3），从1980年的21 712.26美元上升至2010年的34 928.88美元，并在1990年、2000年、2007年出现波峰，2008年之后受金融危机影响，出现小的波谷。整个阶段的年平均增速为2.03%。

分类型来看（参见图4），三个类型中，保守体制国家经济发展水平最低，且一直低于其他两种类型国家的经济发展水平；2000年之前，自由体制国家经济发展水平要高于社会民主体制国家，2000年之后，两者曲线趋于重合；三条曲线波动幅度较小，均在1990年、2000年前后产生了小的波峰，在2008年出现波谷；社会民主体制国家经济增速最快，年平均增速为2.30%，自由体制国家次之，年平均增速为1.92%，保守体制国家最慢，年平均增速为1.87%。

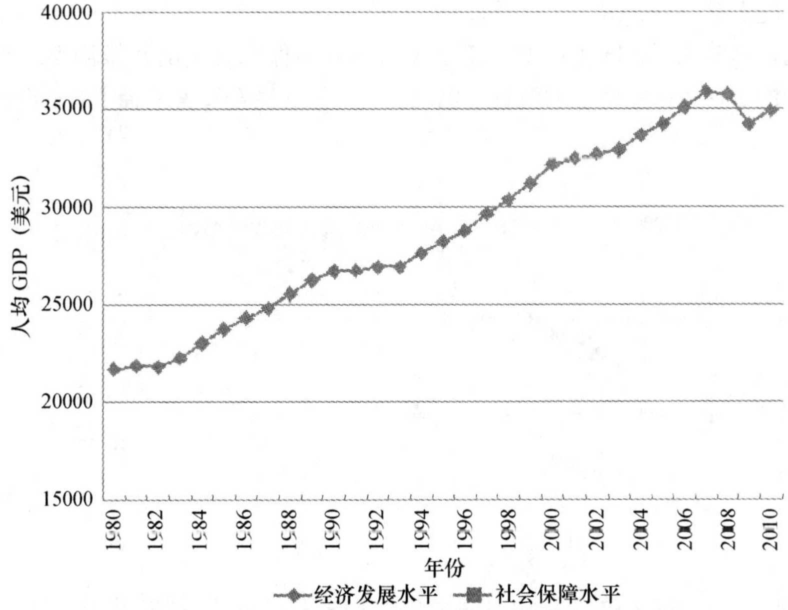

图 3　1980—2010 年典型福利国家经济发展水平的变化趋势

数据来源：OECD 数据库网站 http://stats.oecd.org/，经作者整理而成。

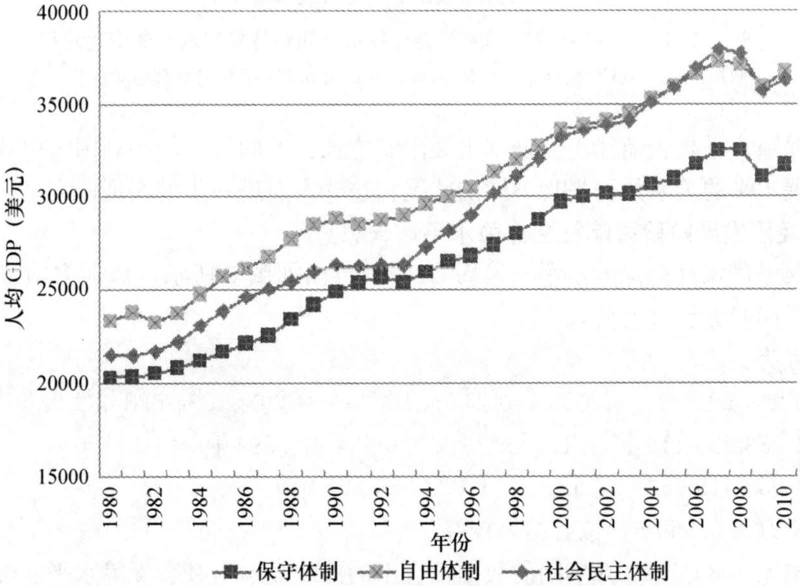

图 4　1980—2010 年三种福利国家类型经济发展水平变化趋势

数据来源：OECD 数据库网站 http://stats.oecd.org/，经作者整理而成。

（四）OECD 国家社会保障水平与经济发展水平关系判断

1. 社会保障水平与经济发展水平整体呈现同步上升趋势

由图 5 可以看出，在 1980—2010 年，经济发展水平和社会保障水平的曲线都呈现上升的趋势，大致推定社会保障水平是随经济发展水平的增长而增长；经济的萧条往往引起社会保障水平的较大幅度上升，1982年、1993年、2003年、2010年经济增长的低谷期恰恰是社会保障水平的波峰期，这体现了各国为应对经济下滑增加社会保障支出的政策调整；2007年经济发展水平的波峰恰是社会保障水平的波谷，也说明了经济的良好发展减轻了对社会保障的需求。

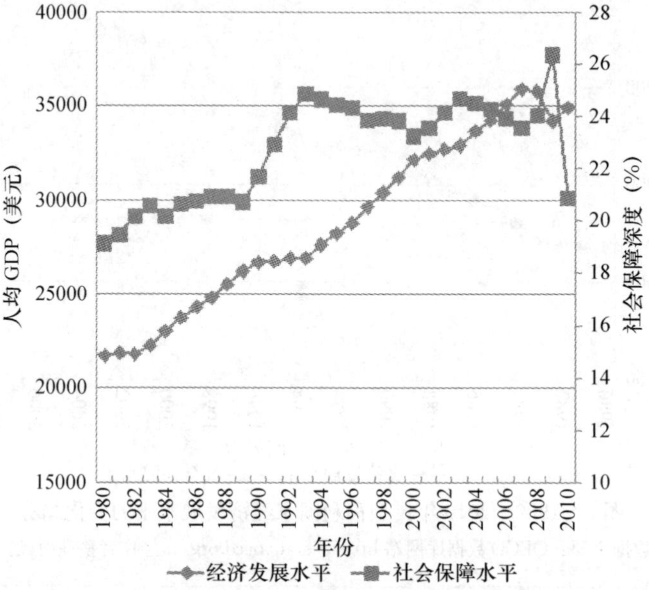

图5　1980—2010年典型国家社会保障水平和经济发展水平的变化趋势

数据来源：OECD数据库网站 http://stats.oecd.org/，经作者整理而成。

但社会保障水平是否随经济发展水平无限制增长？不同类型的福利国家模式社会保障水平与经济发展水平的关系是否呈现不同的状况？这些需要进一步的实证研究。

2. 不同经济发展阶段影响社会保障水平增长态势

OECD典型国家社会保障水平与人均GDP散点图如图6所示，添加多项式趋势线进行回归分析可得回归方程（见公式1）。

回归方程为：

$$y = 1.318\,9 \times 10^{-26} x^6 - 3.550\,140\,244 \times 10^{-21} x^5 + 3.642\,274\,628\,432\,27 \times 10^{-16} x^4 - 1.761\,083\,938\,118\,17 \times 10^{-11} x^3 + 3.928\,684\,975\,594\,19 \times 10^{-7} x^2 - 0.002\,959\,415\,606\,033\,52 x + 14.820\,863\,291\,019\,7 \quad \text{（公式 1）}$$

其中，R方为0.359 6，拟合结果较好。

OECD国家1980至2010年间的数据拟合出的曲线显示，社会保障水平随经济发展水平的提高而提高，不过，在不同的经济发展阶段提高的速度并不相同，在经济发展达至较高水平后，社会保障水平趋于稳定，没有明显的提高，达致一个适度的水平。

回归曲线显示，经济水平在人均GDP 20 000美元以下时，社会保障水平增长较快，社会支出水平达20%左右；在人均GDP 20 000至30 000美元时，社会保障水平上升速度明显减缓，社会保障水平缓慢上升至23%；在人均GDP 30 000至45 000美元时，社会保障水平呈现下降趋势，降至20%左右；在人均GDP 45 000至65 000美元时，社会保障水平再次缓慢上升，回升至23%左右；在人均GDP超过65 000美元时，社会保障水平又出现回落趋

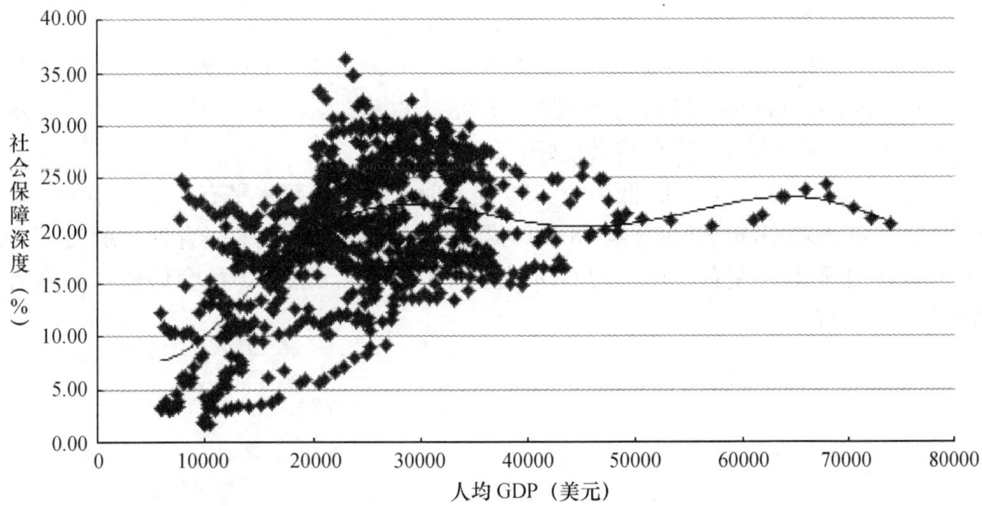

图 6　OECD 国家社会保障水平与经济发展水平的曲线估计

数据来源：OECD 数据库网站 http://stats.oecd.org/，经作者整理而成。

势，在人均 GDP 75 000 美元时回落至 20%左右的水平。

可见，经济发展状况与社会保障水平呈现一定的曲线关系，经济发展对社会保障水平的提高有一定的助推作用，在不同的经济发展阶段这种助推力方向、大小并不一致。

3. 不同类型的福利体制影响社会保障水平的变化趋势

比较图 2 和图 4 发现，从水平方面看，尽管自由体制的福利国家经济发展水平最高，但其社会保障水平却是最低的，这说明自由体制福利国家的社会保障适度水平要低于其他两种类型；社会民主体制的福利国家享受着经济发展水平和社会保障水平双高的待遇，其经济发展水平次于自由体制福利国家，但其前期社会保障水平却与保守体制福利国家的社会保障水平不相上下，在 1996 年之后其社会保障水平有所下降，相应地，2000 年之后其经济发展水平逐渐赶超自由体制福利国家，这说明前期高水平的社会保障对经济发展可能构成了一定程度的负担；保守体制福利国家则处于经济发展水平低、社会保障水平高的状态，是一种以低水平发展换取高福利的模式。

从增速方面看，保守体制国家社会保障水平和经济发展水平增速都较低，可能的解释是，前期高水平的福利不仅意味着其自身的上升空间较小，也影响了经济的增长。自由体制国家社会保障水平增长要快于社会民主体制国家，这与其社会保障水平较低有关，低水平为其增长提供了较大空间；但其经济发展水平增长要慢于社会民主体制国家，这也部分程度上说明社会保障对经济发展有一定的负面影响。

对不同类型典型福利国家社会保障水平和经济发展水平分别进行曲线回归，则有如下发现[①]：

自由体制福利国家社会保障水平的回归曲线方程为：

---

① 由于每种类型只选取了 5 个典型国家，样本数量较小，因而曲线只在人均 GDP 数值的某一区间范围内具有代表性和适用性，偏离于这一区间则会得出异常值。

$$y_1 = 4.419\,696 \times 10^{-24} x^6 - 8.140\,451\,554\,39 \times 10^{-19} x^5 + 6.143\,290\,771\,909\,85 \times 10^{-14} x^4 - 2.431\,426\,880\,415\,22 \times 10^{-9} x^3 + 5.321\,744\,999\,325\,67 \times 10^{-5} x^2 - 0.609\,937\,966\,651\,554 x + 2\,866.675\,957\,566\,49 \quad \text{（公式 2）}$$

其中，R方为0.423 2，拟合结果较好。

具体分析来看，在人均GDP低于20 000美元时，社会保障水平有一个小幅的下降，降至11%左右；在人均GDP 20 000至38 000美元时，社会保障水平一直处于缓慢上升的阶段，由10%上升至20%左右；在人均GDP超过38 000美元之后，社会保障水平则有所下降，降至17%左右。

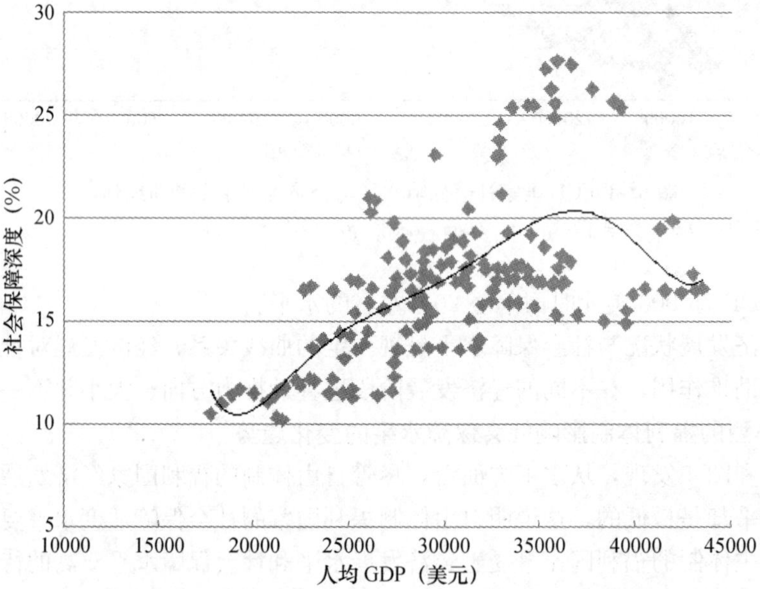

图7　典型自由体制福利国家社会保障水平与经济发展水平的曲线估计

数据来源：OECD数据库网站 http://stats.oecd.org/，经作者整理而成。

社会民主体制福利国家社会保障水平曲线方程为：

$$y_2 = -2.624\,041 \times 10^{-24} x^6 + 5.271\,222\,207\,11 \times 10^{-19} x^5 - 4.344\,661\,714\,313\,54 \times 10^{-14} x^4 + 1.881\,319\,533\,250\,75 \times 10^{-9} x^3 - 4.516\,270\,840\,045\,72 \times 10^{-5} x^2 + 0.570\,002\,721\,893\,085 x - 2\,927.339\,509\,729\,18 \quad \text{（公式 3）}$$

其中，R方为0.270 7，拟合结果较好。

具体来看，在人均GDP低于22 000美元时，社会保障水平上升较快，由22%上升至28%左右；在人均GDP 22 000至40 000美元之间，社会保障水平则出现了比较均匀的下降，降至23%左右；在人均GDP 40 000至46 000美元之间时，社会保障水平回升至25%；在人均GDP超过45 000美元时，社会保障水平出现快速下降，降至19%。

保守体制福利国家社会保障水平曲线方程为：

$$y_3 = -1.403\,032\,2 \times 10^{-23} x^6 + 2.497\,108\,431\,919 \times 10^{-18} x^5 - 1.828\,215\,570\,961\,55 \times 10^{-13} x^4 + 7.046\,951\,052\,190\,12 \times 10^{-9} x^3 - 0.000\,150\,851\,660\,232\,323 x^2 + 1.701\,432\,963\,225\,6 x - 7\,882.288\,647\,758\,59 \quad \text{（公式 4）}$$

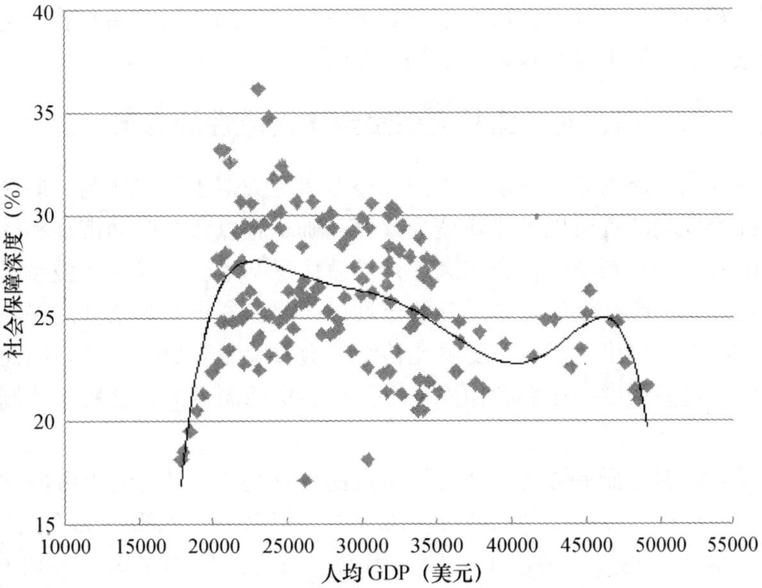

图8　典型社会民主体制福利国家社会保障水平与经济发展水平的曲线估计

数据来源：OECD数据库网站 http://stats.oecd.org/，经作者整理而成。

其中，R方为0.583 2，拟合结果较好。

具体来看，在人均GDP低于22 000美元时，社会保障水平上升较快，由19%上升至24%左右；在人均GDP在22 000至30 000美元之间时，社会保障水平基本缓慢匀速上升，由24%升至28%；在人均GDP 30 000至35 000美元之间时，社会保障水平缓慢降至27%；在人均GDP超过35 000美元时，社会保障水平则有小幅度的上升。

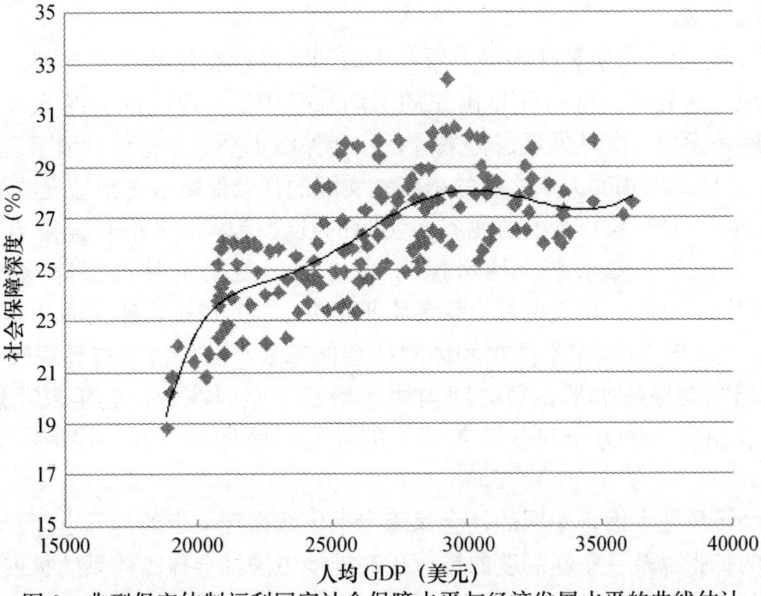

图9　典型保守体制福利国家社会保障水平与经济发展水平的曲线估计

数据来源：OECD数据库网站 http://stats.oecd.org/，经作者整理而成。

综上所述，福利传统对社会保障水平与经济发展水平的曲线关系有着深刻的影响，不同类型的福利国家有着不同的社会保障水平变化曲线。

四、对中国社会保障经济适应性的启示

按照安德森福利国家的划分方法，中国在类型上更类似于保守体制，即中国社会保障制度的特征是：社会权利的资格以工作业绩为计算基础，且以参与劳动市场和社保缴费记录为前提条件。但随着近些年新型农村合作医疗、城镇居民基本医疗保险、城乡居民基本养老保险等制度的推行，中国的社会保障体系开始出现以“户籍资格”为条件的保障制度。这些制度主要依赖于政府财政支出，待遇享受要比传统社会保险制度更为慷慨，因而带有社会民主体制的特征，随着这些制度的成熟和稳固，中国社会保障制度的社会民主体制特征可能会愈加明显。

但不论是保守体制特征更强还是社会民主体制特征更强，由于中国的人均GDP水平较低，偏离保守体制和社会民主体制的社会保障水平与经济发展水平的关系曲线的适用范围，代入公式3和公式4中均无法得出正常值，因而，暂无法依据中国的人均GDP数据得出作为保守体制国家或社会民主体制国家其社会保障水平的曲线理论估计值，也就无法评价其作为保守体制国家或社会民主体制国家社会保障水平与经济发展的适应性。因此，本文暂不将中国社会保障制度归类讨论，而只将其社会保障水平与OECD国家的整体水平进行比较。

按第二部分相关公式计算，中国广义和狭义的社会保障水平状况如图10所示，广义的社会保障水平由2008年的6.37%升至2012年的8.31%，狭义的社会保障水平由5.9%升至7.42%。根据OECD数据库提供的中国的人均GDP数据（以2005年为基准年，按不变价格，用购买力平价法估算得出），代入至公式1中，得出相应的经济发展水平下中国社会保障水平的曲线估计值。

由图10可以看出：①从整体水平上看，中国的实际社会保障水平与理论中的估计值还存在一定的差距。这表明，与OECD国家的平均水平相比，我国社会保障水平还有待进一步提升以适应经济发展。②从发展态势来看，社会保障水平的理论估计值呈现较快增长的态势，且2009年之后的增幅要大于之前的增幅；实际的社会保障水平则呈现波动上升的趋势，2009年出现波峰，2010年出现小的波谷；实际的社会保障水平增长速度也较快，2008—2012年间广义的社会保障水平年均增速为38.81%，狭义的社会保障水平年均增速为30.53%，特别是2009年，广义的社会保障水平上升了19.12%，狭义的社会保障水平也上升了14.64%。与OECD国家不同福利体制社会保障水平随经济发展呈现较为平滑的增长态势不同，我国社会保障水平在短时间内快速增长。原因在于，近年来我国加大政府投入，建立多种新制度，致力于建立覆盖城乡的社会保障体系，社会保障在短时间内快速发展。

因此，从经济角度考虑，中国的社会保障水平仍然存在一定的提升空间。如前所述，近些年旧有制度的扩张以及一些新制度的推行正在推动中国社会保障体系的扩展，正如保守体制国家和社会民主体制国家人均GDP在22 000美元以下时的表现，中国的社会保障水平正在快速上升，经济适应性在增强。

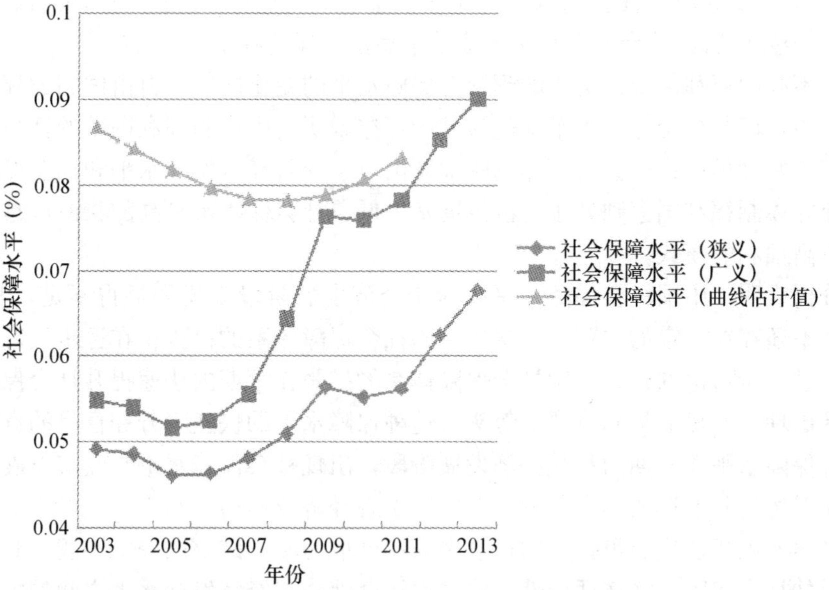

图 10　中国的社会保障水平状况

数据来源：国家统计局网站和财政部网站，经作者加工整理而成

值得注意的是，我国社会保障水平在短时间内快速增长，明显不同于与 OECD 国家社会保障水平随经济发展呈现较为平滑的增长态势。这虽有其合理性，但却存在一定的隐忧。在实践中，中国也确实已经出现一定程度的福利竞赛现象，例如纵向上，在一些福利指标纳入政府政绩考核体系的影响下，制度得以快速扩张（项目增加、覆盖面扩大等），保障水平得以快速攀升；横向上，福利竞赛在最近几年也愈加表现为人群和地区之间的横向竞赛，这主要源于相关的社会福利制度是以人群划分的，制度的统筹层次又低，不同群体和不同地区之间待遇存在较大差异，这为福利刚性的滋生提供了“良好”环境，待遇的“拉高看齐”就会成为必然结果，且中央财政补助对发达省份的约束力较差，发达省份更容易出现福利攀比。这种水平的快速攀升和盲目的竞赛有可能会使社会保障水平在短期内超越经济发展阶段，出现社会保障水平与经济发展不相适应的状况，从而对经济发展造成不良影响，值得警惕。

五、结　论

社会保障水平与经济发展水平的关系较为复杂，实证研究显示，社会保障支出随经济发展水平的提高而提高，但在不同的经济发展阶段提高的速度并不相同。社会保障水平发展曲线轨迹是，先是上升较快，达到一定高度或称之为超过适度水平上限后，开始放慢增长速度，持续一段时间后，将会逐渐回落并接近其适度水平。具体的实证分析结论是，在第一阶段，人均 GDP 20 000 美元以下时，社会保障水平呈现较快速度的增长，社会保障水平达致20%左右；在第二阶段，人均 GDP 20 000 至 30 000 美元时，社会保障水平依然保持上升状态，但上升速度明显减缓，社会保障水平维持在 20%至 22%之间；在第三阶段，人均 GDP

30 000至40 000美元时，社会保障水平有所回落，又下降至20%；在第四阶段，人均GDP超过40 000美元以后，社会保障水平逐渐趋于稳定，保持在20%左右。

另外，不同的福利传统也会影响到社会保障水平的变化曲线。自由体制的福利国家经济发展水平最高，但其社会保障水平却是最低的，这说明自由体制福利国家的社会保障适度水平要低于其他两种类型；社会民主体制的福利国家享受着经济发展水平和社会保障水平双高的待遇；保守体制福利国家则处于经济发展水平低、社会保障水平高的状态，是一种以低水平发展换取高福利的模式。

实证分析表明，中国社会保障水平相对于经济发展阶段来说还显得不足，与OECD国家的平均水平还存在一定的差距，近些年中国社会保障体系的扩张正在逐步提升其经济适应性。但值得进一步讨论的是，中国社会保障体系的扩张在短期内快速提升社会保障水平，并在一些地区出现了明显的福利竞赛的势头。这种保障水平的快速攀升和盲目的竞赛有可能会使中国社会保障水平在短期内超越经济发展阶段，出现社会保障水平与经济发展不相适应的状况，从而对经济发展造成不良影响。在我国宏观经济长期增长约束日益增强的情况下，如何构建与经济发展相适应、可持续的社会保障制度成为急需破解的一个难题。其中的核心就在于如何评估社会保障的经济适应性。本文对社会保障与经济发展水平之间的关系作了初步的实证研究，所提出的指标“社保深度”（社会保障支出总额/GDP）虽然也考虑了社会保障支出水平与经济的关系，但却未能充分考虑“不同经济发展阶段具有不同社保深度”，未来需要进一步从方法论的角度提出一套社会保障经济适应性评估的新范式。另外，如何从OECD国家社会保障经济适应性评估的经验出发，进一步深入探讨中国下一步经济增长态势和社会保障不同模式选择，这也是后续研究的重要方向。

参考文献

[1] 董拥军等. 我国社会保障支出与经济增长关系的实证 [J]. 统计观察，2007，(4).

[2] 哥斯塔·埃斯平-安德森. 福利资本主义的三个世界 [M]. 北京：商务印书馆，2010.

[3] 贾俊雪等. 传统文化信念、社会保障与经济增长 [J]. 世界经济，2011，(8).

[4] 刘苓玲等. 社会保障支出、经济增长与居民消费的区域差异研究. 人口与经济，2012，(3).

[5] 穆怀中. 社会保障适度水平研究. 经济研究，1997，(2).

[6] 穆怀中. 社会保障水平发展曲线研究. 人口研究，2003，(2).

[7] 穆怀中. 社会保障水平经济效应分析. 中国人口科学，2003，(3).

[8] 彭浩然等. 现收现付制养老保险与经济增长：理论模型与中国经验. 世界经济，2007，(10).

[9] 王晓琴等. 浙江省社会保障水平与经济发展的适应性研究. 学术论坛，2008，(5).

[10] 杨翠迎等. 社会保障水平与经济发展的适应性关系研究. 公共管理学报，2004，(1).

[11] Ehrlich, I. and Zhong, Jian-Guo. “Social Security and the Real Economy: An Inquiry into Some Neglected Issues.” *American Economic Review* 88, 2 (1998).

[12] Feldstein, M. “Social Security, Induced Retirement, and Aggregate Capital Accumulation.” *Journal of Political Economy* 82, 5 (1974).

[13] Feldstein, M. “International Differences in Social Security and Saving.” *Journal of Public Economics* 14, 1 (1980).

[14] Feldstein, M. “Social Security and Saving: New Time Series Evidence.” *National Tax Journal* 49, 2 (1996).

[15] Glomm, G. and Kaganovich, M. "Distributional Effects of Public Education in an Economy with Public Pensions." *International Economic Review* 44, 3 (2003).

[16] Kaganovich, M. and Zilcha, I. "Education, Social Security and Growth." *Journal of Public Economics* 71, 2 (1999).

[17] Kemnitz, A. and Wigger, B. U. "Growth and Social Security: the Role of Human Capital." *European Journal of Political Economy* 16, 4 (2000).

印度社会保障政策的历史发展与目标

[英] 卢斯-卡图姆里　[印] 曼祖-辛格

【摘要】 供养贫困人群和下层社会——这一概念根植于印度的文化与哲学之中。理解印度历史观，才能全面、充分地理解印度社会保障政策的本质。本文回顾了历史上印度的各种福利措施，这些措施一定程度上满足人民的需求。首先，我们试着呈现公元前 3 000 年的古印度就已存在的若干与社会保障相关的概念，回顾了古印度——包括青铜器文明、早期封建帝王和社会宗教公共机构——的传统与实践。其次，我们梳理了印度独立前的制度改革与新福利国家道路。接着，我们描述了印度独立后的若干社会保障制度实践和法案——包括那些五年计划。文章的最后部分讨论了印度社会保障的发展趋势与侧重点。

【关键词】 印度社会保障　历史发展　政策目标

Historical Developments and Goals of Social Protection Policies in India

Ruth Kattumuri　Manju Singh

(*London School of Economics and Political Science*, *London*; *Symbiosis International*, *Pune*)

Abstract　The concept of providing for the poor and underprivileged is embedded in India culture and philosophy. Understanding its historical perspective is important in order to fully comprehend the nature of social protection in India. This chapter sets out a historical review of various forms of welfare that have contributed towards providing for the needs of people in the country. We attempt to present various concepts of social protection that existed in ancient India from about 3000 BC and begin with an overview of traditions and practices in ancient India spanning the Harappan civilization, the early emperors and some socio-religious institutions. We then present the reforms and the new welfare state approaches prevalent before independence. This is followed by a description of progammes and acts introduced after independence including the five-year plans. The final section discusses evolving growth trends and priorities for social protection in India.

Keywords　social protection in India　historical developments　goals of policies

一、古印度的传统与相关制度

（一）古印度河流域文明时期

印度河流域文明发展于公元前约 3 500 年的卑路支斯坦地区和巴基斯坦地区，作为公元

作者简介：卢丝-卡图姆里，英国伦敦政治经济学院亚洲研究中心联席主任、印度观察站主任，教授。曼祖-辛格，印度共生国际大学共生研究所所长，教授。译者为中国人民大学中国社会保障研究中心博士生蔡泽昊。

原文收录于 Edward Elgar Publishing 出版社 2013 年出版的《Social protection, economic growth and social change: goals, issues and trajectories in China, India, Brazil and South Africa》，主编 Midgley James，Piachaud David。

前 3 800 年至公元前 3 500 年间南亚地区石器—青铜器文化的分支，有着丰富的历史和文化（Wright，2010）。洛塔（公元前 2 400 年）曾是西印度地区的一座发达城市，其历史可追溯到古印度河流域文明时期人类为开展商贸的最初迁徙。考古挖掘发现，洛塔有着当时发达的城市规划、艺术、建筑和宗教系统，是富裕的贸易邦，制造陶器、念珠、珠宝和金属等，与西方有着繁荣的贸易。但是，不断变化的环境以及周期性的洪水，再加上管理不良、资源短缺，与西方城市的交易机会逐渐减少，从而降低了其繁荣程度。人类的追求随着自然灾害带来的贫乏而延迟，可利用资源受限的同时也使得贫困阶层的人口开始增加。穆尔钱达尼（1998）描述了公元前约 1 900 年前后该地区的一场大洪水毁灭了洛塔的一切，当时的人们缺乏将其恢复的能力。当时并没有社会保障措施来吸收这种社会震荡或保护向内陆迁徙的幸存者。穆尔钱达尼（1998）认为，正是这次事件使满足穷人社会保障的需求成为国家的责任。

（二）帝王统治时期

应对自然灾害和传染病充满挑战，这使得封建帝王对大规模人、财损失保持警惕；为穷人和病民、灾民提供救济做好准备，随之成为帝王的主要职责之一。同样成为职责的还有供养儿童、无子女妇女、孀妇、少女和妓女等。解决饥荒问题的措施包括：在皇家商铺以相对低廉的价格提供种子与食物、建造堡垒或水利工程等以工代赈项目、征收私有食物储存并分发给公众。

帝王下令为市民提供福利，这可以追溯到公元前四世纪的文献中，例如孔雀王朝的钱德拉古普塔王就以向其子民提供福利闻名。他的顾问大臣考底利耶在其集经济政策、治国之道和军事策略为一体的专著《政事论》（成文于公元前四世纪到公元二世纪之间）中则认为，社会保障是国家的责任。考底利耶写到，“国民幸福之中自有君王之幸福，国民福利之中自有君王之福利；取悦君王之事物，君王不应称之为善；取悦国民之事物，君王应称之为善”。《政事论》未将提供教育与健康列入国家责任，但根据其论述，社会保障与福利内容广泛，包括：生计保障，保护社会弱势阶层，预防国民的后顾之忧，保护消费者、保护妇女儿童以及奴隶、犯人的福利。通过提供避难所、食物和免费渡船，国家得以实施对社会弱势阶层的专门保护。考底利耶认为应当提供抚恤金和维修补贴，但强烈反对提供施舍物。在佛教时代（公元前 544 年至公元前 483 年），行会提供体面的工作，这一传统持续到后孔雀王朝时期（公元 300 年）。Thaplyal（2001）认为，古印度行会制度结合了人口治理、工会、裁判所和科技研究机构等功能。（Thapar，2000）的研究似乎表明孔雀王朝时期（公元前 321 年至公元前 185 年）的贸易扩张活动可能有助于发展并稳定行会制度，这在最初是介于宗族和种姓之间的中间步骤。撒帕尔（Thapar）认为，很可能是竞争刺激了行会的形成：以合作集体的形式而不是单独个人的形式开展工作既经济又能获得额外的社会地位，必要时更能寻求协助。

孔雀王朝的著名帝王阿育王（公元前 204 年至公元前 32 年）深受佛教影响，成为仁慈的管理者，满足其子民的需求，建立了大学并促进不同种族、宗教和政治群体间的平等。佛教的基本原则包括非暴力、容忍不同宗派、遵从双亲、尊重婆罗门等宗教导师、仁慈地对待仆人并对众生宽宏慷慨。据记录，孔雀王朝时期奴隶的境况较为良好（Thaplyal，2001）。

这一时期，印度的社会—政治系统提供的培训与支持保障措施包括：格鲁库（gurukul)，与老师一起居住、学习、服务的一种传统；达兰沙拉斯（dharamshalas)，一种宗教慈善式的、为朝圣者及其他生活困苦者提供的休息室或庇护所；神庙舞女（devadasi)，献身并服务于神或寺庙的年轻女子，从而她们也能得到抚养，而向苦行僧、穷人、弱势群体提供帮助则成为她们的责任。Thaplyal（2001）认为，虽然提供社会保障的种种制度设计未能幸免于被滥用的弊端，佛教和耆那教（公元6世纪以后）比婆罗门教更崇尚平等。

Kannan 和 Pillai（2007）认为，公元八世纪的社会保障给付包括抚恤金和老年津贴、修缮津贴、疾病津贴（工作六年以上的仆人可以得到原工资的3/4，最多给付6个月）以及尚未成熟的死亡津贴制度（当仆人死亡时，雇佣其的家庭必须给付一半的工资)。苏迦(Sukracharya）在一个约公元十六世纪的有关劳动关系与公正的注解里，列举了印度亲王和政治家如何让民众遵纪守法的原则。其中，社会保障被认为既是私人事务，又是国家事务(Rangarajan，1987)。供养家庭的首要责任归于一家之长，所以如果有人不先抚养其妻儿，就不允许其成为苦行僧。Bhattacharya（1970）认为，印度的大家庭制度使所有家庭成员得到保障，而家长责任在古印度的传统里就如同主人与门客、主人与仆人之间的关系一样。

莫卧儿王朝（十六世纪初至十九世纪中期）引入了宗教税（Zakat)，后者被作为神圣的纳税责任，以期为社会提供资金保障，并向每个人灌输道德、社会和心灵价值。

因此，从古至今，社会保障就是一种广泛而深远的国家责任，由统治者或其他社会机构向人们提供水平各异的福利。孔雀王朝深受考底利耶的《政事论》影响，莫卧儿王朝也实行宗教税（Zakat)，这些都是向富人征税、向穷苦者提供福利的各种形式。然而，执行的好坏情况却有所波动，取决于君王及其顾问是否信守承诺。总之，并没有清楚的证据表明这一时期社会保障得到系统发展。

Kannan 和 Pillai（2007）认为，中世纪时期的几次入侵可能导致了由国家提供的社会保障的减少。核心家庭和数代同堂的大家庭承担了供养其家庭成员的主要责任，而宗教领袖与宗教机构、慈善互助机构、村庄社群等则提供了补充性支持。传统的社会保障体系并不足以应对伴随现代国家和市场经济出现所带来的风险（Gilbert，1976；Priyadarshee，2011)，所以国家不得不发展建立正式的社会保障机制。

二、英属印度

为穷人和弱势群体赋能并提供保障，这一概念从古代开始就已经存在于印度。印度的文化传统更是将人民的福利与幸福作为统治者的一项基本和内在职责。然而，这一过程却并不正式，取决于统治者的慷慨程度，而即使其有意赞助，也被限定于等级森严的体系中，基本上毫无包容或平等可言。

就满足人民福利需求而言，英属印度时期的政府财政是保守的，这一点可由1947年印度独立时极端不良的经济社会指标得证。在当时，印度是世界上人均收入最低的的国家之一，约有1/4的人口食不果腹（Clark，1972)。贫困人口比例约为50%，刚出生婴儿的预期寿命约为37岁，婴儿死亡率为14.6%，毛出生率为4.1%，毛死亡率为2.5%（Radhakrishna & Panda，2006)。

殖民地政府必须遵守国际法，在1820年至1857年期间通过立法的方式进行社会改革，内容包括：建立高等教育机构，开始建设电话和铁路设施，建立统一的公务员部门，编撰民事和刑事法律，修改土地税体系，补贴产业工人，将税收制度标准化等。从 1857 年开始，英国的经济政策进一步限制印度的国内交易，高通货膨胀开始影响食物价格，对印度人加重课税，将当地居民的土地转变为外国人种植园，还将主食出口到英国（森，1982）。上述政策和约 25 次饥荒导致了食物短缺，使得 3 000 万至 4 000 万印度人死于十九世纪下半叶（Kannanhe Pillai，2007）。虽然一开始英国政府反应冷漠，但反复出现的饥荒和社会不安情绪，使其不得不建立饥荒委员会，从而催生一系列改善措施，如对老年人和残疾人的救济，以及为那些有能力工作者提供灌溉工程等公共就业机会，减少了死亡人数。在 1902 年至 1943 年孟加拉大饥荒期间，由于没有大饥荒出现，食物交易制度得以开始改革，公共分配制度也得到发展。

（一）社会政治运动与宗教运动

殖民地时期的社会政治状况引发了多种社会和宗教福利运动。激进的社会活动家除了试图实现独立之外，还努力寻求使那些旨在消灭有害的社会实践与社会不平等的社会立法得以通过，包括：1829 年孟加拉 Sati 第 17 号法规（宣布将印度教孀妇作为供奉牲礼是非法行为）、1856 年《印度教孀妇再婚法》、1872 年《新印度教梵教教派者（Brahmo）婚姻法》、1928 年《印度教遗产继承（消除障碍）法》以及 1929 年《限制童婚法》（Geol & Jain，1988）。上述法律虽然只与少数人相关或惠及少数人，但仍是非常重要的法律，因为它们为独立后的相关福利制度提供了基础（见表 1）。

表 1　　　　印度：独立后的劳动与社会保障制度

年度	制度/法案	描述
1956	学校午餐	1925 年曾在马德拉斯地区实行。1956 年被泰米尔纳德邦首席长官卡玛拉什复兴，被认为是“供养穷人”的制度。在 20 世纪 80 年代和 90 年代，这一制度逐渐在所有的邦得以实施。1982 年，泰米尔纳德邦首席长官拉玛禅德兰将其扩展为“营养午餐项目”，在工作日为小学的孩子提供免费午餐，让他们得以上学并改善其营养状态。通过最高法院 2001 年的裁决，这一项目在全国范围得到改善
1961	生育津贴法案	规制了雇佣生育期前与生育期后妇女的行为。此前，塔塔集团（Tata Group）在 1928 年引入生育津贴制度，1946 年通过了比哈尔邦生育津贴法案
1975	儿童发展综合服务（ICDS）	旨在改善 0 至 6 岁儿童营养与健康状况，提高其心理、生理和社会发展基础，减少死亡、畸形、营养不良和辍学率，通过多部门有效的政策协作与执行促进儿童发展，通过适当的营养与健康教育提高母亲满足孩子健康与营养需要的能力
1977	以工代赈	为农村地区提供更多的就业机会，将储存的粮食作为工资来支付
1978	农村综合发展项目（IRDP）	给予刚超过贫困线的农村家庭可增值的资产和贷款等，提高这些家庭的生活水平
1985	农村住房保障（IAY）	为农村地区贫困线以下的弱势种姓、弱势宗族、无工会劳动者等提供全额贷款以帮助其建造、升级住房。1995—1996 年开始逐步发展，并作为一个独立制度加以实施，将覆盖范围扩大到在战斗中牺牲的军人、退伍军人以及准军事部队成员的遗属

续表

年度	制度/法案	描述
1986	妇女培训与雇佣计划	提升贫困女性的就业技能，通过企业联会内部的流动岗位向她们提供可持续的就业，强化其与市场的联系，向其提供金融信用服务。1993年就曾向贫困女性提供小额贷款，以帮助其获得收入
1989	沙瓦哈雇用计划（Jawahar Rozgar Yojana）	通过有利于农村贫困人口的农村基础设施建设来提供可持续的就业机会，所帮助的对象是那些弱势种姓、弱势宗族以及无工会劳动者，并为女性保留了不低于30%的就业机会
1995	全国家庭津贴计划（NFBS）	当家庭劳动力死亡时，为其遗属提供资金援助（约一万卢比）
1997	城镇雇用计划（Swarnajayanti Shahari Rozgar Yojana，SJSRY）	通过自我雇佣或提供有酬劳的工作，为城市的失业或不充分就业者提供就业机会，将之前的三个城市扶贫制度合并起来：Nehru Rozgar Yojana 计划（NRY）、贫困人口城市基本服务制度（UBSP）和消除城市贫困综合制度（PMIUPEP）
1997	定向公共分配制度	在20世纪80年代实施的公共分配制度基础上发展而来，通过国有公平价格商店为贫困家庭提供基本食物及相关烹饪材料，如小麦、大米、白糖、煤油
1999	老年人综合计划（IPOP）	为非政府组织发放津贴供其运营养老院、日间照顾中心和上门医疗服务队。2000年实施的安娜普尔纳制度，向无法享受定向公共分配制度、无法自理又无人供养的老年人提供每月10公斤的免费食物
1999	农村就业互助计划（Swarnajayanti Gram Swarozgar Yojana）	通过在一定时间内可持续地提高贫困家庭的收入帮助其脱贫，主要通过将农村贫困人口整合组织成一个个自助团体，具体包括社会流动、培训、能力建设和提供能够产生收入的财产
2000	沙那什人身保险计划（Janashree Bima Yojana，JBY）	向18岁至59岁的贫困线以下人口或刚刚脱离贫困线的45种特定职业组别的人口提供人身保险
2001	公助自建房屋计划（Swadhar Greh Yojana）	妇女儿童发展部提供资金援助，支持房屋、村舍、茅屋建设以供避难，包括厨房、浴室、训练室、娱乐室、餐厅、办公室等一般设施，还包括水电、道路等基础设施
2001	教育普及运动（Sarva Shiksha Abhiyan）	旨在将小学教育普及化的计划
2001	全民居住计划（Valmiki Ambedkar Awas Yojana，VAMBAY）	为生活在城市贫民区的贫困人口提供避难所或改善现有避难所环境，以达成“全民皆庇护”的目标，并借助此计划实现城市里再无贫民窟的长期目标
2005	玛哈玛-甘地全国农村就业保障法案（MGNAREGA）	是对1993年雇佣保障计划的扩展，旨在提高农村地区家庭基本生活水平。在每个财政年度，政府为每个家庭提供不少于100天的有工资保障的就业，成年家庭成员可以自愿参与无须过多技巧的手工劳动
2007	英迪拉-甘地国民养老保险制度	中央政府向每个65岁以上、家庭收入在贫困线以下的老年人提供每月200卢比
2008	国民健康保险制度（RSBY）	劳动与就业部为贫困家庭提供健康保险。对于需要住院的大部分疾病，受益人可以享受高达30 000卢比的给付

续表

年度	制度/法案	描述
2008	无工会劳动者保障法	为无工会劳动者提供社会保障。财政部于2011年设立全国社会保障基金，起始资金为1 000亿卢比，用于支持那些无工会劳动者，包括纺织工人、电报员、黄包车车夫等
2009	英迪拉-甘地全国寡妇养老保险制度	为40岁至59岁、生活在贫困线以下的寡妇提供每人每月30 000卢比（2012—2013财政年度）
2010	拉吉夫-甘地青春期少女赋能计划	为11岁至18岁少女赋能，特别聚焦于那些辍学的女孩，主要通过改善营养与健康状况、提升生活与职业技能的方式
2011	母婴保障制度（JSSK）	为孕妇和患病新生儿提供津贴

资料来源：作者整理。

那些为反抗不平等、争取社会保障的卓越社会改革家包括：因废除了殉夫自焚制度而闻名的Raja Ram Mohan Roy，并在1828年建立了包容女性的梵会（Brahma Sabha）制度；圣雄甘地（1869—1948），以他的不抵抗运动争取独立，参与了增加经济独立性、减少贫苦的政策发展，领导废除贱民身份的全国运动，为宗教相互团结与妇女权益不断奔走；比穆拉奥-安培多伽尔（Bhimrao Ambedkar）（1893—1956）在伦敦政治经济学院和哥伦比亚大学进行博士阶段的研究，是印度"宪法之父"，积极参与了消除歧视达利人[①]和其他弱势群体的运动，改善妇女地位；巴巴-阿姆特（Baba Amte）（1914—2008）建立了三个治疗和康复麻风病人、残疾人和其他社会边缘群体的静修所。

（二）新福利国家道路

二十世纪，随着资本主义者需求的快速扩张，若干劳动法得以建立实施（ILO，1942）。战后的一系列文献都强调，有必要将对无法劳动的人或无法获得劳动机会的人的所有保障置于同一个制度下，而后又将这种保障扩大到包括农村和城市地区自我雇佣者在内的所有雇员。

孟买的棉花厂（1851年）和孟加拉黄麻厂（1855年）的建立标志着工厂制度开始发展，此后，政府越来越意识到有必要为劳动阶级提供社会保障。因此，十九世纪晚期，若干标志性福利制度开始建立，这些制度在二十世纪早期得以改良，并在独立后得到进一步发展（Aspalter，2003）。1850年实施的《学徒法》改善了儿童和青少年的工作条件与工作时间（1921年，塔塔集团引入了类似的制度），并在1961年得到完善。在古印度教时期的法律中，从印度教转变为其他宗教者，将不再享有对其家庭成员的继承权；1850年《种姓障碍法》允许转变宗教信仰的人享有平等权利，特别是继承遗产方面的权利，为1928年的《印度教遗产继承（消除障碍）法》打下基础。1937年《印度教妇女财产权》修订了印度教法律体系，赋予了妇女更好的财产权。

1881年的《工厂法》是第一部旨在改善印度劳动者工作条件的劳动法，适用于所有以

① 译者按：印度传统社会里的"贱民"。

机械作业的、雇佣不少于100人且每年开工超过4个月的工厂。这部法律经过反复改善，后来被独立后的政府整合进1948年的《工厂法》，将适用范围扩大到所有雇佣超过10人的工厂（如果不使用机械作业，则放宽到超过20人）。

"全印度工会代表大会"建立于1919年。1920年印度改革家的煽动活动使得1923年3月通过了《印度工人补偿法》。该法的主要目标是，"在现有法律体系下，无论工人是否有过错，只要履行了最低限度的法律程序，都要为其提供快速的津贴给付，排除工人的艰苦境况"（印度法律委员会，1974年）。《储备基金法》于1925年生效，旨在为社会保障制度做准备，然而最初建立的目的却仅仅是为了国家公务员和铁路工人。所有的政府雇员都可以得到作为其各项保障的津贴（包括儿童教育、医疗服务、交通以及未居住在正式房屋者的房租费用），具体比例为，居住在四个主要城市（德里、孟买、加尔各答和清迈）的公务员得到相当于50%工资收入的津贴，其他城市的公务员得到40%的工资收入作为津贴。1952年实施的《雇员储备金及多项保障法》建立起一个与缴费相关联的养老保险基金，覆盖工厂和其他机构的雇员。塔塔集团在1920年发起建立了一个储备基金。1920年，"高价食物补贴"项目在孟买和艾哈迈达巴德（Ahmedabad）实施，随后被整合进"高价补贴"制度中，提供一定比例的工资收入以抵御通货膨胀。

伴随着全球劳工运动和国际劳工组织的一系列建议书，从1942年开始，殖民地时期的印度进入社会保障发展的新阶段。1944年，政府建立的"煤矿工人福利基金"开始为煤矿工人提供系统的福利。1947年的《煤矿工人福利基金法》设计了更好的融资手段，以促进煤炭行业劳动者福利的提高。该法在1952年得到进一步完善。

威廉-贝弗里奇（1879年生于孟加拉）在1942年的《贝弗里奇报告》中建议英国政府设法与"五大不幸"做斗争："贫困、疾病、无知、肮脏、懒惰"。劳工咨询委员会本将要求政府执行1940年至1943年期间第三次劳动部长会议的决定，但印度坚持应当像其他国家一样发展社会保障；随后，英属印度政府指派并建立了阿达卡尔（Adarkar），瑞贵（Rege）和约瑟夫爵士（Sir Joseph Bhore）等调查委员会。阿达卡尔委员会建议，应当建立一个综合的医疗、生育和工伤保险制度；劳工调查委员会（Rege委员会）检视了引起社会不安全的风险后，建议应当设立适当的福利制度；约瑟夫爵士健康调查与发展委员会制定了医疗护理和医疗服务规划。依据卡纳安和皮莱（2007）的研究，尽管三个报告都得到充分理解，但英国政府并不认同上述报告的内容和建议，尤其是有关英国政府参与制度筹资的部分。实现独立之后的印度意识到上述报告的价值，因为它们形成了社会保障项目的基础。1948年通过的《雇员国家保险法案》，为雇员在生病、生育、失业时提供津贴。1947年的《劳动争议法》则使退职金成为法定权利。

三、印度独立之后

在英国结束统治前建立的委员会提出引入各种政府主导的社会保障制度的建议，这些建议被独立后的印度所采纳。就发展策略而言，印度通过经济增长、自力更生、社会正义和减少贫困来建立一个社会主义社会（Dev，2008）。东印度公司的经历使得市场力量和国际贸易不被信任，再加上苏联的成功工业化、拉丁美洲以替代进口为特征的工业化政策，上述两个因素使得印度的民族主义者更倾向于采取自给自足的经济发展国策。

1950年印度建立共和国以后，社会保障政策发展进入解决贫困和不平等的新阶段。宪法规定，社会—经济保障是一项基本权利，因其支撑了公共就业领域的机会平等；还明文宣示了法律面前人人平等，禁止与宗教、种姓、性别、出生地有关的任何歧视。还规定，印度的国家指导性政策通过基于公正、平等和互助精神的一系列法令，促进所有人的福利①，具体而言包括：获得足够维持生计的渠道的权利；通过分配所有权、控制生产资料以服务社会共同利益；预防财富的过度集中；男女同工同酬；保护劳动者与儿童；使儿童拥有健康、自由而有尊严地发展的机会与机构设施；以村务委员会为单位建立自治组织；有效地保障劳动和受教育权利，以及在遭遇失业、年老、疾病和残疾时获得公共援助的权利；通过恰当的立法，保障体面的生活标准，并使所有劳动者充分享受休假和社会文化活动；促进弱势种姓、弱势宗族等弱势群体的教育和经济权益。《宪法》第38、39、41和45条规定了社会、经济和政治公正，也就是平等权、男性和女性的健康权、劳动权和受教育权。第38条第1款具体指出，社会、经济和政治公正构成所有国民生活的基础，即是社会秩序的进步。第38条第二款规定，国家应当将不平等的状态、设施和机会最小化，这种最小化不局限于不同个体之间，还应当包括居住在不同地区或从事不同职业的群体之间。第39条第e款要求国家应制定政策保障男女工人的健康与强壮、儿童不受虐待以及全体国民不因经济原因被迫从事不符合其年龄或身体条件的劳动。第41条要求国家在其经济能力和发展状况的限度之内，应当有效地保障国民工作权利、受教育权利以及在遭遇失业、年老、疾病和残疾时获得公共援助的权利。第45条规定十四岁以下儿童应当接受免费、强制和普惠教育，支持社会弱势阶层、特别是弱势种姓和弱势宗族的教育和经济权益使其免受社会不公与剥削。

印度《宪法》明确规定为其国民提供社会保障，这符合本国的传统与文化。此外，多部法律的制订都是为了建立起政治的福利提供机制，比如储备金、家庭抚恤金和雇员国家保险。表1总结了印度主要福利制度和法律的演化过程。

独立后的印度在头三个十年里保持3.5%的较低平均增长率，被称为“印度式增长率”。为家庭成员提供福利的首要责任落在家长身上。20世纪60年代的绿色革命为印度获得自给自足的食物、减少饥荒起到重要作用。食物得以在仓库快速积累，并通过公平价格在商店供应。

即使是在20世纪70年代，大学毕业生的就业机会无论在公共部门还是私营部门都受到限制。由于政府雇员的福利政策给予公务员较高的社会地位和保障水平，这使得与政府有关工作广受欢迎。进入80年代，随着信息技术的发展，私营部门就业机会也随之增加。而全球化又提供了额外的发展空间，使80年代、90年代以及21世纪的增长得以持续。与此同时，社会保障制度及其筹资能力也都得以快速发展。但是，真正的挑战在于如何治理和实施这些制度。

（一）政治干预

印度的首任首相贾瓦哈拉尔-尼赫鲁是一位致力于实现民主、建设新福利国家的社会主义思想家。钱德拉-波什在1938年（Subhash Chandra Bose）担任议长期间制订了一份经济

① 参见《印度共和国宪法》，1950年。

计划框架并由梅格纳德·萨哈(Meghnad Saha)起草。1944年,英国政府建立了一个计划筹备小组,同年,工商业者们也制定了独立的发展计划。1950年3月,印度政府下令建立正式计划委员会,时任首相的尼赫鲁担任委员会主席。计委会提出改善生活条件,主要通过合理利用国家资源、增加产量以及向所有人提供服务社区的就业机会(计划委员会,1950)。对于国家收入不足以提供足够的福利的情况,尼赫鲁(1955)感到极度痛苦:印度没有什么可以用来分配的,因为我们是一个贫穷的国家。我们必须创造财富,然后公平地分配。没有财富,我们怎么建设福利国家呢?财富不一定意味着金银财宝,而是指商品和服务。因此,我们的经济政策应该以创造充足的财富为目标。很长一段时间以来,经济政策没有立足于稀缺性。但是,今天的世界并不关心一国的经济状况是否稀缺。

尼赫鲁想让印度免受知识匮乏、疾病和贫穷之苦,不断努力试图实现这一目标。英迪拉-甘地是她父亲的女门徒,也有能力实施尼赫鲁制订的一些计划,包括通过1971年宪法第26修正案废除了实行君王制的邦。她发起自己的反贫困计划,例如1971年提出“Garibi Hatao(减少贫困)”的竞选口号并成功当选。“减少贫困”的一系列反贫困计划旨在提供“面包、衣服和住房”等基本必需品,得到了来自中央政府和印度国民议会的资金资助、发展、监督以及人员支持。这些计划在基层实施,以期提高全体国民对英迪拉-甘地的支持,也使得穷人具有政治价值(Kothari,1972)。Rath(1985)认为,在所有筹集起来的发展资金中,只有约4%的资金用于三大反贫困计划。

1975年,英迪拉-甘地发起了“二十点计划(TTP)”,提出了国家消除贫困、提高社会生产率、降低收入不平等和缓解社会经济隔阂的新承诺,1982年的修改旨在改良执行效果。1986年,拉吉夫-甘地对其进行调整;2006年得到国会的拓展。“二十点计划”覆盖了许多社会经济领域,包括贫困、就业、教育、住房、医疗、农业、土地改革、灌溉、饮用水、弱势阶层的保护与赋能、消费者保护、环境和电子政务,分别为减少贫困、支持农民、劳工福利、食物保障、全民居住保障、全民健康保障、全民教育、弱势种姓、弱势宗族和其他弱势阶级和少数民族福利、儿童福利、青少年发展、养老保险、电子政务。索尼娅-甘地重新复兴尼赫鲁-甘地的“多元而统一”家庭观、“包容性增长”和“包容性社会议程”(即世俗主义和包容穆斯林)。拉胡尔-甘地在其竞选期间提出了“减少贫困”① 和“消除落后”。

在各邦选举时期,各党派给予民众好处以期吸引投票是常见之事。比如,在泰米尔纳德邦,不同政党都向公众分发过食物、莎丽服②甚至彩电。在选举和公共游行中可以看到,选区和选民对用电、马路和用水的需求日益增加,最近更是开始要求良好的教育政策、农村就业、健康保障计划以及消灭腐败。

(二)五年计划

计划委员会负责评估资源与赤字,并以此为依据制订最有效、能均衡利用资源的计划,确定优先事项,形成一个个五年计划的基础。贾瓦哈拉尔-尼赫鲁监督五年计划的制订,反映了印度宪法规定的国家政策指导性原则,强调有必要建立社会保障。

① 译者按:即减少贫困。
② 译者按:印度妇女的服装。

第一个五年计划（1951 年至 1956 年）和第二个五年计划（1956 年至 1961 年）讨论了社会保障与正规就业部门、城镇劳动者以及避免劳资争议的关系。战略储备金及其他劳动福利制度在这一时期得以实施和改进。第三个五年计划（1961 年至 1966 年）将劳动者的社会保障需求扩大至非正规就业部门，援助没有任何生计来源或帮助的人（如生理障碍者，以及无法劳动的老年人、妇女和儿童），午餐计划覆盖范围得以扩大，而且开始实施《生育津贴法案》。同时，计划还强调亟须更有效执行，《学徒法》的条文也得到扩展（见表 1）。

第四个五年计划将最穷的阶层（包括赤贫者，以及那些无法参与人口经济活动的残疾人和退休人员）定义为这样一个群体：人均消费水平“约为农村地区平均水平的 35%，城镇地区平均水平的 28%”，强调他们需要“特殊援助”。受雇佣者的国民保险制度覆盖范围扩大到被保险人家属的住院费用，并开始实施《劳动合同法》（1970 年）、《雇员养老保险计划》（1971 年）和《退职金法》（1972 年）。第五个五年计划（1974 年至 1979 年）特别关注在非正规就业部门的贫困人口，开始实施对他们的无地域限制的津贴制度。若干重要制度也在这一时期实施，包括 TPP、ICDS 和 IRDP（见表 1）。但是，该五年计划也承认许多举措并不能起到多大作用：“失业的穷人数以百万计，以国家现有的发展水平不可能很好地照顾他们。”20 世纪 70 年代，随着绿色革命带来的食物储蓄不断积累，以及 1977 年政府以工代赈计划的实施，国营的公平价格商店开始以补贴价格供应食物、燃料、食用油和蔬菜。

第六个五年计划里，TPP、FFW 和社会保障战略储备金计划开始扩展，养老保险的覆盖范围也扩展到边远和农村地区。FFW 扩大并并入“全国农村就业计划”（NREP），既提供食物又发放现金。同时，也有人担心这些津贴无法达到那些没有土地的、最需要的人手里，于是从 1983 年开始“农村无土地者就业保障计划”（RLEGP）开始与“全国农村就业计划”一起实施。20 世纪 80 年代期间，旨在减少贫困的《公共分配制度》（PDS）扩大到全国，合计 3.3 亿营养不良的人口经由 49.9 个公平价格商店得到小麦、大米、糖和煤油（Kattumuri，2011）。

第七个五年计划聚焦于《国民教育政策》的实施，以期使教育制度得以扩大发展，包括：小学免除学费，补贴学校午餐计划和“黑板改良运动”（实施于 1987 年，为所有小学提供最低要求的必要设施；努力将来自弱势种姓和弱势宗族的孩子纳入教育计划，为了提高执行效果，还将有关师资培训纳入计划）。这一计划还旨在通过《国民健康政策》在 2000 年之前提高全民健康水平。1988 年，“全国农村就业计划（NREP）”和“农村无土地者就业保障计划（RLEGP）”合二为一，在第七个五年计划期间每年创造了 4.9 亿人次的工作岗位。就业保障计划是最重要的社会福利项目，其支出在 1979 至 1980 财政年度中占国家预算的 10%。在实施就业保障计划时，有的邦运行得比其他邦更良好，如马哈拉施特拉邦设计了一种成功的三方模式，另外两个参与方包括农村地区的精英阶层（特别是农村地区无土地劳动力），以及城镇地区有能力雇佣穷人的富人。一半的税收来自本邦立法确定的特别税，另一半来自马哈拉施特拉邦的、主要由城镇地区交纳一般税收（1975—1976 财政年度至 1978—1979 财政年度期间，就业保障计划的总税收有 60%～70%来自孟买市，农业税贡献了 3%）。Dandekar 和 Sathe（1980）的研究表明，1977—1978 财政年度期间，共有 5 860 万个劳动天数是通过就业保障计划提供的，仅能降低 22%的失业率。随着改善社会福利的五年计划、政策和制度得以扩大发展，保障需求也不断增长。

在第八个五年计划里（1992年至1997年），若干妇女、儿童和老年人福利以及家庭津贴得以实施（见表1）。对非正规就业劳动者的保障也有所扩展，承认“非正规就业的劳动者占总劳动力的90%，大部分人无任何福利津贴”。在邦一级的制度，养老金和遗属抚恤金得到发展。第九个五年计划里（1997年至2002年）提出在劳动部内部建立社会保障司，并设立强大的研究团队，加快速度支持和探索建立保障所有劳动人口的制度。第十个五年计划（2002年至2007年）强调发展社会保障项目，特别是非正规就业劳动者的养老保险。第十一个五年计划（2007年至2012年）以更包容的增长为目标，主要通过向社会保障领域投入更多资源和政治保证。优先事项包括：制度化的以权利为本的项目；加大对健康保障、教育、社会养老保险、免费午餐和清洁饮用水领域的干预；将社会保障项目扩大到非正规就业劳动者。第十二个五年规划（2012年至2017年）的目标是“更快、可持续与更包容性的”增长，承认在实现更好的执行和问责制过程中将面临挑战。

近年来的经济增长增强了财政实力，也使印度在社会保障领域投入更多支出成为可能。最近十年间，印度的福利项目得到快速扩张，各项福利制度稳步向前发展（见表1），其专门性公共分配制度是世界上最大的制度之一。亚洲开发银行的报告显示（2007），印度最大的几个社会保障项目享受人数如下：

专门性公共分配制度（TPDS）——2.39亿

各邦教育援助项目——0.86亿

包括疾病和生育在内的健康津贴——0.72亿

综合儿童发展服务（ICDS）——0.39亿

公共部门健康保险——0.29亿

如表2所示，在所有的五年计划期间，无论是从绝对额看还是占总支出的比例指标上看，公共部门社会服务支出都实现了稳步增长。不仅计划总支出占国民生产总值（GDP）的比例实现增长，社会服务支出占GDP比例从第一个五年计划的0.6%增长到第十一个五年计划的3.3%。实施范围稳步扩大，保障内容持续深化，以期通过相关制度保障为那些最有需要的贫困者提供有针对性的福利。

在实施项目和补充额外资金方面，各邦政府具有重要作用，具体而言包括教育援助和对诸如老年人、赤贫者和残疾人等弱势群体的扶持。各邦政府之间相互学习经验，例如，拥有二百万人口的泰米尔纳德邦一直是实施福利项目的先锋。该邦从20世纪50年代开始就在一系列民生项目中投入了大量资源，这些项目在随后几任首席长官任期内持续扩大，如M.G.拉马钱德兰。1989年，达罗毗荼进步联盟（Dravida Munnetra Kazhagam）政府在泰米尔纳德邦扩展了一系列项目：养老保险、伤残救助、遗属津贴、生育援助计划和婚姻津贴计划等（Dev，2008）。1923年，泰米尔纳德邦开始为马德拉斯市公立学校的儿童提供午餐，到了20世纪60年代，卡马拉杰在其任期内又扩大这些项目。拉马钱德兰则将“午餐计划”变成普惠邦内所有公立学校十年级及以下儿童的项目，随后又被进一步扩大为覆盖十五岁及以下儿童，以及孕期妇女受孕期间的前四个月。1982年，该制度支出为10亿卢比，惠及1 200万人民。泰米尔纳德邦的管理制度还是国内最好的制度之一，在社会指标上取得巨大的进步：识字率从1981年的54%提高到2011年的80%，贫困指标（按人数比例）从1974年的55%降低至2000年的21%，人类发展指标从1981年的0.34（排名全国第七）上升至1999

表 2　　　　　　　　印度：公共部门社会服务支出

五年计划	年份	社会服务支出（亿卢比）及其占总计划支出比重	社会服务支出占当期 GDP 比重（%）	计划总支出占当期 GDP 比重（%）
第一个	1951—1956	1 099.60（16%）	0.6	3.8
第二个	1956—1961	3 111.60（20%）	1.5	7.4
第三个	1961—1966	3 657.90（17%）	1.4	8.0
第四个	1969—1974	2 177.50（8%）	0.6	7.5
第五个	1974—1979	6 032.90（15%）	1.5	9.5
第六个	1980—1985	9 593.59（14%）	1.9	12.8
第七个	1985—1990	13 513.10（16%）	2.1	12.6
第八个	1992—1997	16 872.10（18%）	1.9	10.2
第九个	1997—2002	23 882.30（21%）	2.0	9.2
第十个	2002—2007	39 480.70（23%）	2.4	10.4
第十一个	2007—2012	100 211.50（30%）	3.3	11.0

注：上述数值为固定货币价值，已用 2005 年的 GDP 水平扣除通货膨胀因素影响。

资料来源：作者基于五年计划整理。

年的 0.46（排名第三）和 2001 年的 0.53（排名第三）（Radhakrishna & Panda，2006）。该邦在执行社会福利和促进平等的项目时有着坚定的政治承诺，使得妇女、残疾人和弱势群体得以通过技能培训、个人援助、银行贷款和诸如自主组织与村级联盟等社会经济网络更好地融入社会。可以说，在通过社会保障项目实现增长和包容上，泰米尔纳德邦的坚定政治承诺和有效执行堪称典型。

值得注意的是，从第五个五年计划（1974 年至 1979 年）开始，印度每年 5%的经济增长率一直稳步上升。1977 年建立的以工代赈制度在第六个五年计划期间（1980 年至 1985 年）成为“全国农村就业计划”，又在 1983 年建立了“农村无地农民就业保障计划”。有学者指出，挑战并不在于既有的福利项目之中，社会保障制度也只能满足发展中国家有限的社会经济需要，从而亟须更为综合的劳动与社会保障政策（Kabeer，2002；Barrientos & Shepherd，2003）。如表 1 所示，许多项目已经建立并持续扩大发展，问题主要在于资金和人力方面的资源与能力不足以影响此项目的高效执行。

四、比较视角下的印度

一般认为，劳动与社会保障政策对提高社会生产率、创造能力、裨益长期社会经济发展都至关重要（联合国儿童基金会南亚地区办公室，2008a）。而制度设计与执行则关系到解决什么问题、为什么解决问题（目标）；何处提供，为谁提供（受益者）；如何实施，何时实施（执行）（Burgess & Stern，1999）。将需求与财政能力、机构能力有效匹配，是一个巨大的挑战，而借鉴全球经验、完善更加适合具体地区的可持续政策，则是有效的措施。沃顿（Walton，2003）的研究表明与提供安全网相比，美国和欧洲在制度发展推动力上的区别主要在于激励和支持创新的制度结构——美国的制度设计中提供了更少的社会安全网，建构了鼓励科技创新的激励机制，似乎促使了更多的增长；而欧洲则提供许多社会安全网，似乎也伴随着更慢的增长速度。沃顿以芬兰的例子来驳斥上述观点，因为芬兰的社会保障水平很高，就平均水平而言也具有和美国差不多高的国家竞争力。随着社会保障政策继续发展，印度应当学习西方国家成功经验，避免重蹈其政策偏颇与失误；同时，也应当探索和完善与本国环境、资源和社会发展目标相适应的社会保障发展战略。

据《2011/12年世界社会保障报告》（国际劳工组织，2010）显示，超过一半的人口完全没有任何社会保障，而南亚地区拥有最基本保障的人口比例据估计也不超过10%。南亚社会保障项目总支出占GDP比重不足8%，在所有地区中列倒数第一。上述指标包括所有的社会救助、社会保险和教育、健康等项目。

2004至2005年度，印度的社会保障项目支出占GDP的4%，这一指标高于亚洲平均水平，在社会保障支出、覆盖范围、分配和影响四个指标上，也高于南亚其他国家（亚洲发展银行，2007）。印度社会保障支出结构如下：养老保险与福利占45%，教育占24%，住房和社区相关事务占23%，健康占8%（联合国儿童基金会、南亚地区办公室，2008b）。所有的贫困人口都能通过公共分配制度得到社会救助，以较低价格购买基本食物。教育援助项目覆盖所有儿童，小学教育免费，还提供免费的营养午餐，免费基本医疗服务也覆盖全体国民。

五、结　论

以传统标准看，印度近十年的增长率一直很高，大多介于8到10个百分点。绝对贫困持续下降——印度城乡总人口的贫困比例从2004年的37%下降到2010年的30%（世界银行，2011）。印度的经济增长带来发展机会，使一些人富裕起来，但另一些人却被抛下，导致了持续扩大的不平等——基尼系数高达36.8（UNDP，2007）。这一局面亟须系统改良（enhance）社会保障制度，以期实现经济增长和社会包容。

约半数的印度人口小于25岁，65%的人口低于35岁，有3.2亿人口将一直工作到2020年。投资人口红利，是实现可持续发展的关键所在，而促进人民充分实现其潜能，又是每个社会群体安居乐业的关键所在。至关重要的一点是，改善政策体系以教育、培训印度的年轻人口，提供更多的就业机会，使他们更易找到工作。在这一点上，制定并通过《教育权利法案》① 是一项重要的举措，而贯彻执行、常规化监督又是实现上述目标的必要条件。当前，有必要通过信息公开、宣传教育和相互沟通来引导社会大众对此的态度和理解。举例而言，那些把孩子放在私立学校接受教育的家长曾表达过这样的不满情绪：他们的孩子与弱势阶层的孩子一同上学，而后者是通过《教育权利法案》得到入学机会的。积极相互沟通，则有利于达成相互理解并做出正确判断，避免污名化、歧视，从而有利于社会融合。

印度近年来经济的高速增长增强了财政能力，也为改善社会保障制度——特别是在非正式就业部门的劳动者的社会保障制度——提供了助力。在正式就业部门就业的低收入劳动者可享受养老金、生育津贴、医疗保险和死亡/伤残津贴，2007年上述社会保障支出占GDP比重为0.33%，低于《全国农村就业保障法案》的总支出占比（0.39%），低于全国总医疗支出占比（1.39%），也低于全国总教育支出占比（2.87%）（联合国儿童基金会南亚地区办

① 译者按：即The Right to Education Bill。

公室，2008a)。除一般渠道外，社会保障制度还通过追加收入税、扩大现有税收并征收特种商品/行业税等方式加以融资。随着社会保障制度扩大到非正式就业部门、劳动者脱离低收入线等，社会保障受益人也将逐渐对筹资做出贡献。

多方参与的社会保障项目综合实施体系，将提高制度实施效果，这就需要政府、家庭、社会团体、非政府组织和社区的共同参与。科学技术（如特定的贫困鉴别机制）也将有利于提高制度内部治理能力、防止信息泄露。常规化的制度监督与评估，不仅有利于提高制度效果，而且还能提供与国家财政能力相适应的制度可及性、问责制、可持续性等的反馈。

印度为人民提供福利的历史十分久远，可追溯到古印度文明时期，而英国殖民时期的社会保障则只有零星、分散的项目。独立之后，印度的社会保障制度受到了若干政治干预，但执行不力、贫困仍然遍布各地。近年来的快速经济增长，使社会保障制度项目的扩张成为可能，但内部治理和执行层面的挑战仍存，有待一些更有力的新举措予以化解。

参考文献

[1] Asian Development Bank. *Scaling Up of the Social Protection Index for Committed Poverty Reduction* 9，(2007).

[2] Aspalter，C. ‘The State and the Making of the Welfare System in India. *Journal of National Development*，3，1 (2003)，http://ssrn.com/abstract=1725.

[3] Barrientos，A.，&A. Shepherd. Chronic Poverty and Social Protection. *Paper Prepared for the International Conference on Staying Poor: Chronic Poverty and Development Policy*，University of Manchester，2003.

[4] Bhattacharya，V. R.. *Some Aspects of Social Security Measures in India*. Dehli：Metropolitan Book Co. Pvt. Ltd，1970.

[5] Brugess，R. and N. Stern. Social Security in Development Countries：What，Why，Who，and How?. in E. Ahmad，J. Dreze，J. Hills，& A. K. Sen，eds. *Social Security in Development Countries*. Oxford：Clarendon Press，1991.

[6] Clark，C.. Extent of Hunger in India. *Economic and Political Weekly*，7 (1972).

[7] Constitution of the Republic of India，1950，http://indiacode.nic.in/coiweb/welcome.html.

[8] Dandekar，K.，&M. Sathe. Employment Guarantee Scheme and Food for Work Programme. *Economic and Political Weekly* 25，15 (1980).

[9] Dev，M. S.. *Inclusive Growth in India: Agriculture，Poverty and Human Development*. New Delhi：Oxford University Press，2008.

[10] Gilbert，N.. Alternative Forms of Social Protection for Developing Counties. *Social Service Review* 50，3 (1976).

[11] Goel，S. L.，&R. K. Jain. Social Welfare Administration 2，(1988)

[12] International Labour Oganization (ILO). Approaches to Social Security：an International Survey. *Studies and Reports Series M*，18 (1942).

[13] ILO. *World Social Security Report* 2010/11：*Providing Coverage in Times of Crisis and Beyond*，2010.

[14] Kabeer，N.. *Safety Nets and Opportunity Ladders: Addressing Vulnerability and Enhancing Productivity in South Asia*. Brighton：University of Sussex，Institute of Development Studies，2002.

[15] Kannan，K. P.，&V. N. Pillai. *Social Security in India: The Long Land Treaded and the*

Longer Road Ahead Towards Universalization. Germany：University Library of Munich，2007.

［16］Kattumuri，R. *Food Security and the Targeted Public Distribution System in India*. Asia Research Centre WP 38，2011，www2.lse.ac.uk/asiaResearchCentre/_files/ARCWP380Kattumuri.pdf

［17］Kothari，R. Political economy of Garibi Hatao. *Economic and Political Weekly*. VII，32033（1972）.

［18］Law Commission of India. *Sixty-second Report on the Workmen's Compensation Act*，1923，1974. htts：//lawcommissionofindia. nic. in/51-100/Reprot62. pdf

［19］Mulchandani，A. The Indus Valley Civilization at Lothal，1998，www.harappa.com/lothal/text.html.

［20］Nehru，J. An address to the Indian National Congress，1955. www.mainstreamweekly.net/articl3133.html.

［21］Planning Commission. *History of Planning Commission*. Government of India，1950，http://planningcommission.nic.in/aboutus/history/index.php? about=aboutbdy.htm.

［22］Priyadarshee，A. Evolution fo Social Protection. *The India Economy Review*，2011，www.theindiaeconomyreview.org/Article.aspx? aid=101&mid=5.

［23］Radhakrishna，R.，&M. Panda. *Macroeconomics of Poverty Reduction：India Vase Study*. Mumbai：Indira Gandhi Institute of Development Research，2006，www.igidr.ac.in/pdf/publication/PP-057.pdf.

［24］Rangarajan，L. N.（trans.）. *The Arthasastra of Kautilya*. New Delhi：Penguin，1987.

［25］Rath，N.. Garibi Hatao：Can IRDP do it? *Economic and Political Weekly*，20，6（1985）.

［26］Sen，A. K.. Poverty and Famines：An Essay on Entitlements and Deprivation. Oxford：Clarendon Press，1982.

［27］Thapar，R. *Ashoka and the Decline of the Mauryas*. Delhi：Oxford，2000.

［28］Thaplyal，K. K. Guilds in Ancient India（Antiquity and Various Stages in the Development of Guilds up to AD 300）. in G. C. Pande，ed. *Life Thoughts and Culture in India*. Delhi：Munshiram Manoharlal Publishers Pvt. Ltd，2001.

［29］UNDP. *Human Development Report* 2007/8：*Fighting Climate Change*：*Human Solidarity in a Divided World*. Hampshire and New York：Palgrave Macmillan，2007.

［30］UNICEF ROSA. *Regional Policy Makers' Symposium on Social Protection in South Asia*. Dhaka，Kathmandu：UNICEF，2008a.

［31］UNIVEF ROSA. South Asia-Some Key Fact on Poverty and Inequality，2008a，www.unicef.org/socialpolicy/files/key_initiatives.ppt.

［32］Walton，M. *The Role of Safety Nets in Social Policy*：*Roundtable Discussion*，*Transcript of Remarks*. World Bank Social Safety Nets Primer Launch，2003，http://siteresources.worldbank.org/SAFETYNETSANDTRANSFERS/Resources/PrimerLaunchScript_Walton.pdf.

［33］World Bank. Social Protection for a Changing India：Main Report，2011，https://openknowledge.worldbank.org/handle/10986/2745.

［34］Wright，R. P. *The Ancient Indus*：*Urbanism*，*Economy*，*and Society*. Cambridge and New Delhi：Cambridge University Press，2010.

日本两种不同的福利国家构想：“日本列岛改造论”和市民生活最低标准论

［日］冈本英男

【摘要】本文通过介绍日本20世纪70年代前后出现的市民生活最低标准论和“日本列岛改造论”，考察日本式福利国家构想。作者指出两种视角对当前福利国家建设均具有启发意义。

【关键词】福利国家　市民生活最低标准论　日本列岛改造论

Two Approaches of Welfare State in Japan——'Rebuilding Japanese Islands' and the Perspective of Civil Minimum

OKAMOTO Hideo

(*Professor of Faculty of Economics*, *Tokyo Keizai University*)

Abstract This study introduces two approaches of welfare state in Japan in the 1970s. They are "Rebuilding Japanese Islands" and the perspective of Civil Minimum. It is pointed out that the two approaches are worthy reference for current welfare state development.

Keywords welfare state　Civil Minimum　Rebuilding Japanese Islands

序　　言

在20世纪60年代到70年代的日本政治史上，日本各地众多的革新自治体成为了引导国家政治方向主体，这一事实值得注意。这些革新自治体以大城市圈为中心，在当时市民运动高涨的背景下，不仅把地区性问题，而且把全国民性的问题作为自己政务的处理对象。在这个时期，牵领着革新自治体的指导思想是以“自治体主导型市民福利”为标志的市民生活最低标准论（Civil Minimum）。

另一方面，城市中市民运动不断发生，以东京、琦玉、大阪、京都以及冲绳为战略据点的革新县政脱颖而出。在全国630多个市中，有120多个革新市政群问世。在此情况下，保守政营中，较为开明的“平民宰相”田中角荣战胜了老右派的福田赳夫，当选为首相。此次自民党的田中内阁，对内着手于城市政策，打造了“日本列岛改造论”，对外着重于解决日中邦交恢复这一历时已久的国家性课题。

作者简介：冈本英男，东京经济大学经济学部教授。

原文日文，译者为朱珉（千叶商科大学副教授），郭芳（同志社大学助手），张继元（东京大学博士研究生），万琳静（日本女子大学博士研究生）。

本论文以20世纪70年代前后出现于同一时期的市民生活最低标准论和田中角荣的“日本列岛改造论”，这两个具有独创性的日本式福利国家构想为视角，通过对这两个构想进行比较分析，来探讨其当代意义。

一、田中角荣之“日本列岛改造论”

执政长达7年零8个月的佐藤首相于1972年6月正式表明引退。但在这之前，只有小学学历、出身于新泻县的田中角荣与毕业于东京大学、元大藏省官僚的福田赳夫就已经为争夺佐藤后继者之位展开了激烈的竞争。最终通过总裁公选，田中角荣在自民党临时党大会中被选为总裁，从而获得了总理大臣这把交椅。田中角荣在6月23日发表了“向国民的建议（我的十大基本政策）”揭示了新政权的政策目标。此建议的主旨如下：

（1）适应新时代，全力以赴实现政治责任明确的“决断与执行的政治”；

（2）以宪法第9条为对外政策的根本依据，尽快实现恢复与中华人民共和国的邦交关系，为亚洲与世界的和平做贡献；

（3）65岁以上的老人实行免费医疗；

（4）制定环境标准，对高污染地区的污染物质总排出量进行限制；

（5）拟定有关国土的土地利用计划，在提高土地利用效率的同时，让中产阶级拥有自己的住房。对现役被雇佣的劳动者进行大幅度的住房减税；

（6）顺应新时代，大幅提高教师的工资，从根本上改善教师培养制度；

（7）推进工业再布局，新设工厂的转移促进税，与工厂的地区分散相结合，建设“新25万人规模的城市”；

（8）促进农业用地的流动化，实行农工一体化的地区开发；

（9）普及一周双休制；

（10）增发公债，对所得税进行减税，充分利用财政投融资，以此为基轴展开积极的财政金融政策。

在这些基本政策目标中，虽然维持和平宪法、恢复与中国的邦交和以老人的免费医疗为代表的社会福利扩展这三点明确表现了新政权的特色，但田中新政权内政上最大的特色则是，以国土计划、新25万座城市建设、农工一体化的地区开发为代表的“日本列岛改造论”。

（一）“日本列岛改造论”的背景与内容

《日本列岛改造论》是田中角荣在1972年6月20日出版的，当时田中角荣正在与福田赳夫，大平正芳，三木武夫争夺自民党总裁之位。虽然出版的时机如此，但列岛改造论绝非是为了能赶上总裁之位的党内斗争而提出的暂时性的政策。列岛改造论是新泻县出生的政治家——田中角荣一生不变的主题。

田中角荣早在1962年1月23日的众议院会议中，针对池田首相的施政方针演说进行质疑时就曾如下表述过：“最近，从农村流入城市的年轻人过多，都没人愿意嫁给农家的长子做媳妇。我觉得这种情况是不应该持续下去的。小型产业城市数量不断增加，丈夫从自己家去工作，休闲时与妻子一起搞搞农业、渔业，能实现这种理想化生活方式的才是农村渔村的收入倍增政策，所谓有爱心的政治。"

这些话来自于田中角荣幼年时期的生活体验，他的"缩小地区间差距"的政策新思想也明显地表明了这一点。与池田勇人的"收入倍增计划"是以发展城市化为目标相比，田中角荣不仅主张城市化，而且还主张农村以及偏僻地区的经济发展。日本战后的复兴与重建，不应是建立在牺牲农村、山区、渔村利益的基础上。要实现大城市与农村能够共存共荣的均衡国土再改制、再利用，政治要为此而展开综合性的政策。这些想法之后即发展成为以"国土均衡发展"的开发计划为主要内容的"日本列岛改造论"①。

田中角荣的代表著作《日本列岛改造论》约 220 页，虽然不是长篇大作，但由于写得浅显易懂，加上作为平民宰相的人气，很快就成为了达 90 万销售量的畅销书。这本著作的底稿是在 1968 年自民党城市政策调查会议上发表的"城市政策大纲"。此"城市政策大纲"是自民党为了应对城市中得票率下降趋势，1967 年设置的以田中角荣为会长的调查会（由 87 名国会议员组成）经过 1 年零 2 个月，通过将近 70 次的总会、分会、起草委员会中政府各省厅、地方自治体、民间有识之士的意见交换，讨论后总结出的具有浓厚学术色彩的调查研究报告②。

报告的基本意见如下："产业结构的高度化与快速的城市化的大潮，激化了由大城市地区的过密与地方上的过疏造成的弊害，给国民生活带来了不安与混乱。地价高涨，住房不足，交通压力日益加大，各种公害侵蚀，破坏了市民生活。这一事实又降低了国民经济的效率，阻碍了国民所拥有的潜能量。如果姑息这一事态的话，国民经济就不会再增长，国民生活的提高与繁荣不可想象……我国的城市问题，现在是政治的焦点，是国民全体的问题。城市化不仅是城市集中的表象问题，而是日本全体的社会构造变化的问题"。

基于以上认识，"城市政策大纲"中论述了城市政策的基本方向、土地对策、大城市对策、地方开发的方向、财政与金融政策，"日本列岛改造论"也完全蹈袭了它的意见与解决方法。在"日本列岛改造论"的序言中，田中角荣直率地阐述了以下看法。"从明治维新至今的一百多年间，我国随着工业化与城市化的发展变得强大了。但昭和 30 年代发生的日本经济高度成长造成了东京、大阪等太平洋地带的产业人口过度集中，使我国成为了世界上史无前例的高密度社会。巨大城市变成了密度过高的大熔炉，病变着、残喘着、焦躁着。同时，农村由于年轻人的减少而高龄化，即将失去成长的能源……城市集中的优势现在却变为了劣势。"

根据以上的情况，田中角荣又说到，"国民现在最需要的是过密与过疏的弊害能同时消除，在这美丽、舒适的国土上，将来毫无忧虑地过着物质丰富的生活。因此要大胆转变城市集中的趋势……以工业的全国性再配置与知识集约化，全国新干线与高速公路的建设，以及情报通信网的网络建设为杠杆，去除城市与农村、沿太平洋地区与沿日本海地区的差距"，而且这一定是可以实现的。

---

① 早野（2012），160—162 页。此外，战后昭和 26 年，作为议员立法通过的针对贫困者的"公营住宅法"也是基于田中角荣的提议。田中角荣主张说，"遭受战争创伤的母子们说，我们什么都不要，就给我们一个家吧""不给劳动人民提供住宅，那还算民主主义吗"。早野（1995）关注田中角荣如是的政治姿态，指出"田中角荣的政治原理在从昭和 22 年的国会登场时，就已经包括了民主主义和经济理论这两方面。"

② "城市政策大纲"刊登在自由民主党（1987）资料篇的 617—628 页中。

这本著作最大的特点是，以“昭和60年”为目标年限，对具体的事业计划并就具体的地名详细地进行了论述。被写到具体地名的地区认为田中角荣当选首相后计划就能实现而沾沾自喜。已经衰退的过疏地区也为总算能再次复苏而充满了憧憬。但当然也有人对此计划抱有担心。实施计划需要购买土地，当然地价会上涨。列岛改造论其实欠缺应对地价高涨的政策。有人对全国性的工业化是否会造成公害的全国化抱有疑虑。另外，也有人对作为这些事业前提的经济成长、物价、财政等宏观经济的预计是否妥当产生了疑问。

田中角荣就任首相后，设置了“日本列岛改造问题恳谈会”。委员从最初的75名增加到90名，各界唯恐自己落后坐不上这班车而争先恐后地涌来。政府的各省厅只要说是“列岛改造关联”，预算就很容易通过。对于此事态发展，长年采访，研究田中角荣的早野透这样评述。“角荣的日中关系恢复工作实在是做得很出色。但列岛改造就有些显得不那么现实。角荣的梦想可以理解。但这只是霞关的官僚以高人之上的视线描画的蓝图，引来了各个业界如群蚁趋之。12月的众议院选举之时，拥有选举权的普通国民已经从梦中醒来了。角荣败北的开票结果不就说明这一点吗。”①

如早野叙述的那样，在田中政权下进行的1972年12月的总选举中，自民党的议席从288席大跌到271席。与此相对，共产党从14席大幅跃至38席。大幅增加的贸易黑字产生出大量的过度流动性，对“日本列岛改造论”构想的期待引发了土地及商品的大量购买，这与田中内阁的积极财政相承又造成了地价及一般物价的急剧上涨，这些不言自喻都是自民党败北的原因。但给予田中内阁与其最受瞩目的“日本列岛改造论”构想致命打击的，是以1973年秋天爆发的第四次中东战争为契机而发生的“石油危机”。

田中角荣的“列岛改造”构想是以能确保大量的廉价石油为大前提的。石油的价格上涨已是打击沉重，加上产油国削减产量，并对阿拉伯友好国家之外的国家地区一律减少25%的出口量。由此石油的价格翻了4倍，给国民带来了恐慌。但对田中政权来说，最大的重击是“狂乱物价”。对于物价上升，田中的对手福田曾经多次发出“土地价格大涨是很严重的问题”这一警告。更不幸的是，11月23日，爱知揆一大藏省大臣猝死。到此时，田中对长年的对手福田说，“我收回日本列岛改造论。有关经济的问题一切都委托福田新大藏省大臣。”如此，田中不得不以撤回改造论为条件，让福田担任爱知的后任②。

福田任大藏省大臣后大幅度向“总需要管理政策”倾斜，推迟了公共事业的建设。作为田中角荣政治标志的“日本列岛改造论”至此收场。并且，约在1年后的1974年11月，田中角荣因有利用职权通过转卖土地等形成资产之嫌——所谓的“金脉问题”，而辞去首相一职。

虽然“日本列岛改造论”受到了挫折，但在日本福利国家的发展史上，田中内阁占据了重要的地位。在田中政权第2年，1973年（昭和48年）被称为“福利元年”。首先，从1973年1月开始，实施老人医疗费给付制度，以70岁以上的老人（卧床不起的65岁以上）为对象，由公费来支付其医疗保险的自付部分。这一般被称为老年人医疗免费制度。此制度是东京都美浓补都政为对抗革新都政先行实施的，在田中内阁时推广到了全国。此外，由于

---

① 早野（2012），258－259页。

② 福田（1995），207－213页。

"健康保险法"的修订，家族疗养费的给付率由原来的50%上升到了70%，高额疗养费制度也被创立。为了确立能让老人安心养老的年金制度，"厚生年金保险法"被修订，新领取老龄年金的老人能拿到的年金增加到每月5万日元。而且为应对当时的物价上涨，还导入了年金的随物价变动机制①。

如上所述，在田中执政时，福利与社会保障能大有进展，如今来看，是田中角荣重要政治思想的——田中的和平主义思想、宪法观。《日本列岛改造论》的第1章"我如是思考"的最后部分是"贯彻和平与福利"，在此部分中，田中论述如下："日本今后的方向，用一句话来概括就是'和平'与'福利'。对外，战后25年来，一贯坚持和平国家，走与国际社会协调、融合的发展道路。对内，要改变至今为止的生产第一主义、出口一条线的政策，为了国民要把福利放在政策中心，要建设积累社会资本，赶上发达国家的社会保障水准，提倡和谐的国民经济成长。如此，能应对来自内外两方面要求的宽阔大道就是我所一直提倡的日本列岛的改造。"②

另外，有关和平的主张，在《日本列岛改造论》最后部分的"结语"中也被再次强调。"当1亿多有才华、开朗、勤奋的日本人不走军事国家道路……而走全力以赴的国内改革大道时，世人就可以从中看到奔向文明尖端的日本。还有，只要是自由的、没有社会偏见的、富有创意和努力的、谁都可以成为人物的日本，在国际社会上作为诚实、可尊敬的友人，与任何国家都能超越意识形态的差异，永久相交弟兄之好"③。

特别是"与任何国家都能超越意识形态的差异"这句话，表明了田中的政治决意。即摆脱以单独讲和为出发点的日本冷战外交，不仅只是应对已有融雪之势的亚洲情势，更要在新的指导思想下，与中国等国家积极地缔结外交关系。

（二）对田中角荣的《日本列岛改造论》的评价

村上泰亮把战后日本的对中小企业的保护、培养，国民分配的平等化政策，初等、中等教育的扩充称作"系统开发主义"。与此相对，笔者在冈本（2007）中主张，在大众民主主义尤其被强化、完全雇佣不得不成为国家目标的阶段，就是战后福祉国家阶段的广义上的"特殊的日本福祉国家政策"。

尤其是1962年的全国综合开发计划以后的一连串的地域开发政策和各种形态的地域政策正好是位于两种手法（像新古典派经济学主张的，与代表失业者福利供给的生产活动相分离的、也就是与价格形成不相关的再分配政策，和代表米价支持制度那样的价格与生产量相关联的再分配政策）的中间政策。所谓地域开发政策，不是直接保护以农民为代表的生产者本身，而是在农业边缘上创造出工业，由公共事业创造出雇佣机会，从而顺利地推进农业的

① 厚生省（1988），988—993页。

② 田中（1972），24页。

③ 田中（1972），218—219页。田中在担任自民党干事时，在1971年1月朝日新闻的报纸上与法国《世界报》远东总局长罗伯尔·吉兰的对话中，明确表达了他的宪法观。"现行的日本国宪法已经定型有25年了。新宪法的成立过程，是在被占领之下，当然由此原因，并不一定是非常理想化的。但宪法已被日本人消化吸收，并一直被遵守着。今后，说不定会有改正的那一天，就算如此，强调放弃战争的第9条也不会被修改。这源于日本经受了原子弹的洗礼……日本的自卫队仅是用来自卫的，防止外部的武力攻击及间接侵略，完全从自卫的立场上来保卫国家……所以，修改宪法编制军队，派遣联合舰队要对七大洋怎样，真的没考虑过"。

兼营化以及近地域间的劳动力移动，也就是说起到间接保护以农民为代表的旧中间层的功能。

日本在战后采取了积极促进经济增长的政策，这当然也带来了过疏、过密问题，扩大了经济差距。因此，农民和中小企业要求农业政策、中小企业政策、地域政策，国家满足了这些要求。即使这不能称为安格鲁撒克逊所说的福利政策，但是作为补充、代替政策，它们在防止地域社会的崩溃、劳动积极性的减退、国内社会性的分裂等方面做出了很大贡献。为重视这点，把它称之为“广义上的特殊日本福利国家政策”①。

田中角荣在战后不久的国土综合开发法的制定、“公营住宅法”的制定时，在紧缩财政中努力增加“生活”份额的“住宅金融公库的贷款扩大”，从“为国家的道路”到“为国民的道路”的转换政策以及这些政策集大成的“日本列岛改造论”，所有这些都是以缩小经济的地域差距为目的的。

多年研究政治家田中角荣和他的后援团“越山会”的早野透说，“角荣的利益还原政治，变换一下看法的话是某种意义上的社会民主主义”②，笔者同意他的说法。尤其是《日本列岛改造论》是基于“日本是否能和平，是否能在国际协调道路上继续走下去，与国内的产业构造和地域构造的积极改革有直接关系”的信念，以过疏和过密问题的同时解决，消除城市和农村、表面日本和背面日本的差距为目标的伟大构想，作为今天的政策也有充分的意义。

那么，把公共事业分配到贫困的过疏地域的田中角荣的政治和政策，通过同时解决过疏和过密问题来策划解决城市问题的田中角荣的《列岛改造论》不存在问题吗？事实上，洛克希德案件以及象征炒地皮那样的“政治和钱”的问题，根据各市町村的田中票的得票率来分配公共事业的“利益诱导”政治等的批判很多，笔者也认为这些批判有道理。

但是，笔者认为田中角荣一派的公共事业政策和都市政策的最大失败在于没有大胆地把手术刀装进地价高腾机制里。一直研究战后日本保守党的肯特格鲁达对于日本的土地政策是这样叙述的：“保守政权的政策，从所得分配到地域振兴，一直到中小企业对策，给很多日本人带来了各种恩典。但是这并不能说这样的政策是好的……在日本的保守政治中，没有比土地政策更能揭示不平等，暴露矛盾的东西了。比如说大都市的土地利用就是一个例子……结果，土地作为投机的对象，与利益相联结，成了政治资金最好的财源。一旦从土地上获得利益就开始为了确保利益而给自民党施压，妨碍土地政策的转换。同时，支持过去30年高度增长的资本筹备的是企业的巨额欠款，因为土地的升值提高了企业的担保能力，对于自民党的主要支持层的财界、金融界来说土地的确保和地价的上升意义重大。像这样把围绕土地的各种势力放在前面，战后由于内务省的解体而成立的作为管辖机构的建设省，对于政治家的介入站在比较弱的立场，并且，自民党虽说是政党，但开发企业和城市农民的压力所左右而缺乏主见，结果，对于土地行政，政治家也好官僚也好，没有谁能提出有一贯性的计划来”③。

随后，格鲁达又叙述“日本的保守政治家以及官僚把战后日本城市面临的问题讲述成像

① 冈本（2007），42—44页.

② 早野（2012），394页.

③ Calder（1988），376页：日语翻译版本，324—325页.

天灾问题的很多。连像田中角荣总理那样果断挑战经济地域差距的人物都没敢考虑在城市有效的利用土地是可能的"。重新认识渗透在日本各层的如上所述的"不可回避论"，与海外的土地政策作比较变得极为重要，格鲁达介绍了与日本一样拥有过密人口的民主主义国家西德的住宅、土地政策的成功①。

笔者又跟格鲁达一样，认为战后日本的政治经济的最大失败在于城市土地政策的无对策，这成为80年代后期泡沫经济和泡沫崩溃后"消失的20年"的原因，也带来了现在社会经济的低迷。

二、市民生活最低标准论和革新自治体

田中角荣的"日本列岛改造论"是保守派的福祉国家构想，与此相对，基本在同一时期革新派提出了"市民生活最低标准论"。

（一）松下圭一的"《日本列岛改造论》批判"

松下在1972年《中央公论》9月号上刊登的"《日本列岛改造论》批判"中，首先给予了以下高度评价。作为城市政策的《日本列岛改造论》是政府把城市政策设为争论点的明治以来最初的尝试，成为了至今也没有熟习城市政策的在野党的政策挑战。

给予了高度评价后，作为"列岛改造论"的问题点松下接着提出了5点疑问②。

（1）经济成长同时也是废弃物或公害的增长，尤其在超过密性的日本，如何解决这种"负"的增长。

（2）以公害型产业重化学工业为中心，改变如今日本耗尽世界资源的贸易、产业结构的形态，同时能够谋求国际经济调整吗？

（3）通过从企业生产主导到国民生活主导这样的资源分配的转换，工资上升，余暇扩大，并且能下决心紧急完善围绕社会保障、社会资本、社会保健的市民生活最低标准吗？

（4）地域计划或者城市政策的主体是作为市民自治机构的自治体，这能强化自治体的权限、财源吗？

（5）大企业的土地包购象征的既得利益的限制能实行吗？

并且，国民由于公害的扩大而对政府的不信任发展到今天，松下指出推进以所有人受益的开发作为目标的国土改造的困难后，主张"《日本列岛改造论》纵使假定有实效性，各个自治体的地域计划的调整也是有必要的。在这个调整上，需要确立市民、自治体、国家之间的规则，并且为此必须花费时间"。

与此相对，"国土改造，必须通过基层自治体、广域自治体、国家各自的水平的积分才能实现微分的各个地域的市民活动这样的基本视点，必须与田中首相的《日本列岛改造论》对置"。也就是说，主张"设想国土计划时，市町村的权限和财源的扩充，伴随产生的市町村的自治体计划的制定，通过以此为基础的县、国家来做市町村自治体计划的调整和诱导手段的完善才是必须被展望的"。

---

① 西德的国土、城市政策和住宅政策，可参照水原（1985），历史形成过程可参照大场（2003）。

② 松下（1988a），254—260页.

松下很有自信的主张说现在的日本像这样的分权状况已经慢慢开始。“这是包含革新自治体在内的先驱自治体的市民生活最低标准制定的开始。结果，围绕公害，日照权或者从社会保障到城市计划的全部的对策基准，相对于恶劣的国家最低生活水准（National Minimum），市民参加的市民生活最低标准的制定这样的方式，使国家和自治体间产生了双重标准状况。”①

接下来看看，松下很自信地描述的“市民参加的市民生活最低标准的制定”是什么，“国家和自治体间的双重标准状况”是指什么样的事态。

（二）市民生活最低标准是什么

20 世纪 60 年代日本的重化学工业化，城市化的急速开展给地域经济、社会构造带来了巨大变化的同时，也带来了由于公害的发生和城市问题的激化而不得不面对的城市生活环境的恶化。

针对这样的城市问题的激化，地方自治体对应的基调，用一句话来说是开发优先主义。通过招揽企业积极推进地域开发，由于经济趋于上升恢复的地方财政，推进了与其说是生活关联的公共投资不如说是与产业相关的公共设施的投资。采取开发优先政策的自治体，在大城市引发了市民的不满。在以上背景下，1963 年 4 月，地方政治产生了大的变动。统一地方选举，在横滨市、北九州市、大阪市、京都市四大城市的市长选举革新不仅取得了胜利，在旭川市、钏路市、枥木市、上田市、新居滨市等中小城市的革新市政也成立了，这成为了全国革新自治体簇生的诱因。新的地方政治的出现，是对追随经济发展优先政策的自治体政治的市民的拒绝，是寻求政策转换的舆论的反映。这个转换更决定性的是，1967 年的东京都美浓部革新都行政的成立。这样在日本的主要城市，革新自治体的成立，不仅解决了政府的经济发展优先的地域政策困难，还让政府不得不讨论城市政策的根本转换②。在田中角荣领导下诞生的自民党 1968 年的“城市政策纲要”，1972 年田中角荣的《日本列岛改造论》是在这样状况下的政府和保守政党的产物。

同时，市民处于与中央政府对立的革新立场选出首长，意味着市民对新的自治体的期待，野党，站在批判派的立场的革新势力被自问自己的统治能力，这使得地域民主主义的具体化和自治体改革的理论化与实践变得很迫切。

松下圭一的市民生活最低标准论是为回答这样的要求而提出的。松下最初用到市民生活最低标准是在 1965 年出版的飞鸟田一雄编著的《自治体改革的理论性展望》里的“自治体的革新政治指导”的论文里。松下在这篇论文中指出自治体改革的具体课题之一是提高居民服务的保障，主张“今天的自治体，一是承担教育、保健、交通、自来水、清扫、住宅等的公共功能。二是通过健康保险、养老金等的社会保障，实施地域国民生活的最低限度的保障。自治体必须积极地响应这个最低限度（市民生活最低标准）的完全实现，提升水准”③。

可是，在这个阶段的市民生活最低标准的概念，是在“居民服务的保障”这个框架中

---

① 松下（1988a），pp. 267－269.

② 鸣海（1982），pp. 186－188.

③ 松下（1965），p. 63.

的，没有升华到全面的自治体改革和城市建设。松下把市民生活最低标准的概念作为中心，提出自民党的经济政策和城市政策的全面代替（Alternative）是在1970年的"市民生活最低标准的思想"里①。

笔者依据松下的市民生活最低标准论，最整齐明了的展开的《考虑城市政策》（1971年）来理解他的市民生活最低标准论的概要，分析一下它的含意，还有这个概念的射程②。

市民生活最低标准这个词，是20世纪60年代后期笔者创造的日式英语。是模仿英国战后的社会保障体系构想的《贝弗里奇报告》里的有名的国家最低生活标准（National Minimum）这一词。英国的国家最低生活标准把社会保障放在重点，但是日本的市民生活最低标准，在今天，以城市问题的激化为背景，被设定为包括社会资本的扩充、公害的防止，带有向国民生活结构的全体改革展望的城市政策的市民的标准，把它的推进主体定在当前的自治体这一点上有其独特性。

今天，伴随着个人所得的水平提高，国家和地方自治体共同管理国民生产力的扩充产生的社会剩余，推进国民生活结构的改革特别是城市的制度性、物理性的改革的认识，对我们来说很有必要。这样我们的国民生活结构才会有质的提高，挑战城市问题的同时，也是创造新的生活方式的前提，除了工资上升之外，以下必须被扩充：第一，社会保障（包括老龄养老金、健康保险、失业保险的供给制度，贫困者保护制度等）；第二，社会资本（住宅，包括道路、上下水道、电煤气、废弃物处理的城市装置，包括学校、公园的市民设施等）；第三，社会保健（公共卫生，食品卫生，防止公害等）。

今天城市问题的激化与社会保障、社会资本、社会保健的落后，与日本政府对这个计划的忽视有很大的关系。

我们今天急需以市民生活最低标准为基准的新运动和政策的展开。在这里国家或者自治体的行财政机构的重组，再加上国民生产力扩大的民主主导权的确立或者由国民计划性而产生的国民生活结构的变革，特别是城市政策的推进应该成为我们的课题。因此，急需重新探讨，在日本的革新运动里出现的工会的工资提高、企业福利制度中心主义。

市民生活最低标准的提起，不是像现在所讨论的是重视国民生活还是经济发展这样意义上的选择。第一，它的指向是经济发展的人的基准的设定。第二，经济发展的目标本身被质问，必须变更从以前的企业利润的追求和从军事输出向个人自由的经济条件的扩充。像这样，市民生活最低标准的提起，才能改变今天的日本经济发展的路线构造，唤醒经济发展模式的质的转换，由此变为体制的变革。

通过自治体改革的生活条件的自主管理思想就是市民生活最低标准的思想。市民生活最低标准的设定，开辟了从由集结城市科学成果的市民城市政策的市民自治出发，随后以自治体的社会分权为单位，以多个政党的对立为媒介，为了扩大自治体的国家最低生活标准重构中央政府的展望。市民生活最低标准是以市民的自发性为起点的自治体的政策公共基准，也可以称作计划性地再分配国民经济的公、私形态的社会剩余的自治体的政策公共基准。

市民生活最低标准在以上意义上是贯彻现代政治和政策的市民的实践理智即市民理智。

① 刊载于《展望》（1970年5月号）的《市民最低生活标准的思想》收录在松下（1971a）中。

② 下文为概括松下（1971b），106—121页的内容。

所谓市民理智是城市市民的生活规范，政策公共基准。市民生活最低标准相对于明治以来的官僚机构的国家理智，还有成为国家理智的推进力的企业理智，是与市民理智相对置的。

如上所述松下根据当前经济发展产生城市问题和公害这一认识，认为解决这些问题使国民生活的结构发生质变，不只是提升工资，还需公共的扩充社会保障、社会资本、社会保健。这与鲜明的对比描绘——高价的收音机、电视机和贫穷的学校，美丽的住宅和肮脏的马路，贫乏的公共服务的“丰富的民间支出”和“恶劣的公共支出”的加尔布雷思的《丰富的社会》（1958）有一样的问题意识。从这一观点可以看出松下批判了陷入“改良”还是“社会主义革命”这一两难推理的日本革新运动。认为通过市民城市政策的推进可以改变现实的财政构造和国民生活构造，通过这样的现实成果的积累也可以向社会主义展望。他还认为以自治体为主体的从下而上的福祉国家政策最终能提升国家全体的福祉政策的水准，人性化的社会主义社会就在这个延长线上。

（三）东京都美浓部革新都政和市民最低生活水平

1967年成立的美浓部革新都政在第二年公布《1968年东京都中期规划——如何实现市民最低生活水平》，将市民最低生活水平列为自治体规划的中心内容。市民最低生活水平也开始受到全国自治体的关注。

该规划的特征，根据其前言可以总结为以下几点[①]。①为保障都民的幸福，此规划主要对硬件的设施或设备进行整备。②在东京都现有的权限和财政范围内，制定可实现的操作性强的规划。③计划的目标是在都政中保障市民最低生活水平，并且每年制定实施计划。④此计划为1969年到1971年的三年时间，但是根据需要修正每年度的计划，预计实施每年度延长一年的所谓“滚动式体系（Rolling Systems）”。

此计划的核心思想就是“市民最低生活水平”的概念。市民最低生活水平虽然是一个新生事物，但是在计划书的前言中明确指出，它是“都民生活所需的最低水平，现代化大城市中必须具备的最低水平的硬件设施或设备”。

同时，制定计划的手法，首先是“明确都行政必须解决的问题”，设置各个问题的“最低生活水平”，考虑保障最低生活水平的政策并以此为依据做具体规划，这是以前国家以及地方公共团体中没有的新的尝试。

首先，将每个“都行政必须解决的课题”的目标设置为最低生活水平。这个计划中提到最低生活水平，是指近代城市必须具备的最低条件，也就是居民享受安全、健康、舒适、有效的城市生活的最低条件。换句话说，从城市服务来讲，它的服务是为了保障居民人性化的生活。从城市设施来讲，设施设备实现了日本宪法对国民的约定，即保障居民享受生活所需的最低生活水平的权利。

与已经制度化的国民最低生活水平——如国家对自治体的地方交付税以及国库支出金制度等不同，现在特意提出市民最低生活水平这个概念，有以下几点理由：①现行的国家最低生活水平和实际国民生活水平相比极其低下。在现实中，行政上提出的国家最低生活水平的保障，易成为空头理念。②在东京这样的大城市中，城市生活所需的最低条件，与一般性的

---

① 该计划的主要部分，收录于全国革新市长会·地方自治中心编（1990），195—199页。

国民生活的最低条件相比有自己的特殊性。但是大城市不可或缺的行政水平在之前并没有展示出来。

东京都发表的市民最低生活水平之后迅速在全国普及。1969 年青森市引进"综合计划"的概念和手法。紧接着 1970 年武藏野市引入"长期计划"，1971 年旭川市引入"实施计划"。由各城市的负责人为中心，开展市民最低生活水平共同研究的全国改革市长会在 1970 年发表《革新城市建设纲领——为制定市民最低生活水平》，它宣示"革新派的市民最低生活水平的制定是对一切破坏城市自治和市民生活的挑战书。我们革新市长为此将市民最低生活水平定为我们共同的目标，通过连带和多样的方法及努力，和市民一起倾力实现"[①]。之后以革新派市长所在城市为中心，开始在全国范围内引入市民最低生活水平[②]。

松下圭一能确信指出"通过市民参与来制定市民最低生活水平，是国家和自治体两重标准下的产物"，其原因就是，革新自治体的兴起以及革新自治体将市民最低生活标准作为计划的中心。

（四）革新自治体的衰退和东京都"财政战争"的败北

到 20 世纪 70 年代中期，革新自治体在统领全国主要的都府县和主要城市的势头中不断扩大，在 1972 年、1973 年到达顶峰。但是在第一次石油危机之后其力量开始逐步减弱，1979 年第 9 次全国统一的地方选举结果，数字显示出革新自治体的持续低迷衰退[③]。1978 年京都府知事蜷川虎三被保守派的林田悠纪夫替代，结束了京都府 28 年的革新政府的执政。1979 年统一的地方选举中，在美浓部知事辞职之后，保守派的铃木俊一成为新的知事，结束东京 12 年的改革派都政。这些都是革新派自治体衰退的象征。就这样，主要的自治体再次回到保守党的手中。

革新自治体衰退的原因，一般被认为有以下三点原因[④]。第一，受革新自治体的政策波及影响，在政策上保守派和革新派的区别开始不明显。同时，受政党多党化的影响，政党间的重组也使保守派和改革派的区别更加模糊，也就是说地方政治脱离意识形态的控制，开始非政治化。第二，随着经济高速增长的结束，不再一味奉行开发主义，城市问题、公害问题等也没有以前那么严重，与此相对应，市民的精力也减弱了。第三，以石油危机为契机，地方财政危机更加严重，同时国家对改革自治体的攻击也更加激烈。改革派自治体要重新审视其成果和存在的意义。

第三点中提到的，在财政危机之下国家和自治体矛盾加深，最终以改革派自治体失败告终的故事，在日本的首都东京都实际上演。前文中我们提到，1973 年秋的石油危机使田中角荣的"日本列岛改造构想"化为泡影，它也对东京都的美浓部都政有很大的打击。石油危机造成的深刻的经济低迷，使主要依靠法人企业税和法人居民税这两种法人税的东京都的财政受到了毁灭性的打击。

1975 年第三次当选东京都知事的美浓部知事，表示要重建因石油危机陷入危机的东京

① 《革新城市建设纲领》收录于全国革新市长会·地方自治中心编（1990），83—90 页。

② 鸣海（1994）：78—81 页。

③ 鸣海（1994）：159—160 页。

④ 参考鸣海（1994），159—161 页，大岛（1981），224 页。

都财政，宣告对国家的财政战争。他主张面对自治省控制税收和债券发行的权利，要强化地方税的课税自主权以及废除债券发行许可制度。在具体措施上，东京都在自治省的反对中，1974年开始实施法人事业税的超额课税。之后，又提出以大企业为对象，将固定资产税的税率从1.4%提高到1.70%的提案。而对这一提案，自治省表示在作为物品税的固定资产税中引进不统一课税，不能保持一贯性而强烈反对。同时，固定资产税很可能通过租赁费被转嫁，对中小企业来说也不是一个有效的救援政策，因此也引发了抗税。最后，陷入大幅税收困难的东京都于1977年9月，在都议会中提出了要求废除地方债务许可制度诉讼的提案。但是，在都议会中自民党和新自由俱乐部反对这种通过内部努力重建财政的债券发行诉讼，10月14日都议会否决了债券发行诉讼许可的条件，债券发行诉讼也以失败告终[①]。

就这样，以通过获得课税自主权和债券发行自主权而实现自治体财政收入自治目标的“财政战争”，在国家强烈的抵抗与地方议会的反对中完全失败。1979年2月，在辞去东京都知事的最后的都议会的开幕会中，美浓部都知事在施政方针说明时说到，“4年前我说过，我不是为了寻求个人荣誉，而是带着在泥泞中前行的思想准备再次回到政治舞台。但是，我自己也没有想到会以这样惨淡的境况而收场”[②]。在这个“惨淡的境况”中，东京都的财政赤字年年严重，最终，对有债券发行许可权的政府·自治省低头。这里我们能感受不得已对国家屈服的改革派都知事的屈辱感[③]。

（五）城市的极限——阴郁的保罗·皮尔森（Paul E. Peterson）研究

经济不景气时，地方财政比国家财政更加脆弱。这突出的体现在，2008年雷曼事件后美国的州、地方财政几乎全部陷入危机，不得不接受联邦政府的支援。此外，为了思考市民生活最低标准论的可能性及极限，本文有必要介绍一下保罗·皮尔森，他研究联邦制度和大城市问题以及“福利磁石”效果，并提出“城市的再分配政策从原理上讲就是有困难的”。

皮尔森在《联邦制的代价》中对“福利磁石（Welfare Magnet）”如下论述[④]。根据功能理论，随着联邦政府的福利支付增加，州政府会相应削减福利支付。因为州政府想将州政府对低收入层的魅力最小化。拥有高福利的州将成为福利磁石，吸引贫穷者。支付越高，就会抑制贫困者迁移到其他州，同时吸引新的贫穷者来到自己的州，通过这两个方面，州的磁石会越来越强。支付越低，通过奖励贫穷居民离开本州，以及消除其他州的贫穷者搬到本州想法的两个方面，该州变成对于贫穷者不愉快的地方。如果州之间支付额有很大的差异，关注家庭物质福利水平的贫穷者，在考虑自己居住地时就很可能考虑支付水平。

但是，根据1950年到1969年间收集的数据进行的几乎所有研究结果表明，福利政策的福利磁石效果基本无法确认。似乎这一期间贫穷者选择住所时，州的福利水平几乎没有什么影响。这是因为大多数州的法律及行政惯例有意识的增加了福利制度可达性的难度，因此为了改善自我福利机会为目的的更改住所就不合算了。

在1969年夏皮罗（Shapiro）对汤姆森（Thomson）审判的中，最高法院给出了如下判

① 这一部分参考了神野（1995），75—91页。对财政战争的详细研究可参考持田（1995），日比野（1987）。

② 美浓部亮吉（1979）。

③ 日比野（1987），3页。

④ 以下为概括Peterson（1995），121—126页的内容。

决，"纽约州对长期生活的居民给予福利支付而拒绝向新来居民的福利支付，这一行为违反了宪法修正第15条，即州要依法给予市民平等的保护"。加上其他大多数州宽容的惯例，这一判决促进了加入福利名单，特别是洲际移动人群的加入。因此，美国即使在降低贫困水平时，领取福利的人数仍然急剧增加。

但是，随着州的政策制定者宽松行政手续，允许新来的居民领取"有子女家庭补助（Aid to Families with Dependent Children，AFDC）"，州的政策制定者们越来越担心自己的州是否变成了福利磁石。而且他们的担心是正确的。实际上，1969年以后随着贫穷者可以选择自己居住的州，他们开始考虑州提供的支付水平。马克·罗姆（Mark C. Rom）和皮尔森在将48个州和哥伦比亚特别区分三个时期（1971—1975年、1976—1980年、1981—1985年）进行的调查研究中，发现了福利支付水平高的州，其贫困率急速增加。同时，笔者的研究还发现，每次贫困率增加时，州都会削减支付来避免成为福利磁石。实际上，政策制定者担心自己州的福利政策会吸引贫穷者，他们的担心是有现实情况为基础的。

另外，在今天已经成为"城市研究经典"的《城市的极限》中，皮尔森对中央政府和地方政府之间的比较如下论述[①]：地方政府的利益，要求地方政府将重心放在其负责的地区经济生产上。地方政府是一个开放性的系统，因此对外部的变化特别敏感。为了维持本地区经济的健康运行，必须维持地区的效率，几乎没有余力去关心平等主义的事情。

相对而言，中央政府关心的不仅仅是开发目标。这并不代表中央政府不关心社会的经济能力。首先，中央政府有责任通过财政金融政策的操作维持国内经济。中央政府还通过运输系统、研究开发、能源及其他资源管理等方面的大规模资本投资促进经济增长。因此，大多数联邦政府和州及地方政府实行项目一样关注开发目标。但这些开发目标大都多多少少与促进社会关系平等相关。中央政府的租税、福利、住房、保健、教育等政策与经济稳定增长等问题有着同样权重，从平等和再分配角度进行制定。对再分配目标的承诺，一部分起因于为了缓解外部世界对国民经济影响的权力利用可能性。这种权力中最主要的就是发行护照和签证的能力。

对管理移民有着决定的重要性，但中央政府还通过资本、商品、服务等一系列的控制，抗衡世界规模的各种力量，保护本国经济。关税、配额、本国货币、外汇汇率的控制，对本国债务进行财源补贴的能力，是国民政府抗衡海外势力，强化本国自律性而采取的代表性的力量。

地方政府牺牲平等重视效率，并不是因为地方政府的政策制定者有反平等主义倾向，而是由于地方政府运作上结构性的制约。为了保护社区的经济福利，政府必须将高于平均的纳税者的受益对课税比例最大化。

联邦政府救济濒临破产的纽约市最能体现出国家和地方政府之间的区别。为了追求超越经济极限的政策，导致了纽约市在1975年人均财政赤字达到了1 645美元。不论是个别的还是联合的，地方政府的不可行的行动成了华盛顿的责任。

纽约、克利夫兰、芝加哥等其他城市的财政危机明确的例证了笔者的一个中心主张，即"一般来讲，再分配不是而且无法成为地方政府的政策构成要素"。如果城市将服务扩大到贫

① 以下为概括皮尔森（Peterson，1981），69—72页，210—212页的内容。纽约市财政危机可参考塔布（Tabb，1982）。

穷市民的话，这个城市将增加贫穷者乐土的魅力。如果其他情况不变，一贯的追求这样的政策必然导致破产。因此，几乎所有的城市都抵制再分配的诱惑。因此，美国地方政府财政资源只有12%用于再分配目的，而联邦预算的内政费的一半以上用于再分配项目。

重视再分配的政治模式在国家政治中很明确，在地方也偶尔能看到。比如，拥有强大财政基础的州或地方会对低收入群体提供更多的服务。这些比较富裕的地区，地方政府可以通过征收比周边更高的赋税，获取应对贫穷层紧急需求所需的财政收入。在这些地区，自由主义者、改革者、低收入群体也许可以主张将“剩余”的财政收入的一部分用于再分配为目的的项目。这样的政策一旦制定，就很有可能成为地方政策系统制度化的一部分。

纽约恐怕是这一模式最具戏剧性的部分。作为曾经拥有非同一般的经济资源的城市，纽约建立了地方基本无法支付的广泛的政府项目。随着经济能力受到限制，纽约为了维持公共服务，向居民和企业征收越来越高的赋税。公共政策开始成为导致经济衰退的原因。企业和居民由于高税率和高支出政策逃离纽约市的情况愈加恶化。尽管有着这样的反效果，但是由于这些政策深深扎根，因此在导入纠正性政策之前，纽约市一直迈向破产。在纽约市明确出现的这一模式，在东北部和中西部的很多中心城市不断出现。与国家繁荣同时产生的出逃转移给曾经拥有繁荣的大城市带来重大影响，恶化了大城市的问题，并加快了这些城市的相对衰退。

通过多年研究得出上述阴郁的结果，皮尔森并不是主张州或大城市废除福利政策。而是主张福利政策和再分配政策应主要是联邦政府的责任，联邦政府应该加强对州、地方政府的财政调整制度以及福利相关的联邦补助金制度。

三、结　　语

以上介绍并讨论了1970年前后日本代表性的两个福利国家构想，并对其进行了评价。

田中角荣的《日本列岛改造论》是日本保守政党的一个非常独特的福利国家构想，但是在需求拉动型通货膨胀以及成本推动型通货膨胀的双重作用下产生的“狂乱物价”中无法运行，不得不以失败告终。但是，如果在泡沫崩溃后的折磨日本20年的通货紧缩的状况下，推行这一“日本列岛改造”构想，结果如何？本稿不直接讨论这一课题，但这是一个相当有趣的问题。

今年5月去世的松下圭一力论的市民生活最低标准论也是一个很特别的自下而上的福利国家构想。随着美浓部都政为首的个性自治体的退潮，这一市民生活最低标准论也随着衰退了。而正如皮尔森所指出的那样，即使是财政富裕的大城市也很难长期持续再分配政策。但是，如果在充分考虑这个问题、构建可持续的福利社会的基础上，根据市民最低保障论制定自下而上的积极福利政策仍然是有意义的。

无论是按照共同意识（General Will）的计划原理，还是按照自由市场的分配原理，现代社会都无法使用一个原理管理运营。当今社会的现状是，市场的分配、国家的计划方案、贫困时共同的托底、个人的权利保护、有实效的民主创议（Initiative）和民主控制等，这些对自由的社会来说缺一不可。但如何在实践中结合这些容易相互冲突的社会运营方法，而又不陷入自相矛盾，这是当今社会的一大难题。

现在包括日本在内的很多国家，都是以市场的“效率性”最大化为目标，忽视了自由社会运营不可缺少的另外四种方式，即：国家的计划方案与限制、穷困时的社会福利与社会保障制度、个人的权利保护、有实效性的民主创议和民主控制。这导致了急剧的差距扩大、金融危机、年轻人长期失业等新形式的贫穷的重现。这些都要求我们的社会从根本上进行反思，而本稿所讨论的两个福利国家构想，都对构思新福利国家有着充分的启示。

参考文献

［1］飞鸟田一雄编著. 自治体改革的理论展望. 日本评论社，1965.

［2］大岛太郎. 自治体革新的展望. 未来社，1981.

［3］大场茂明. 近代德国的市区形成——公共介入的形成和展开. Minerva 书房，2003.

［4］冈本英男. 尼克松的新联邦主义和辅助金改革（1）. 东京经大学会志：经济学，1999，211.

［5］冈本英男. 福祉国家的可能性. 东京大学出版会，2007.

［6］冈本英男. 福祉国家和职能财政：通过对 Lerner 和 Wray 的讨论的考察. 东京经大学会志：经济学，2014，283.

［7］厚生省. 厚生省五十年史（记述篇），1988.

［8］自由民主党编. 自由民主党史. 自由民主党，1987.

［9］自由民主党编. 自由民主党史 资料篇. 自由民主党，1987.

［10］神野直彦. 从都市经营的破绽到再建. 神野直彦编. 都市经营. 都市出，1995.

［11］全国革新市长会・地方自治中心编. 资料：革新自治体. 日本评论社，1990.

［12］地方自治中心资料编辑委员会编. 资料 革新自治体（续）. 日本评论社，1998.

［13］田中角荣. 日本列岛改造论. 日本工业新闻社，1972.

［14］土田荣作编著. 新时代的都市政策 4：都市财政. 行政，1982.

［15］东京都政调查会. 东京都的财政（昭和 44 年版）. 东京都政调查会，1969.

［16］鸣海正泰. 战后自治体改革史. 日本评论社，1982.

［17］鸣海正泰. 地方分权的思想. 学阳书房，1994.

［18］早坂茂三. 政治家田中角荣. 中央公论社，1987.

［19］早坂茂二. 田中角荣回想录. 集英社文库，1993.

［20］早野透. 田中角荣和"战后"的精神. 朝日新闻社，1995.

［21］早野透. 田中角荣. 中公新书，2012.

［22］日比野登. 财政战争的验证. 第一书林，1987.

［23］日比野登. 美浓部都政的福利政策. 日本经济评论社，2002.

［24］福田纠夫. 回顾九十年. 岩波书店，1995.

［25］松下圭一. 自治体的革新政治指导. 飞鸟田一雄编著. 自治体改革的理论的展望. 日本评论社，1965.

［26］松下圭一. 市民生活最低标准的思想. 展望，1970，5.

［27］松下圭一. 市民生活最低标准的思想. 东京大学出版会，1971a.

［28］松下圭一. 思索都市政策. 岩波新书，1971b.

［29］松下圭一. 对《日本列岛改造论》的批判. 松下圭一. 昭和后期的争论点和政治. 木擇社，1988a.

［30］松下圭一. 市民福利的政策构想. 松下圭一. 昭和后期的争论点和政治. 木擇社，1988b.

［31］松下圭一. 日本的自治・分权. 岩波新书，1996.

［32］松下圭一. 市民最低生活标准的再思考. 公人友社，2003.

［33］松下圭一. 自治体的再构筑. 公人友社，2005.

［34］松下圭一. 转型期日本的政治和文化. 岩波书店，2005.

［35］水原涉. 西德的国土・都市计划和住宅政策. Domesu 出版，1985.

［36］美浓部亮吉. 都知事十二年. 朝日新闻社，1979.

［37］宫本宪一. 从都市问题到都市政策. 岩波讲座现代都市政策Ⅺ都市政策的展望. 岩波书店，1973.

［38］村上泰亮. 反古典的政治经济学（下）. 中央公论社，1992.

［39］持田信树. 首都财政的经济学. 神野直彦编. 都市经营. 都市出版，1995.

［40］山本正雄编. 都市财政改革的构想. 新地书房，1979.

［41］Calder，Kent E.（1988），*Crisis and Compensation*：*Public Policy and Political Stability in Japan*，1949—1986，Princeton University Press.

［42］Calder，Kent E 著，Calder 淑子译. 自民党长期政权的研究：危机和辅助金. 文艺春秋，1989.

［43］Minsky，Hyman P. "The Role of Employment Policy，" Margaret S. Gordon ed.. *Poverty in America*. Chandler Publishing Company，1965.

［44］Minsky，Hyman P. *Ending Poverty*：*Jobs*，*Not Welfare*，Levy Economics Institute，2013.

［45］Peterson，Paul E. *City Limits*，The University of Chicago Press，1981.

［46］Peterson，Paul E. and Mark C. Rom. *Welfare Magnets*：*A New Case for a National Standard*. Brooking Institution Press，1990.

［47］Peterson，Paul E. *The Price of Federalism*，Brooking Institution Press，1995.

［48］Tabb，William. *The Long Default*：*New York City and the Urban Fiscal Crisis*，Monthly Review Press，1982.

［49］Tabb，William 著，宫本宪一・横茂・佐佐木代表监译. 纽约市的危机和变化. 法律文化社，1985.

［50］Wray，Randall L.. *Understanding Modern Money*：*The Key to Full Employment and Price Stability*，Edward Elgar，1998.

［51］Wray，Randall L.. *Modern Money Theory*：*A Primer on Macroeconomics for Sovereign Monetary Systems*，Palgrave Macmillan，2012.

［52］Wray，Randall L.. "Introduction"，in Minsky，Hyman P.，*Ending Poverty*：*Jobs*，*Not Welfare*，Levy Economics Institute，2012.

地方政府的新福利构想：“首尔市民福利标准”之案例

［韩］金渊明

【摘要】文章介绍了首尔市民福利标准制定的背景、原则与框架以及主要项目。指出首尔市民福利标准制定有助于推动韩国向普遍性福利国家前进，并值得亚洲主要发展中国家的大城市在扩充福利过程中进行参考。

【关键词】首尔市民福利标准　国民福利最低线　地方政府　韩国

Local Governments' Welfare Innovation: the Case of 'Seoul Welfare Standard'

KIM Yeon-Myung

(*Professor, Social Welfare Department, Chung-Ang University; Former Member of Seoul Welfare Standard Committee*)

Abstract This study provides an introduction about the background, principles, framework and main programs of Seoul Welfare Standard. It points out that the case of Seoul Welfare Standard helps to promote the universalism of Korean welfare state, and it is illustrative for the welfare promotion in other Asian big cities.

Keywords Seoul Welfare Standard　National Minimum　local government　Korea

一、绪　　论

韩国、日本等地区是城市人口比较密集的地区。韩国的城市人口比率以87%达到OECD国家的最高水平，日本也以78%的水平位列第四位。特别是居住在人口150万人以上城市中的人口韩国有68.4%，日本有65.8%（OECD，2013），这与OECD平均水平的50%相比是世界较高水平。中国也在改革开放以后加快城市化进程，城市化率在20世纪90年代达到26.4%，2010年以后城市人口达到了50%（National Bureau of Statistics of China，各年度），当然这一数字也在不断提高。特别是在中、日、韩三国中担负政治、经济、文化中心职能的北京、首尔、东京、上海等人口在千万以上的所谓“巨型城市”。

在福利国家形成、维持、发展的过程中地方政府的职能并不亚于中央政府的重要性。地方政府负担着执行、管理中央政府福利政策的职能，但是同时也可以制订独特的福利政策，为改善地区居民的生活质量进一步改进或加强中央政府的政策。特别是多数人口都居住在这些“巨型城市”的情况下，这些城市独创的政策及执行能在很大程度上影响国家整体的福利

作者简介：金渊明，中央大学社会福利系教授，前首尔市民福利标准促进委员会共同委员长。

政策，这一点具有很重要的历史意义。

世界上人口密度最大的东京道已于20世纪60年代后期开始引用近代福利国家的理论基础——“国民生活最低标准（National Minimum）”，启动并执行了“市民福利最低标准（Civil Minimum）”的独创性福利计划（Tokyo Metropolitan Government，1968），这对日本的社会福利发展做了巨大贡献。中国的情况是1993年上海市政府第一次启动了新的社会救助制度——低保，被称之为“上海模式”，在中央政府的支持下推向全国，为中国社会救助制度的建立做出了很大贡献。

首尔市从20世纪90年代后期建立民选市长制开始尝试独创的福利制度，由现任朴元淳市长主导的“首尔福利标准（Seowl Welfare Standards）”是最具有代表性的案例。“首尔福利标准”历史上第一次由地方政府将市民在收入、住房、医疗等5个领域中应享有的福利最低标准及适当标准从公共角度明确标识出来（首尔市民福利标准促进委员会，2012）。此外，这一计划补充了原有社会救助标准建立了“首尔型社会救助制度”，大量扩充了公共保育机构，对中央政府及其他地方政府的福利政策起到了极大影响。釜山市及世宗市也在积极筹备与“首尔市民福利标准”相似的福利标准线工程。

在过去一段时间东亚福利研究都是以中央政府施行的全国范围社会保障制度为中心进行的。但是关于首尔、北京、上海、东京等具有代表性的大城市的福利制度的比较研究却很缺失。社会福利学界在所谓“地域福利”领域虽然对地方政府的福利政策有所涉及，但是东亚地区巨型城市间福利政策的先行研究却不多。但是首尔、北京、东京等巨型城市的独特的福利政策由于其在政治、经济上的影响力不仅能影响全国而且能影响到其他东亚国家。也就是说，在今后理解东亚社会福利的发展及福利体制上巨型城市的福利政策研究具有重要意义。

本文主要介绍2012年首尔市制定的“首尔福利标准”的内容，讨论这个项目对东亚福利政策的启示。

二、福利国家与国民福利最低线

在西方，“国民福利最低线（National Minimum）”由英国劳动党理论家韦伯（Webb）夫妇将其体系化并在当时发展为社会运动。但是将“国民福利最低线”理论与福利国家建立直接联系的是1942年发布的“贝弗里奇报告”。为近代福利国家提供理论性基础的“贝弗里奇报告”（1942）建议通过建立社会保险、扩大社会福利服务项目向所有市民提供“国民福利最低线”。之后“国民福利最低线”理念极大影响了为发达国家与发展中国家的社会保障制度发展做出极大贡献的世界劳工组织（ILO）1952年102号条约“社会保障最低标准相关条约（Social Security Minimum Standards Convention）”的制定。福利国家的定义虽然多种多样，但是“国民福利最低线”作为近代福利国家的核心要素这一点得到大部分福利国家研究者的同意。威廉斯基认为“福利国家的本质是向所有国民提供最低水平的收入、营养、医疗、住房以及教育”（H. L. Wilensky，1975）。此外乔治（George）和维尔汀（Wilding）认为“在多种生活领域中获取社会可以容纳的最低标准（Socially Acceptable Minimum Standards）是二战以后社会政策最普遍的目标”（George & Wilding，1984：8）。“国民福利最低线”是近代福利国家建立所带来的最核心内容。但是随着福利国家的发展，从20世纪

60年代开始各国开始提供高于“最低标准”福利津贴的福利体系，这可以看作是从“最低标准”向“适当标准”的调整。在北欧国家中出现的这种向适当标准的调整，爱斯平-安德森做出了如下叙述。北欧福利国家将20世纪50年代确立的“提供普遍性、平等的定额补助金的社会保险系统”的政策目标于20世纪60年代开始转移为提供“适当的补助金标准（Adequate Benefit Standards）、平等、预防性社会政策，强化受益者资格”的保障方向（Esping-Andersen，Politics against Market，1985）。将社会保障津贴上调至适当标准、并提出适当标准的这种努力在更新“社会保障最低标准相关条约（102号条约）”而制定的ILO各种活动中也表现出来。ILO在20世纪60年代以后制定了“工伤补助金相关条约（1964）”“医疗及伤病补助金相关条约（1969）”“残疾、老龄、遗属相关条约（1967）”，将102号条约上提出的最低标准进行了上调（金渊明，1997）。例如，老龄年金的收入替代率的最低标准金额在1952年被定为40%，但是在1967年的条约中上调至60%。结果，可以从某种意义上说，西方福利国家在从最低标准向适当标准调整的过程中，迎接了所谓20世纪60年代、70年代的“福利国家的黄金时期”。

三、韩国的“国民福利最低线”与“首尔市民福利标准”的成立

韩国社会的“国民福利最低线”是1994年由进步市民团体“参与连带”确保“国民福利最低线”的政治活动中开始并为世人所知的。参与连带通过此活动将之前的前近代性生活保护法的修订、扩大老人津贴发放等推向政治关心的焦点①。这项运动在野党“金大中政府”上台后影响了现实政策的制定。当时保健福利领域的国家政策研究所——韩国保健社会研究院编写了在韩国社会中“国民福利最低线”之可能性的相关报告书（汴在官等，1998）。由参与连带开始的这项运动对大幅提高原来的“生活保护法”受益金额、并将其修订为“国民基础生活保障法”产生了巨大影响，通过此法律确保了一部分“国民福利最低线”的基础。

“国民福利最低线”运动在候选人朴元淳于2011年当选为首尔市长后迎来了新契机。候选人朴元淳在首尔市长竞选过程中提出将“国民福利最低标准”提升一大步发展制定为“市民福利基本线”的竞选公约。朴元淳市长当选以后在2012年2月开始集结各界各层组成“首尔市民福利标准促进委员会”（以下称为“促进委员会”）正式开始了制定福利标准的工作。“促进委员会”是由3位共同委员长②、大学教授、研究机构研究院、市民团体，以及首尔市议员等65位专家共同参与的大规模委员会。“促进委员会”由收入、居住、照看、教育等6个小委员会构成，以这些小委员会为中心来准备各个领域的福利标准。在10个月工作之后，超越最低标准以社会福利适当标准的制定为目标的“首尔市民福利标准”于2012年12月发布了（见图1）。这个标准发布之后首尔市的相关福利事业都开始以标准上明确的内容展开。此外，“首尔市民福利标准”事业由于强化了行政中的市民参与于2013年5月获得了“联合国公共行政奖”。

① 朴元淳市长是“参与连带”的创始者也是“国民福利最低线”运动直接参与的主要人物之一。

② 共同委员长是首尔市长朴元淳，首尔市议会议长金明书，中央大学教授金渊明。

"首尔市民福利标准" 报告书

"首尔市民福利标准" 英文版报告书

图 1 "首尔市民福利标准" 报告书封面

四、"首尔市民福利标准" 的制定原则及框架

"首尔市民福利标准" 制定上遵循了以下 5 个原则（首尔市民福利标准促进委员会，2013）。第一，积极反映社会权（Social Rights）概念。包括教育权、劳动权、健康权、福利权等。社会权是人的基本权利之一，相对应的社会的经济、社会、文化等成果应被所有市民共有。第二，引用普遍主义（Universalism）原理。与向低收入阶层提供保障津贴的"残余主义"福利原理相比，选择"普遍主义"原理。第三，在最低标准以上设立"适当标准"。"最低标准（Minimum Standards）" 在众多福利文献中被提及而"适当标准（Decent Standards）" 则是由"首尔市民福利标准" 重新正式提出的福利标准，也是最重要的特点之一。"适当标准" 的受惠标准设定高于"最低标准"，这并不是说在公共层面上一定要保障的，但属于提高首尔市福利政策水平与质量的政策指导方针（Policy Guideline）。1968 年东京道施行的"市民福利最低标准（Civil Minimum）" 项目是以福利的"最低标准" 概念为基础的。但"首尔市民福利标准" 设定了较高标准的"适当标准" 有两点理由。首先，由于韩国的经济与福利发展在一部分福利领域，例如健康保险或保育服务中提供着已经超越了"最低标准" 的福利保障。因此为了满足大都市首尔市民的需求，有必要制定超过"最低标准" 的更高的福利标准。其次，如果福利只聚焦在"最低标准" 上就很难满足中产阶层的福利需求。在福利国家的成立过程中中产阶层对福利制度的政治支持尤为重要。因此，"适当标准" 的设定是为了满足中产阶层的福利需求，在韩国实现普遍性福利国家的过程中形成重要跳板。第四，福利领域的涵括性。不仅是收入保障与医疗保障，那些与市民生活密切相关的住房、教育、照看等领域也应涵括。第五，市民参与的原则。福利标准的设定过程中最大限度的强化市民的亲自参与。

"首尔市民福利标准" 像图 2 显示的那样确立了 5 个领域并在各领域通过广泛讨论和社会协议制定了"最低标准" 和"适当标准"。

此外，为了使福利标准不仅仅停留在宣言意义上而向政策执行转移，在各领域设定了"成果评价指标（Performance Evaluation Indexes）" 来管理政策的执行程度。表 1 展示了住房保障领域的成果评价指标，首尔市街道流浪人员逐渐减少，到 2018 年可减少到 600 人左

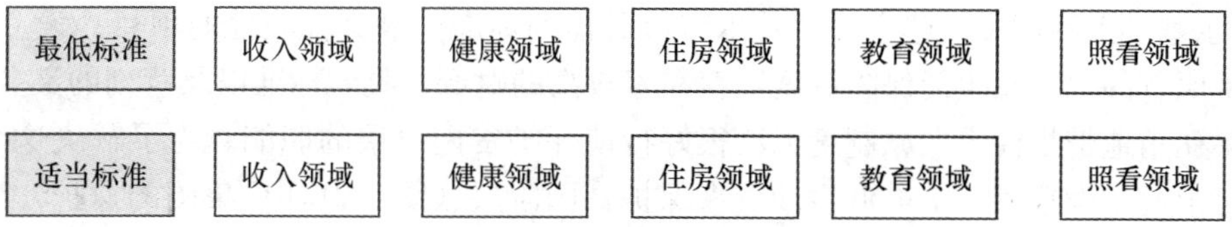

图 2 “首尔市民福利标准”的基本结构图

表 1　　住房保障领域的成果评价指标

成果评价指标	2010 年	2013 年	2014 年	2016 年	2018 年
街道流浪者（主要地区 PIT 标准）	1 400 人	1 200 人	1 000 人	800 人	600 人
未达最低住房标准家庭比率	11.9%	11.2%	10.5%	10.0%	9.5%
所有租房户房租占家庭收入的比率	26.1%	24.6%	23.0%	21.5%	20.0%
公共住房占整体住房总量的比率	5.0%	6.0%	7.0%	8.0%	9.0%

右，公共租赁住宅的比率到 2018 年也以提高到 9.0%为目标。

制定福利标准时并不是由专家决定一切，而是引导广大市民参与，这也是特点之一。在“首尔市民福利标准”最低标准及适当标准的制定、项目的设定以及执行管理上开设了由一般市民组成并运营的“首尔福利回声团”，各领域的市民意见听取座谈会，大规模的大厅集会等积极地引导市民参与。这一点联合国对其强化市民参与给予了高度评价并对其颁发公共行政奖。

五、“首尔市民福利标准”各领域内容

“首尔市民福利标准”分别在收入保障、居住保障、医疗保障、照看以及教育保障上制定了首尔市应建设的“最低标准”及“适当标准”并为施行设置了相关项目。这一章将简单介绍各领域的标准以及代表性项目①。

（一）收入保障

收入保障的“最低标准”设定为保障家庭最低生计费，而“适当标准”则设定为首尔市中等收入 50%以上水平（见表 2）。为了施行这样的标准而设置的代表性项目——“首尔基础保障”制定（全新的社会救助项目），通过加强义务赡养人的保障费用征收来减少福利死角，促进针对贫困阶层的“希望就业项目”，促进青年老人在就业岗位创造事业，以及建立生活津贴制度。

表 2　　收入领域的福利标准

最低标准	为首尔市民不管是谁都能过上与首尔市特点相符的“既健康又有文化”的生活而保障的最低生计费
适当标准	首尔市民的收入要高于国际贫困基准线——首尔市全体人口中等收入的 50%以上

① 每项标准所具有的意义、项目内容以及预算、评价标准的详细内容可参考“首尔市民福利标准”韩文版及英文版报告书，这里只做最简单的介绍。

“首尔基础保障制度”建立是“首尔市市民福利标准”最具代表性的项目。设立这项目的目的是原有的“基础生活保障制度”存在着较高的财产、收入标准以及苛刻的义务赡养人标准使得死角地带规模大，原制度无法很好行使保护贫困阶层的职能。为了解决这个问题，首尔市讨论通过设置另一个最低生计费来保护贫困阶层（图3中对C集团的保护）。但是实际政策中没有制定新的最低生计费，而是朝着改善原有社会救助制度的死角地带（图3的B集团）方向进行的。具体来说，改善基础生活保障制度中受益人资格审定条件中财产的标准提高义务赡养人的财产及收入标准，以此来将被基础生活保障制度排斥在外的贫困阶层纳入社会救助制度的范围。收益金标准上调至发放基础社会保障制度中生计津贴的1/2以及教育与分娩津贴，而不发放医疗及居住津贴。

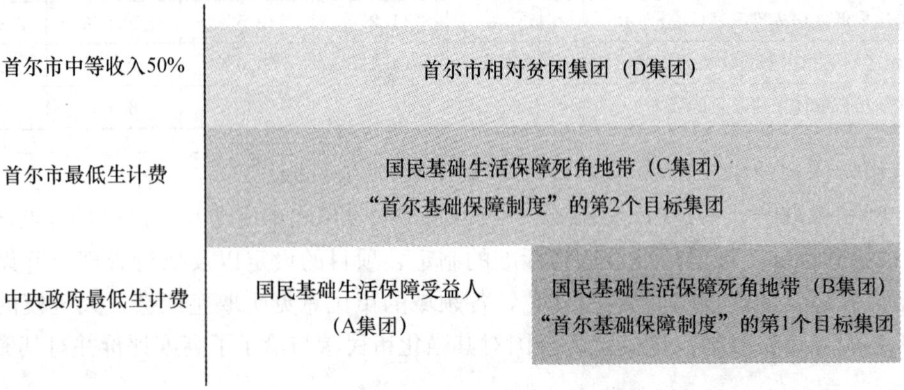

图3 “首尔型基础保障制度”的结构

“首尔基础保障制度”被认为达到了保护贫困阶层的目的。2010年全国约有155万名“基础生活保障制度”受益人，但是由于强化受益人收入调查，截至2014年7月减少了约21万人。但是，“首尔基础保障制度”施行后有31 924人重新受惠于基础生活保障制度。也就是说，在全国社会救助受益人减少的情况下只有首尔市的社会救助受益人群增加了。

（二）住房保障

住房领域将关注焦点放在了租房费用占收入的比率上，“最低标准”设置为租房费用不超过收入的30%，而“适当标准”将这一比重设定为了30%（见表3）。首尔市并没有设定物理性最低居住标准而是沿用了中央政府的标准。为了实现这一标准而实施的具体项目有，将现住房的10%扩展成公共住房（2020年）；向1万户家庭提供住房补贴，争取将租房费用降低到家庭收入的30%；促进居住建筑节能效率改善计划；扩大建设为月租房等提供住房咨询的住房支援中心；实施老人/残疾人住房支援项目。

表3　住房领域的福利标准

最低标准	使首尔市民的租房费用不超过收入的30%，居住环境要满足住房最低标准来进行政策上的支援。此外，使所有首尔市民都不在不适合居住的地方过夜或生活
适当标准	将首尔市民租房费用控制在收入的25%左右，通过各种政策确保4人家庭最好可以在面积为54 m²以上的居住空间里生活

（三）照看政策

照看领域是很难将儿童、老人、残疾人、女性等各种对象以统一的一个标准来制定的领域。因此这一领域"最低标准"的制定将焦点放在了节省家庭照看费用上面，努力使一个家庭的照看费用不超过家庭总收入的10%。"适当标准"将关注焦点放在了照看服务的质量上，努力达到OECD平均照看服务水平（见表4）。服务质量意味着照看服务提供者与对象的比率以及照看服务从业者的劳动条件是否提升到OECD平均水平。为了达到这样的标准，首尔政府采取了：提高托儿所服务质量，均衡国立公立托儿所的数量配置；管理优化幼儿园个人负担费用、消除照看领域的死角地带；实施婴幼儿家庭访问服务；增进放学后照看服务的公共性；增进死角地带老年人的照看服务；消除残疾人支援服务死角地带与扩充残疾儿童及其家庭相关服务；家庭内部照看服务提供者的家庭融合支援。

表4　　照看领域的福利标准

最低标准	使家里有需要照看的婴幼儿、儿童、老人、残疾人等家庭成员的首尔市民在享受现行法规规定的标准照看服务时花费控制在家庭收入的10%以内，避免发生因经济负担而放弃使用照看服务，避免给市民的生活造成负面影响
适当标准	使首尔市民都可以在离家10分钟路程的距离内享受到照看服务。此外，对市民提供广泛照看服务争取达到OECD平均水平，针对多种多样的照看需求提供多种照看服务

（四）医疗保障

韩国在1989年面向全体国民实现了健康保险制度，另外由于针对贫困阶层政府施行医疗津贴制度，所以医疗保障领域与"最低标准"相比更强调"适当标准"。因此这里把焦点放在了"适当标准"上。"最低标准"意味着必须的医疗服务，那么"适当标准"则更注重整体健康的提升以及缩小健康差距（见表5）。为了实现此标准制定了如下具体项目，为解决保健医疗的死角地带强化公共保健医疗体系；强化人生不同时期的健康管理；提供安全便利的医疗服务；运营支援无监护人的医院以及在家重症患者；健康村落，创造健康安全的城市。在以上项目中"运营无监护人的医院"一条反映了韩国的特殊性。韩国的健康保险中不提供照看病人所需的看护补助，因此存在着必须由家人照看或花钱购买照看服务的问题。"无监护人的医院"项目通过扩充看护人力来达到减轻家人负担及经济负担的目的，目前正在试点运营。

表5　　医疗保障的福利保准

最低标准	避免市民因经济、地理等障碍而不能享受到必须性保健医疗服务的情况发生
适当标准	将首尔市民的健康标准提升到OECD平均水平，消除地区间健康差距使所有市民都能享受到健康的生活

（五）教育保障

韩国的教育服务是由市、道的独立教育厅决定大部分的教育政策。只是首尔市向首尔市教育厅支援一部分财政预算。因此实现教育保障的机构不是首尔市，而是首尔市教育厅。由于存在这样的局限性，首尔市与首尔市教育厅联手打造了教育领域的标准。“最低标准”像表6展示的那样旨在降低目前过高的补习费用以及降低各地区间的教育偏差。“适当标准”则努力提升教育服务的质量以及促进成人终身教育发展。教育服务的质量意味着将每个学校的学生数比率努力达到OECD标准。为了实现这个标准，设定了以下项目：减缩9年义务教育负担费用至零（包括学习用品等个人负担减缩）；考虑青少年在学校外的特点与适应能力进行对口配套支援项目；建立愉快的学习环境；建立无暴力的学校安全网；为了激活终身学习开办市民教养大学。

表6　　教育领域的福利标准

最低标准	减轻教育的经济负担、减小教育条件的地区性差异，使所有市民在学龄期都能享受到接受教育的权利
适当标准	提高义务教育的质量到OECD平均水平，为了提高成人的职业性、市民性能力提供终身教育机会

六、结论：对韩国和亚洲的含义

“首尔市民福利标准”设定的项目是由地方政府尝试的大规模“综合”社会福利计划，且不是中央政府要求而是地方政府自律性创建的，这一点具有历史意义。“首尔市民福利计划”的框架中超越“最低标准”明确提出“适当标准”也是本计划十分具有意义的一点。此外在标准的制定过程中调动了一般市民的组织性参与，这是在韩国社会福利政策历史上前所未有的、十分值得瞩目的社会实践。韩国的福利费支出占GDP的比率已超过10%，进入了福利国家的最初阶段。在此阶段“首尔福利标准”可以认为为韩国向普遍性福利国家的前进做出了贡献。此外，进一步刺激了韩国地方政府的福利发展努力，这一点也十分重要。2014年的“亚洲21都市联盟论坛（ANMC 21）”上“首尔市民福利标准”被选定为亚洲地区应对面临挑战的最佳模范案例。在这一点上“首尔市民福利标准”案例很值得亚洲的主要发展中国家的大城市在扩充福利过程中进行参考。

参考文献

[1] 金渊明. 社会保险市场化的争论焦点. 社会福利政策，2008，33.

[2] 金渊明. 非正式工的社会保险死角地带规模及实况的再探讨. 社会福利政策. 2010，37（4）.

[3] 金渊明. 韩国普遍主义福利国家的意义与课题. 民主社会与政策研究. 2011，(19).

[4] 金英顺，全顺美. 公共补助制度. 杨载近等. 韩国的社会福祉政策决定过程：历时和材料. 那南出版社，2008.

[5] 金龙德. 社会服务代金券事业两年的评价及课题. 社会服务代金券事业充实及 扩大方向 学术会议材料集，2009.

[6] OECD. *OECD Social Expenditure Database*，2009.

[7] OECD. *Revenue Statistics* 1965—2008 (2009 *Edition*)，2009.

[8] Kim，Yeon-Myung. Beyond East Asian Welfare Productivism in South Korea. *Policy & Politics* 36，1 (2008).

[9] Pierson，C. Late Industrializers and the Development of the Welfare State. in T. Mkandawire (ed). *Social Policy in a Development Context*. New York：Palgrave Macmillan，2004.

[10] World Bank. *The East Asian Miracle*. Oxford University Press，1993.

加拿大政府间社会保障转移支付制度研究

柯卉兵

【摘要】 加拿大政府间社会保障转移支付制度的建立，是为了解决各级政府社会保障权责不对称及各地财政能力差异所带来的社会保障水平差异问题，从而让全国各地居民都能享受到合理的、可比的社会保障服务。本文的主要任务是探析加拿大政府间社会保障转移支付制度形成的背景、加拿大政府间社会保障权责划分、加拿大政府间社会保障转移支付制度的主要内容及其启示。

【关键词】 加拿大　社会保障转移支付　政府间权责

Study on the Inter-governmental Social Security Transfer Payments in Canada

Ke Huibing

(*Wuhan*, *China Huazhong University of Science and Technology*, *430074*)

Abstract The purpose of the inter-governmental social security transfer payments in Canada, is to solve the differences problem of the level of social security, which was caused by inter-governmental social security responsibilities asymmetry and differences in fiscal capacity, and so that the residents across the country can enjoy a reasonable, comparable social security services. The main task of this paper is to analysis on the background of Social Security transfer payment system in Canada, similarly, the division of responsibilities on inter-governmental social security in Canada, then to analysis on the main content and its implications of social security transfer payment system in Canada.

Keywords Canada　social security transfer payments　inter-governmental responsibilities

一、加拿大政府间社会保障转移支付制度的背景

加拿大由联邦、省和地方三级政府构成，政治上实行高度分权和自治。长期以来，加拿大一直实行高福利政策，是一个带有浓厚福利国家色彩的国家，有着全国统一的医疗保险、老年退休保险和失业保险。2007—2008 年，联邦政府的预计总支出为 2 290.72 亿加元，其中与社会保障相关的主要支出有社会服务 845.54 亿加元、医疗保健 229.01 亿加元、教育支出 67.99 亿加元（见表 1）。然而，加拿大幅员辽阔，不同地区之间财政能力差异相对较大，主要原因在于大量的、高课税的收入来自其自然资源，而自然资源在地区之间的分布是不平

作者简介：柯卉兵，男，汉族，管理学博士，华中科技大学社会学系社会保障研究所副教授，研究方向：社会保障与公共财政。

基金项目：教育部哲学社会科学重大课题攻关项目“中国社会保障制度整合与体系完善”（批准号：13JZD019）；国家社科基金项目“省际社会保障均等化程度评估与对策研究”（批准号：15BSH048）；中央高校基本科研业务费专项资金资助（批准号：2015AC009）。

衡的。各地财政能力的差异导致各地之间福利制度的发展也极不平衡（见表2）。

表1　　加拿大联邦政府2003—2007年社会保障相关财政支出项目表　单位：百万加元

项目	2003年	2004年	2005年	2006年	2007年
联邦总支出	193 427	201 713	211 583	220 158	229 072
医疗保健	3 497	6 811	23 774	21 823	22 901
社会服务	72 336	75 053	77 249	81 015	84 554
教育	5 000	5 219	5 044	5 385	6 799
劳动、就业和移民	2 735	2 861	1 926	1 976	2 090
住房	1 979	2 092	2 072	2 119	3 602
一般转移支付	28 940	29 631	20 971	24 328	22 933

注：财政年截止到3月31日。资料来源：http://www40.statcan.ca/l01/cst01/govt49b.htm

表2　　2003—2007年加拿大各省和自治区健康和社会救助支出情况　单位：百万加元

	2003	2004	2005	2006	2007
纽芬兰	57.2	52.5	54.7	64.9	68.4
爱德华王子岛	—	6.9	11.0	6.8	—
新斯科舍	158.6	86.1	100.0	85.3	94.9
新布仑瑞克	67.4	99.8	175.9	200.6	203.7
魁北克	870.9	997.3	1 215.8	1 303.6	1 403.1
安大略	2 722.9	2 493.1	2 797.3	2 890.4	2 942.6
马尼托巴	213.3	203.9	259.9	156.9	173.5
萨斯卡彻温	106.4	105.3	129.0	134.2	128.8
阿尔伯塔	687.0	680.0	826.1	946.6	1 370.4
不列颠哥伦比亚	612.3	711.0	993.9	934.6	883.3
约肯	3.5	4.2	—	4.8	5.1
西北地区	11.6	12.6	—	10.0	—
努纳维特	—	53.4	13.2	38.3	31.8
合计	5 597.5	5 506.3	6 592.4	6 777.1	7 329.8

资料来源：http://www40.statcan.ca/l01/cst01/busi03a-n.htm

毫无疑问，这是对加拿大发达的社会保障体系的一种挑战。为了应对这种挑战，联邦政府开始介入社会保障领域，主要理由如下：第一，加拿大不是各个省或地区的简单组合，它是一个统一的国家。国家意识是联邦干预的主要原因，收入保障、健康和福利项目依据一个相同的国家标准，这反映了统一国家的意识。第二，促进收入在加拿大的公平分配。加拿大各省和地区在资源占有上有很大的差异，通过收入保障的国家计划和向省的资金转移，有助于在地理上和社会上使收入从富人手里再分配到穷人手里。第三，确保福利在全国的方便性，使人员在地理上的流动不受影响。第四，社会开支，特别是收入保障，与联邦政府负责的国家宏观经济政策密切相关。第五，联邦政府之所以干预社会保障，特别是那些直接支付现金的项目，是为了在人民中间树立一个慈善的形象。[①] 为此，加拿大联邦政府强调一方面进一步发展经济以减少地区差异，另一方面承诺向落后地区提供合理的可比水平的社会保障公共服务。一般而言，对加拿大人衣食住行基本需求的福利性补助，有一半来自联邦政府（见表 3 和图 1）。

表 3　　加拿大各级政府 2000—2004 年对个人的社会保障转移支付情况 单位：百万加元

社会保障项目	2000 年	2001 年	2002 年	2003 年	2004 年
政府支出总计	110 487	117 633	121 047	124 738	129 956
联邦政府	53 479	57 965	60 857	62 949	65 436
家庭和青年津贴	99	116	133	140	157
儿童税收减免或信贷	6 577	7 379	7 824	8 051	8 549
两次世界大战养老金	973	1 196	1 398	1 463	1 527
战争退伍军人津贴	404	267	212	223	266
对土著人和组织的补助	4 511	4 448	4 800	4 951	5 191
商品和服务税信贷	2 974	3 099	3 140	3 264	3 346
就业保险福利	9 615	11 361	12 837	13 361	13 269
养老保障基金支付	23 790	24 789	25 747	26 931	27 992
奖学金和研究补助金	531	560	585	612	668
杂项及其他转账	4 005	4 750	4 181	3 953	4 471
省级政府	28 574	29 662	29 781	30 039	31 021
社会救助（收入维持计划）	6 538	6 547	6 603	6 642	6 739
社会救助（其他）	2 906	2 966	2 936	3 130	3 229
工人赔偿金	4 434	4 840	5 150	5 034	5 117
慈善机构补助	7 953	8 406	8 500	8 593	8 868
其他转移支付	6 743	6 903	6 592	6 640	7 068
地方政府	3 248	3 641	2 637	2 737	2 870
加拿大退休金计划	19 183	20 023	21 076	21 986	23 129
魁北克养老金计划	6 003	6 342	6 696	7 027	7 500

资料来源：http://www40.statcan.ca/l01/cst01/govt05a.htm? sdi=transfer%20payment

早在 1940 年加拿大皇家专门问题调查委员会在自治领—省关系的问题上就写了一份报告，认为："如果加拿大要成为一个国家，不仅国家义务和体面要求，而且公平和国家的自我利益也要求对这些贫困地区的居民给予同样的服务和相等的机会。"委员会建议实施一个联邦的失业救济方案和一个给予贫困省份以使之能平等化的补助系统，而把一般福利的责任仍留给省来担任。这在加拿大的福利制度的建设上是一种奠基性的举措，它不仅初步确定了联邦—省两级互补的福利制度的基本构架，而且也明确了富裕省应帮助贫穷省从而使收入平

① Armitage, A. *Social Welfare in Canada Revised*, Oxford University Press. 1996: 136.

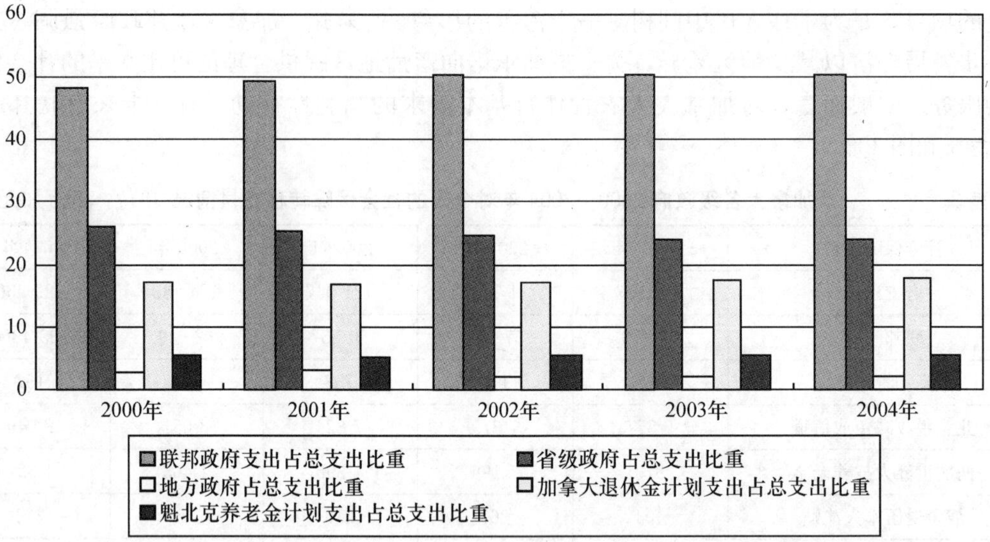

图1 2000—2004年加拿大各级政府社会保障支出占政府社会保障总支出比重情况图（单位：%）

均化的重要思路①。也就是说联邦政府在财政收入中要拨出相当大的一笔支出对落后和较贫穷的地区和省进行补偿。这种做法已经取得了全民的共识并在宪法的基本精神中加以确认。1982年宪章中第36条款是专门关于平等化和地区差别的条款，要保证在社会福利的实施上各省不因它们的经济发展水平不同而有太大的差别，各省的社会福利水平基本上要平等化②。所以，加拿大政府间社会保障转移支付制度不仅是实现国民收入再分配的重要手段，而且是调整富裕地区与落后地区之间的经济不平衡的重要手段，是实现地区之间再分配的重要工具。

二、加拿大政府间的社会保障权责划分

加拿大政府间社会保障转移支付制度得以顺利实施的基础条件就是政府间社会保障权责的明确和合理划分。加拿大社会保障制度的建立与其政府职能的划分紧密相关，是在联邦、省或双方共同合作的结构中发展的，联邦政府与省政府的责任关系一直是加拿大社会保障制度发展的主题，可以说，两级政府持续不断的讨价还价构成了加拿大社会保障历史的大部分内容。

20世纪特别是从第二次世界大战以来，联邦政府和社会保障的活动都围绕着“国家机器”和“省机器”开展。国家机器的使命，要求联邦政府为社会保障政策立法，而省政府则将此视为对本属于它们权限范围的侵占。第一次对联邦权威的挑战发生在1937年，当时联邦的《就业和社会保险法》被最高法院判为违反宪法。1940年在《宪法》修正后，联邦才有权建立《失业保险法》。1944年，加拿大第一个面向所有加拿大人实施的家庭补助计划，依《宪法》在联邦政府的一般开支权限下建立起来。“二战”后加拿大的社会保障制度呈现

① 姜芃. 加拿大社会与进步［M］. 北京：中国社会科学出版社，1996：225.

② 姜芃. 加拿大文明. 北京［M］：中国社会科学出版社，2001：192—193.

出“分叉结构”，即联邦负责收入保障计划，省负责健康、教育和福利[1]。加拿大年金计划、儿童税收补助、老年保障和就业保险都是联邦计划；而工伤保险是没有任何联邦参与的省计划。其他主要项目，如医疗保险、中等教育以及许多社会服务，包括社会救济都由省政府管理和实施，但资金由省政府与联邦政府分担，资金共担机制是联邦政府参与社会保障的主要方式。

1982 年的《宪法》对于联邦和省政府的社会保障权力分工几乎没有作什么说明，只是简单地肯定了联邦政府对较穷省的平等支付原则和加强省对自然资源的控制。然而，在维护平等待遇权利方面，它的平等条款即第 15（1）条提出，对所有加拿大人提供反对歧视的保护。例如，在此条款下，当单身父亲与单身母亲的条件相同时，一样可以得到福利[2]。事实上自 20 世纪 80 年代末以来，保守党政府采取了一些技术手段，如对省的转移支付实行非指数化，对富裕省设定社会救济项目的支付上限等权力下放过程，通过大幅度减少联邦在医疗保险、中等教育和社会救济项目上所分担的费用，极大地削弱了联邦在社会保障上的作用。尽管分担资金的结构没有改变，但联邦在社会保障上的开支大幅下滑，而省政府自己负担部分大大增长。

1993 年自由党上台后，采取了更加激进的措施下放社会保障权力，不仅大幅度削减联邦开支，而且使终止联邦与省资金分担的制度安排正式生效。1996 年，一项新的联邦向省一次性拨款的项目“加拿大健康和社会转移支付计划（Canadian Health and Social Transfer，CHST）”代替了原来的资金分担计划和加拿大援助计划。CHST 计划使省可以自由支配资金，在自己认为合适的时候使用。不仅加拿大健康法的省责任的基本原则保留下来了，而且在其他方面，省也有自主权。社会救济计划，除了要求省政府不能对享受者强加居住年限的要求外，没有其他任何限制。对于这些变化，大多数评论者都认为将从根本上减少联邦对省社会计划的支持，减弱在社会保障上国家的责任[3]。

加拿大宪法明确了联邦政府和省政府各自的责任和立法权，包括支出责任和通过税收筹集资金的权力。联邦政府主要负责全国性事务，包括外交、军事与国防、联邦税收、国际贸易、海关、失业保险、金融货币制度、铁路建设、刑法以及渔业等项目。省级政府主要负责与人们日常生活息息相关的事务，主要包括健康与医疗卫生、教育、自然资源、本省经济发展、地方税收和大部分的福利项目，但不包括失业救济或养老金。省级政府还负责财产和公民权、高速公路交通、警察、司法系统、监狱（囚禁短期罪犯）、环境保护以及诸如防火、污水处理和垃圾回收等地方性工作。市政府是省政府的派出机构，在省政府授权下工作，主要负责城市的基础设施、环境卫生、制定市场规则、发放商业牌照和许可证等市政管理和社会治安方面的事务，支出只占全省支出的小部分。1999—2000 财政年度，联邦政府收入与省政府收入占总收入的比例分别为 51%和 49%，项目支出比例分别为 38%和 62%，省政府的项目支出责任较强，几乎是联邦政府的 2 倍[4]。

---

① Banting，K.. *The Welfare State and Canadian Federalism*，McGill-Queen's University Press. 1987：58.

② Banting，K.. *The Welfare State and Canadian Federalism*，McGill-Queen's University Press. 1987：204.

③ 仇雨临. 加拿大社会保障制度的选择及其对中国的启示［J］. 经济管理出版社，2003：65－67.

④ 马海涛. 财政转移支付制度［M］. 北京：中国财政经济出版社，2004：136－137.

联邦政府与省政府在宪法权力上的划分，使它们在社会保障计划的责任上有明确的分工，社会保障主要由省级政府负责。具体来说，除了财政上自成体系的魁北克省外，在大多数社会保障项目中，联邦政府的角色是立法、监督和资金支持，如老年保障法、家庭津贴法、加拿大和魁北克年金法、失业/就业保险法和加拿大卫生法等，也有省立法，如工伤保险法等。加拿大全国的养老保险和失业保险由联邦政府负责管理，各项政策全国统一。养老保险计划分为两个部分，人人有份的普遍养老金（1952年制定的“养老年金计划”）由联邦财政资助；加拿大养老金计划（简称CPP）则由缴费来筹资。失业保险的资金来源于雇员和雇主缴费以及联邦政府资助，且政府资助的部分主要用于“鼓励就业福利”。社会保障计划的具体执行和管理一般都是各省自己负责，由各省自行制定法规。联邦政府虽不直接经办，但联邦政府对于联邦立法的社会保障计划承担部分资金的责任，通过财政转移支付制度来保证各省实行全国标准大体一致的福利政策。对于老年收入保障计划、公共救助计划和医疗保险计划，联邦政府按照各省开支费用的50%提供配套资金，其余50%由省、地方两级政府分担；对于就业保险计划，联邦政府补偿省资金费用的20%；对军人及其家属的优抚救济全部由联邦政府提供资金。省和地方政府负责公共卫生，联邦政府给予地方适当的补助，以平衡各地的福利水平。加拿大社会保障各项目在各级政府间的权责划分如表4所示。

表4　　加拿大政府间的社会保障权责划分情况一览表

社会保障项目	各级政府的权责
养老保险	联邦负责
失业保险	联邦负责
医疗保险	省负责，联邦补助
公共卫生	省和地方负责，联邦补助
社会救济和社会福利	抚恤由联邦负责，社会福利由各省负责，联邦提供补助

三、加拿大社会援助拨款计划（CAP，1966—1996年）

加拿大联邦政府对省政府的转移支付主要包括三大项目：地区财政性补贴（Territorial Formula Financing，TFF）、均等化转移支付（the Equalization Program，EP）、社会援助拨款计划（Canadian Assistance Program，CAP）以及后来的健康与社会转移支付（Canadian Health and Social Transfer，CHST）。其中TFF和EP旨在降低各省和地区之间财政差异，而CAP和CHST则是旨在直接解决平等地获得核心公共服务（保健、教育、社会救助和社会服务）的问题。加拿大所实行的是部分的财政平衡，并且是自下而上式的，而不是自上而下式的。财政平衡安排的目的是“确保所有的加拿大人，不论住在哪里，都能获得合理地相当的公共服务水平。”①

1966年联邦议会通过了加拿大社会援助法案。这是联邦政府对省政府在社会福利领域提供资助的一种形式，是联邦政府为了使省政府有足够的财力对居民提供充分的社会救助和社会福利而采取的措施，它第一次在公共福利中推行国家标准，是用于改善各省社会救助标

① 董礼胜. 西方发达的联邦制国家财政平衡制度比较研究［J]. 中共南京市委党校学报，2004，(1).

准的费用分摊项目，是联邦政府对各省提供社会福利所花成本的补偿，主要目的是为了维护和发展加拿大统一的综合社会福利服务体系。它的性质相当于中国的社会救助制度，主要援助对象是老年人、残疾人、单身母亲、儿童和失业者，当他们因其收入和失业保险金、老年保障金等其他收入仍不够生活需要的时候，地方政府则向他们提供财力援助。目前，该援助计划由两部分组成：一是社会援助，即对所有需要援助的个人提供的任何形式的援助，例如食物、住所、衣服、燃料等社会援助项目；二是社会服务，它包括对个人提供再就业服务、儿童福利服务、日托服务、家庭支持服务、信息服务和社区发展服务等项目。

加拿大 CAP 计划结束了以前基于区分“真正的穷人（如盲人、失去能力者、老人和单身母亲等）”和“非真正穷人（即身体健康的失业者）”的类别与框架，将当时的盲人津贴、养老金、残疾人津贴和失业者补助这四项省和联邦分担的项目合并，实行一个统一的满足范围更广的省政府对有困难的个人提供救助需要的项目，其中也包括对“非真正穷人”类别的救助规定。加拿大 CAP 计划体现了“普遍的”救助政策性质，使各省能够享有联邦对于救助费用的分摊，虽然这并不能阻止各省继续执行有分类的需求计划，但联邦政府分摊费用的分发仅建立在需求的基础上，并没有对需求进行什么特殊的分类。可得到联邦补贴的项目包括省政府为受益者所提供的直接补贴、福利服务以及管理费用，但基本建设费用和工厂与设备的运营费用则不包括在内，不能得到联邦补贴。

CAP 拨款是一种不封顶的配额拨款项目，其具体做法是联邦政府与省政府签订双边协议，对于各省设计和管理的福利补贴和社会服务的财政支出，由联邦政府支付其 50%的经费，联邦政府根据每个省的具体情况提供相应的资助。当然，作为得到联邦 50%的福利费用补贴的前提条件，各省须同意支付另外 50%的福利资金，同时，救助金要进行需求测试并不附加任何居住资格限制。而且还提出了一些指导方针：对接受救助者所赚取的一定数目的收入以及其所拥有的一定流动资产免税，允许支付给老年人和残疾人津贴，以及对低收入者的补助。各省可自行决定资助的数额和范围，各省的福利支出只需满足上述条件，就可申请联邦拨款，但各省在接受补贴之前，必须垫付该项目联邦法律所规定的全部支出。

显然，这部分可得到的由联邦政府所提供的 50%的分摊费用使各省倾向于提供由 CAP 所覆盖的计划和服务，而不愿意提供其他没有覆盖到的项目。从这个角度来讲，联邦立法影响各省的社会救助政策。当然，一些省所提供的救助金也不包含在加拿大救助计划之内。例如，不列颠哥伦比亚省就有一个“为老年承租者提供资助的”计划（SAFER），还有另外一个治疗性药物费用的补偿计划。由于这两个计划都不需要进行需求测试，因此他们就没有资格获得 CAP 所提供的分摊费用。魁北克实行的一个双亲工资补助计划（a parental wage assistance program），由于不需要进行需求测试，因此也一样没有资格获得全部的联邦政府的资助。同时，一些可以通过 CAP 获得分摊费用的计划在有些省并没有施行。因此，CAP 并不是刚好支付了所有省社会救助支出的 50%[①]。

从 1990 年起，联邦政府又实行代理佣金的办法，CAP 的运行以各省是否接受平衡性支付为条件，分为两种情况拨款。对有资格接受平衡性支付的省份，中央按“五五分成法”拨款，即承担各省该项支出总额的一半，并且随实际支出额的增长而增长，对不享受平衡性支

① 仇雨临. 加拿大社会保障制度的选择及其对中国的启示［M］. 北京：经济管理出版社，2003：210.

付的省份，虽然名义上也按支出总额的 50％的办法拨款，但每年的增长速度被限制在不超过支出总额 5％以内。加拿大每年大约有 350 万人从援助计划中受益，约占全国人口总额 2 900 万的 12％[①]。在 1994—1995 财政年度，联邦转移支付总计达 419 亿加元，其中对现有项目的拨款占 213 亿加元，均等化拨款占 77 亿加元，援助拨款占 82 亿加元[②]，CAP 占转移支付总额的 19.57％。

配额拨款意味着这些拨款涉及到的是外部效应或有益产品的情况，但实际上，主要考虑的还是最低标准问题。同样，联邦援助计划涉及到收入的再分配问题，因此，这类有条件拨款也具有均等化的因素，使不同地区的居民可以享受到大致相同的社会救助和社会福利，缩小了省与省之间的收入差距。在 1966—1996 年的 30 年时间里，加拿大联邦政府对于绝大多数省和自治区在社会救助方面的财政支持都是通过 CAP 计划进行安排的，在促进各地社会福利服务尤其是社会救助公共服务均等化方面发挥了重要的作用（见表 5）。正如有人所指出的，援助计划对深深持有帮助穷人这一观点的加拿大人来说，这个计划是个很大的贡献。同时，这一计划尤其在过去，对加强国家凝聚力也起了积极的作用[③]。

1995 年，加拿大联邦政府在预算方案中宣布 CAP 计划即将结束，而代之以新的加拿大健康与社会转移支付计划（CHST），并在 1997 年生效。健康与社会转移支付计划将联邦政府在社会救助、医疗保险以及中等教育方面的支出都混合在一个不可分割的项目之中，因此不可能完全分清各省将联邦政府的这笔转移性支出的多少用在了社会救助上面。联邦政府向各省转移支付的任何一部分资金都不再建立在各省实际支出的社会救助费用基础之上，而且全部的转移支付都会有较大的下降。虽然加拿大 CAP 计划在 1996 年结束，但是它已经成为了加拿大社会救助历史上的一个重要的组成部分，而且对现在仍然有一定影响。

表 5　1993—1996 年联邦政府对省及地方政府的社会援助转移支付情况　单位：百万加元

省或地区	1993—1994 年度	1995—1996 年度
纽芬兰	173.6	180.0
爱德华王子岛	37.5	38.0
新斯科舍（内华斯克亚）	264.5	275.0
新布仑瑞克	208.5	205.0
魁北克	2013.9	2024.7
安大略	2520.7	2507.0
马尼托巴	307.5	310.0
萨斯卡彻温	227.4	235.0
阿尔伯塔	587.9	530.0
不列颠哥伦比亚	839.5	883.0
约肯	—	12.2

① 倪平松. 加拿大政府间转移支付制度及其借鉴［J］. 中南财经大学学报，1997，(5).

② 马骏. 论转移支付——政府间财政转移支付的国际经验及对中国的借鉴意义［M］. 北京：中国财政经济出版社，1998：19.

③ 道格拉斯·克拉克. 加拿大的财政转移支付制度［C］. 中国政府间转移支付. 中国物价出版社，1996：153.

续表

省或地区	1993—1994 年度	1995—1996 年度
西北地区	28.7	27.0
合计	7 219.2	7 226.9

资料来源：根据财政部《财政制度国际比较》课题组编著：《加拿大财政制度》，中国财政经济出版社，1999 年，第 246 页表 8—5 和第 217—221 页表 7—1 有关数据整理。

四、加拿大健康与社会转移支付计划（CHST，1996 年至今）

1996 年 4 月，加拿大健康和社会转移支付（CHST）取代了“既定项目资助”和“加拿大社会援助计划”项目。加拿大的 CHST 是联邦政府为资助省和地方政府更好地支持健康、公共卫生、医疗保健、社会救助、社会服务以及中等教育包括儿童教育等社会事业发展而设立的一项转移支付制度。这种一揽子拨款使得各省和地区实施社会和保健项目以及对各个项目分配资金时，具有根据轻重缓急，灵活安排 CHST 资金的权利，即省级政府有权根据当地情况和政府工作重点，在法案规定范围内自主决定资金使用的具体方向及数量的分配。但从性质上看，CHST 是属于有条件的专项转移支付，如果省和地方政府不按法案原则和法定范围使用资金，联邦政府将有权拒绝支付或收回资金。省和地方政府还必须遵守社会保障最低水准原则，为本地居民提供必要水平的社会救助服务。

CHST 以各省和各地的人口为基础配给，不论穷省还是富省，都可以得到这项转移支付，以保证不管居住在何处的所有公民，都能够得到同样的支持。CHST 不仅缓解了各级政府间的纵向收支矛盾，保证了省级政府能够提供全国统一标准的健康、教育、社会救助等公共服务的能力，而且，按人均分配具有很大程度的平衡性，涉及到联邦对财政征收能力超过平均水平的省与低于平均水平的省之间进行调剂，从而使联邦政府可以分担省级政府因当地经济下降快于全国平均值造成的风险，以及由此带来的社会职能完成不利的后果。CHST 是联邦政府对省政府的财政转移支付中的最大项目，根据加拿大财政部 2002 年的统计，在 2001—2002 财政年度，此项转移支付为 344 亿加元，占转移支付总额的 72%[①]，各省所得的 CHST 数额构成情况如表 6 所示。

表 6　　2000—2001 年联邦政府向各省 CHST 拨款情况表　　单位：百万加元

省份	主要转移支付总计	CHST	税收转移	现金拨款
安大略	11 833	11 833	6 768	5 066
魁北克	12 529	7 726	3 584	4 142
不列颠哥伦比亚	4 132	4 132	1 765	2 367
阿尔伯塔	3 014	3 014	1 582	1 432
萨斯卡彻温	1 104	1 042	514	528
马尼托巴	2 298	1 175	558	617
新布仑瑞克	1 854	775	368	407

① *Annual Financial Report of the Government of Canada*, Fiscal Year 2000—2001.

续表

省份	主要转移支付总计	CHST	税收转移	现金拨款
新斯科舍（内华斯克亚）	2 175	968	458	510
爱德华王子岛	371	142	68	75
纽芬兰	1 545	562	262	299
西北地区	591	44	30	13
努纳维特	597	31	7	24
约肯	355	32	13	19

资料来源：根据 Provincial and Territorial Govemments Public Accounts 整理。

尽管CHST使得各省对项目资金的使用具有较大的控制力，但根据《加拿大保健法》（1984年）的规定，这种转移支付也是有附加条件的。根据这一项目，在卫生领域（CHT，加拿大卫生转移支付），联邦政府根据与国内生产总值增长率相联系的转移支付增长率向各省提供人均卫生转移支付，但是对居民获得卫生服务却做出严格的规定。作为从联邦政府接受这些转移支付协议的一部分，各省必须承诺遵守五个条件：第一，普遍性，争取覆盖全体大众；第二，可转移性，居民如搬迁至其他省份，在过渡期内仍可以保留原居住省份的卫生权利，居民与非居民享有同等权利；第三，公共保险而非公共/私人供给，省级政府同意为全体居民提供保险，对公共部门和私人部门按照平等对待——都可以利用省级医疗协会谈判达成的支付制度从公共保险体制中获得报销；第四，参与和退出，所有医疗保险机构有权选择退出该体系，直接向患者支付医疗费，而且不必按照规定的费用表付费，投保人根据政府规定的支付制度递交报销申请；第五，禁止额外收费，所有参与该体系的医疗保险机构不能直接为患者支付超过规定费用的医疗费。一旦违反了条件一到条件四中的某一条，拨款项目就会中止。如果违反了条件五，拨款基金就会减少①。该项目确保了加拿大的所有居民，不论其收入如何、居住在什么地方，都可以享受到高质量的医疗服务。但该法并没有要求保持某地多大的支出水平或达到具体的结果，因此条件并不苛刻。在法定的向联邦卫生部长提供信息，以协助其判断是否有违反这些条件的现象之外，没有联邦审计机制。而在实际上，如果不与各省谈判，联邦政府很难使这些条件得到落实。

从转移支付的方式来看，CHST主要包括税收转移和现金拨款两种方式。税收转移是CHST的重要组成部分，是根据1977年联邦政府和省/地方政府达成的有关税收分享的协议设立的，联邦政府将个人所得税收入的13.5%和企业所得税收入的1%让渡给省级政府，即联邦政府将一部分自己的税收空间割让给省级政府，放弃了部分收入和附加收入，使一些本应流向联邦政府的所得税收入开始直接流向省级政府，专门用于健康、教育和社会救助项目。税收转移以税法为基础，依赖经济增长而逐年递增，不仅为省级政府提供了大额的当期收入，并因经济增长导致各省收入来源的不断增长。1977年度税收转移仅为27亿加元，2000年度总数为313亿加元的CHST中的53%，即165亿加元通过税收转移实现。目前的

① 沙安文. 政府间财政安排：国际应用的经验教训［C］. 财政联邦制与财政管理——中外专家论政府间财政体制. 北京：中信出版社，2005：101—102.

税收转移是初次改革的1977年时的6倍①。现金拨款是为了补足省级政府在得到税收转移后仍存在的实行“加拿大健康行动”的资金缺口。现金拨款由联邦政府直接拨付，其数额由联邦政府在有关政策、法案确定的基数基础上制定，根据GDP的增减变化而变化。2001—2002财政年度，在联邦政府健康和社会服务转移支付总额344亿加元中，现金拨款为183亿加元，占53%；税收转移为161亿加元，占47%②。2005—2006年CHST支付总计约为472亿加元，其中税收转移为185亿加元，占39%；现金拨款为287亿加元，占61%③。1996年联邦政府的CHST现金拨款基数是110亿加元，到2000年这一基数已经增加到155亿加元，而且还在不断增加，以保证联邦政府对健康、教育和社会救助等社会事业的支持和未来的稳定性、可预见性以及增长，从而对于各地社会公共服务水平均等化发挥了重要作用，2002—2006年各省人均医疗和社会救助水平如表7所示。

表7　　2002—2006年加拿大各省和地区人均每周医疗保健和社会救助支出水平　单位：加元

	2002	2003	2004	2005	2006
全国平均水平	604.07	612.15	636.54	654.94	678.91
纽芬兰	648.23	620.50	644.44	650.32	671.72
爱德华王子岛	601.89	602.88	649.66	642.80	668.41
新斯科舍	578.92	598.21	637.01	668.27	690.32
新布仑瑞克	563.90	586.62	604.48	646.90	673.73
魁北克	586.82	590.33	606.61	629.20	636.31
安大略	622.41	632.16	659.88	672.94	696.36
马尼托巴	496.53	504.33	535.05	558.37	582.46
萨斯卡彻温	550.07	573.95	616.76	642.14	676.60
阿尔伯塔	619.12	620.88	646.45	662.73	696.89
不列颠哥伦比亚	634.86	644.94	660.62	677.31	720.49
约肯	720.87	732.07	792.76	808.75	848.91
西北地区	876.61	979.51	1，193.13	1，209.76	1，220.88
努纳维特	533.27	479.72	538.29	697.84	658.21

资料来源：http://www40.statcan.ca/l01/cst01/health23.htm

五、加拿大政府间社会保障转移支付制度对中国的启示

借鉴加拿大政府间社会保障转移支付的经验，构建和改进适合中国国情的社会保障转移支付制度，对于完善社会保障制度和公共财政体制具有重要意义。

第一，设计社会保障转移支付制度要坚持公平优先、兼顾效率的原则。公平优先、兼顾效率是加拿大创设政府间社会保障转移支付制度的一个基本原则。该原则的实施，对于促进

① 杨之刚. 加拿大政府间转移支付：简介和评价［J］. 财贸经济，2002，(6).

② 马海涛. 财政转移支付制度［M］. 北京：中国财政经济出版社，2004：139.

③ http://www.fin.go.ca/access/fedprove.html

国家社会保障制度均衡发展具有重要的作用，因为它既满足了贫困地区的社会保障的发展需求，激活了其自身的“造血”机能，又调动了富裕地区增加财政收入的积极性。中国现在面临着比加拿大更加迫切的社会保障制度发展要求，而社会保障制度发展的初衷就是要体现公平的原则，不仅在个人之间进行“劫富济贫”式的收入再分配，而且在地区之间也要进行同样的转移支付，但同时资源配置的效率决定着经济发展质量与社会经济发展目标的实现，这决定了我们在构建和完善社会保障转移支付制度时，也必须坚持兼顾效率的原则。目前，东部地区仍是我国经济发展的原动力，中西部地区的经济发展则要缓慢得多。经济发达的东部地区因职工养老保险负担较轻，社会保险资金收缴情况较好及财政收支基数较大，故社会保障补助支出及全口径社会保障支出占财政支出的比重相对较低。而中西部地区由于产业结构落后，管理体制转轨慢，职工养老保险负担重，社会保险基金收缴困难，因而其社会保障财政支出比重普遍偏高。

所以，设计社会保障转移支付制度的一个基本目标，就是要解决东部地区和中西部地区的经济发展水平与社会保障支出需求之间的严重不对等问题，以平衡东部地区与中西部地区的社会保障水平，使居民不论生活在哪个地区，都能享受到合理的、可比水平的社会保障公共服务。但是加快中西部的社会保障发展，缩小发达地区与落后地区的社会保障差距，又不能以延缓东部发展为代价，而且东部各省也存在着社会保障发展的不均衡。所以，我们在制定社会保障转移支付政策时，要统筹兼顾，把社会保障发展的区域性突破与均衡发展综合予以协调，充分调动发达地区和欠发达地区两个积极性，使发达地区社会保障效率更高，欠发达地区社会保障制度得到可持续发展。

第二，明确划分各级政府的社会保障权责，做到分工有序，各负其责。加拿大社会保障制度的管理一般都是由各省负责，但联邦政府对于联邦立法的社会保障计划承担提供部分资金的责任。由于三级政府几乎没有重叠的职责，也就没有重叠的机构。这不仅减少了政府冗员和减少了政府的财政支出，同时由于职责明确，因此在社会福利制度方面，民众知道该由哪级政府的哪个部门来负责。这样，既有助于避免在提供社会福利中各级政府互相推诿的失职行为，也提高了社会福利制度的效率，同时也为民众的参与和监督提供了公开化的信息与明确的监督对象，极大地促进了社会福利制度的发展①。

在中国现有的社会保障制度中，政府的责任认定是比较模糊的。首先是中央政府的责任问题。尽管政府早已提出社会保障制度实行责任分担，但在实践中政府的责任并没有明确的界定。比如在养老保险制度上，政府对旧制度的历史责任到底应该由谁承担至今也没有做出清楚的回答。在政府内部，中央政府与地方政府的社会保障责任关系也不清晰。对于中央和地方政府在社会保障资金上的责任各自应负担多少，地方政府如果资金不足，中央政府应该补充多少等问题缺乏制度性的规定。中国已经实行中央与地方分税体制，各自承担社会保障资金的责任是有一定条件的。应建立各级政府的社会保障财政分担机制，准确定位各级政府的资金责任。

第三，社会保障转移支付制度的设计要有一定的弹性和灵活性。作为一种制度安排，政府间的社会保障转移支付制度并不是一成不变的。随着国家社会经济的发展和宏观调控政策

① 朱广忠. 加拿大的社会福利制度与政府治理理念［J］. 当代世界与社会主义，2006，(4).

的调整，其制度本身的结构和支付方向重点等也相应发生转变。如在二战后的经济发展过程中，加拿大的特定项目转移支付的重点领域发生了重大的变化。在 1953—1954 财政年度，联邦政府进行的此种形式专业支付当中，对健康、社会服务、高等教育的拨款约占拨款总额的 75%，而在 1990—1991 财政年度该比例则上升到 97%左右。1966 年创建了社会援助拨款计划帮助各地提高社会救助和社会福利水平，但不均衡的人均拨款是该制度的最大缺陷。所以，加拿大联邦政府在 1996 年用健康和社会转移支付（CHST）取代了“既定项目资助”和“加拿大社会援助计划”项目。这种一揽子拨款使得各省和地区实施社会和保健项目时以及对各个项目分配资金时，具有灵活性，从而很快就消除了以前的拨款差别，所有的省都将获得同样的人均健康和社会转移支付。

适时地调整社会保障转移支付制度，不仅会使社会保障转移支付制度更加贴近实际需要，而且也为增强中央政府社会保障宏观调控的弹性和力度，为保持合理的中央社会保障财政支出结构创造了必要的条件。目前中国地方各级的转移支付资金中，以税收返还、专项补助为主，真正用于均等化的资金不多，而税收返还和专项补助本身不具有促使地区间财力差异缩小的功效，而且专项转移支付项目繁多复杂，很多项目都是针对短期问题提出的短期办法，并没有随着问题的解决而终止，致使社会保障转移支付所占比重非常小，并没有发挥其应有的均衡各地社会保障水平的功能，这就要求中国在完善财政转移支付制度时，对其内部结构进行适时地、合理地调整。

第四，政府间社会保障转移支付应规范化、法制化。加拿大在计算社会保障转移支付的数量时采用了科学的公式，这就避免了中央政府与地方政府之间经常性的讨价还价，增加了社会保障转移支付制度的透明度，各地方政府不仅知道本地将得到多少社会保障转移支付资金，而且了解其他地区得到了多少，这样可以减少盲目的互相攀比。同时，为保证合理的社会保障转移支付制度在实施过程中不变形，加拿大建立了健全的法律体系。不仅社会保障转移支付制度运作的外部环境法制化，而且社会保障转移支付制度本身也以立法的形式加以确立。

目前，中国财政转移支付制度的目标有两个：一是调剂各地区之间财政能力的差异，二是针对具体情况，提高地方政府提供某种或某几种公共产品的能力。从制度选择上来说，应该实行无条件的一般性转移支付来实现前一个目标，同时通过有条件的专项转移支付来实现第二个目标。一般性转移支付主要解决不同地区间财政收入能力与基本财政支出需要之间的不平衡和各地区之间公共服务水平的不均衡。在中国目前的财政经济条件下，它着重保证政府基本运转的问题。专项转移支付主要解决地方政府在社会保障、农业开发、教育、科技等特定社会事业方面的发展，它着重解决地区的经济和社会事业的发展问题。目前中央对地方的社会保障财政援助性项目既多且乱，除社会保障补助方式外，还有很多途径，如补充全国社会保障基金、下岗职工最低生活保障与再就业补助、自然灾害应急救助等。社会保障项目目标和资金使用范围不明确，审批程序缺乏公开、透明性，管理混乱且不易于监督。由于社会保障财政资金化整为零，且多是中央地方相互博弈，往往影响了社会保障财政资金使用效益，也容易滋生腐败。

因此，无论是从规范财政管理的角度，还是从提高财政资金使用效益的角度，都应该对现有的财政援助性项目进行清理整顿，把中央对地方的所有补助性支出全部纳入转移支付范畴。对于一般性的转移支付，应尽快改变现行的基数法，通过规范的收支评估，测算各地标准化收入水平和支出需要，确定一般性转移支付额。地方政府提供的社会保障公共产品的受益范围具有外溢性，对于全国的经济发展都是有积极作用的。而经济不发达地方政府又由于财力所限不能提供更多的社会保障公共产品，因此，中央政府需要对地方政府给予相应支持，这种支持要通过社会保障专项转移支付来实现。社会保障转移支付额应当区分不同的支出项目分别建立标准转移支付公式，计算各地社会保障发展的收支缺口给予补助，并通过绩效考核指标加强对社会保障转移支付资金的管理，逐步实现政府间社会保障转移支付的规范化、法制化。

养老保险与服务

中国基本养老保险制度的财政支出问题研究

徐　强　张开云

【摘要】本文首先依据公共产品理论及福利国家理论分析政府财政支持养老保险制度的理论依据，根据家庭代际养老、个人储蓄养老及市场商业养老的缺陷阐述政府财政支持养老保险的现实依据；其次，在理论分析的基础上，运用柯布-道格拉斯生产函数对近20年的财政养老保险支出进行分析，得出我国养老保险最优的财政支出规模应为财政支出总额的11.35%，而目前的实际支出水平仅为5%～6%之间，财政支出水平明显偏低；最后从明确政府财政责任、扩大养老保险覆盖面、拓宽资金来源渠道等方面提出了增加我国基本养老保险财政支出水平的对策建议。

【关键词】基本养老保险　最优财政支出

Financial Expenditure of China's Basic Pension Insurance System

Xu Qiang　Zhang Kaiyun

(*College of Public Management*, *South China Agricultural University*, *Guangzhou*, *510642*)

Abstract This paper analyzes the theoretical basis of the pension insurance system of government financial support based on the theory of public goods and welfare state theory and elaborates the realistic basis for government financial support of pension insurance system according to the defects of family intergenerational pension, personal pension savings and market commercial pension. Then, on the basis of theoretical analysis, this paper calculates the scale of fiscal expenditure of 1981—2010 using Cobb-Douglas production function. The conclusion is that China's pension insurance optimal scale of fiscal expenditure should be 11.35% of the total financial expenditure, but the actual level of expenditure is only 5%～6%, significantly lower levels of financial expenditure. Finally, this paper proposes suggestions to increase the level of financial expenditure of China's basic pension insurance from defining government fiscal responsibility, expanding the coverage of pension insurance, broadening the sources of funds and so on.

Keywords basic pension insurance　optimal fiscal expenditure

作者简介：徐强，男，河南南阳人。华南农业大学公共管理学院讲师，博士。主要从事养老保险、医疗保险、社会救助制度等研究。张开云，男，江西丰城人，华南农业大学公共管理学院教授，博士。主要研究方向：社会管理、公共服务与社会保障。

基金项目：广东省软科学研究计划项目“珠三角都市圈科技人才集聚、扩散与共享的机制构建与实证研究”，项目编号：2014A070704010；国家社会科学基金青年项目“美丽乡村建设背景下乡村旅游转型升级的影响因素及实现路径研究”，项目编号：15CGL035；国家社会科学基金项目“农村亚贫困问题与相关社会政策调整”，项目编号：11CSH073。

一、引　言

社会保障是指国家依法建立，通过强制手段对国民收入进行分配和再分配，以此对社会困难群体提供帮助，是一种具有经济福利性的、社会化的国民生活保障系统，它主要包括社会救助、社会保险及社会福利三大组成部分。其中，养老保险制度是社会保险中重要的组成部分，是为老年经济风险提供稳定收入保障的制度安排。政府是一个政治组织，同时还是一个经济组织，市场失灵的存在表明政府干预养老保险制度的必要性，而财政支持则是政府承担养老保险责任的重要体现。公共产品理论和福利国家理论为政府财政支持养老保险提供理论依据，家庭代际养老、个人储蓄养老及市场商业养老的缺陷则为政府财政支持养老保险提供现实依据。然而，如同市场一样，政府也不是万能的。政府对养老保险制度的财政支出水平应该坚持“适度”原则，如果财政支出水平太低，则不能保障公民养老基本的生活需求，养老权益无法得到保障，如果财政支出水平过高，超过了政府实际承受能力，则可能引起财政赤字，不利于社会经济发展。

目前，将社会保障作为整体，研究其财政支出的成果较为丰硕，然而对社会保险中重要险种之一的养老保险财政支出的研究较为少见。本文在对政府财政介入养老保险进行理论分析的基础上，重点探讨我国养老保险制度财政支出的最优规模，并与当前的财政实际支出水平进行对比，得出我国养老保险财政投入的现状，最后提出增强养老保险财政支出水平的对策建议。

二、财政支持基本养老保险制度的理论分析

（一）政府财政支持养老保险制度的理论依据

1. 公共产品理论——责任确立的基础

公共产品理论是公共财政的核心理论，对于界定政府公共支出范围及管理职能起理论指导作用。公共产品理论运用微观分析方法，通过将传统的非经济领域的公共事务产品化的方式，将其纳入经济分析范畴来客观评价政府支出。将这一理论运用于养老保险制度，通过养老保险制度的产品化来界定其产品属性，目前学术界存在诸多争议。本文认为，养老保险制度应该属于准公共产品。马国贤（2001）将准公共产品定义为：具备公共产品两大特性（非排他性、非竞争性）之一或者两个特点都不完全具备，但是具有较强的外部收益的产品。养老保险制度具有消费的排他性，只有参与养老保险制度，达到一定的缴费年限，并且达到法律规定的退休年龄才有资格享受养老保险待遇。养老保险制度还具有竞争性，即增加一个人消费养老保险产品增加的边际成本不等于零。因为养老保险制度中政府承担了财政补贴责任，因此增加一人消费增加的边际成本等于该制度下享受养老金的参保成员的平均成本。但是养老保险制度具有较强的正外部性，他通过提供稳定的老年生活预期，可以有效地维护社会稳定，拉动居民消费，同时作为收入再分配的重要制度安排，养老保险制度对于提高农民生活水平，缩小城乡收入差距发挥较大作用。因此养老保险制度是介于公共产品与私人产品之间的准公共产品。基本养老保险制度的正外部性决定了其完全由市场提供，可能存在市场失灵，因此政府应该承担其资金供给的责任，同时政府的公共性和强制性也决定其在养老保

险制度供给方面特有的责任能力和效率。

2. 福利国家理论——财政支持的意义

福利国家理论的基础是新、旧福利经济学思想。旧福利经济学的创始人霍布斯和庇古于20世纪20年代提出“经济福利”的概念。他们认为国民收入总量越大，社会福利越大；国民收入分配越均等，社会福利越大，他们主张国民收入均等化，且建立了基数效用论。新福利经济学的代表人物有意大利的帕累托，美国的勒那，英国的卡尔多等人，他们批判并继承了旧福利经济学的思想，提出了假想的“补偿原理”，建立序数效用论，并建立“社会福利函数”。二战后，福利国家作为一种社会经济的调节机制应运而生。英国的《贝弗里奇报告》奠定福利国家理论的基础，德国的新历史学派、英国的费边社会主义思想都对福利国家理论的产生起到重要作用。福利国家理论的观点包括：第一，权利观。社会福利是现代公民的一项重要社会权利，不可侵犯，不可剥夺。第二，平等观。当一些人基本生存需求不能满足，而另一些人却在追求物质财富不断增加时，国家有责任以平等理念为出发点对收入分配的不均衡状态进行调节。第三，整体观。福利国家政策的实施要兼顾地区之间、城乡之间、民族之间的均衡，必须有整体观念。第四，普享观。福利政策不仅应覆盖每一公民，而且应覆盖公民一生的不同阶段。福利国家理论认为，实现社会福利是政府的责任，对于维护公民权利，实现政治稳定，促进经济发展具有重要作用。

（二）政府财政支持养老保险制度的现实依据

1. 家庭代际养老的不足

家庭养老是我国传统的养老模式，即以家庭为基础，充分发挥家庭成员之间的代际赡养关系，为老年人提供经济支持、服务保障、精神慰藉的养老方式。这种保障来自中国二代、三代甚至四代同堂的家庭结构。在中国传统文化里，家不仅是人们生产和生活的场所，更是一种情感的依托，是几代人生命活动的连接点和归属。家庭养老方式的形成是中国历史选择的产物。中国传统儒家文化的“孝”理念奠定了家庭养老的思想基础。孝敬父母，尊敬长辈是中华民族的传统美德，“父母在，不远游”是这种文化的生动体现，充分说明赡养老人是年轻一代的义务和责任。小农经济形态是家庭养老的经济基础。农业社会生产力水平极其低下，物质资源较为匮乏，人们很难在年轻时通过土地耕作进行充分的积蓄以备养老之需。年老后不能从事繁重的农业劳动，生活来源随之中断，这也注定了子女要承担起父辈的养老责任，如此代际循环维持了中国农村的稳定和谐。稳定的家庭结构是维持家庭养老的现实基础。传统的私有制社会里，一家一户既是生产单位又是消费单位，大家紧密团结在以老人为核心的家庭里进行风险共担。人口流动很少发生，家庭结构相对稳定，所以子女赡养老人的家庭养老模式能够很好地得以世代延续。但是随着我国市场经济的发展，工业化、城镇化的加速推进，人口流动规模的加速，计划生育政策的推行，人口的加速老龄化，传统的家庭养老模式面临前所未有的威胁，主要体现在下述三个方面：一是赡养老人意识的减弱动摇了家庭养老的思想基础。二是家庭结构小型化对家庭养老模式产生冲击。三是知识经济时代，老人家庭权威地位下降。

2. 个人储蓄养老的缺陷

储蓄养老即老年生活所需主要依靠年轻时期的自我储蓄积累，它主要依据生命周期理论，年轻时期劳动能力较强，进行必要的积累以备老年所需，使个人资源在整个生命周期中实现纵向的平衡。储蓄养老在农村发挥作用需要满足两个条件：一是农民在年轻时期进行了足够多的储蓄；二是储蓄资金可以保值增值。个人储蓄养老的缺陷可以利用莫迪利亚尼的生命周期理论进行解释。生命周期理论的假设是：消费者个人通过整个生命周期内收入总额和消费总额的平滑来实现个人效用的最大化。因此，消费者当期消费与当期收入无关，而与整个生命周期内收入总额相关。根据边际效用递减的规律，消费者不同生命周期阶段只有选择接近于预期的平均消费量才能实现生命周期内效用的最大化。但是由于预期收入与实际收入之间存在一定的误差，因此，消费者按照平均消费量进行支出时，必然存在正或负的储蓄额。现实社会中，并非所有公民都是理性消费者，个人在工作期与退休期消费偏好会有一定的变化，再加上资本市场发育的不成熟，个人储蓄额保值增值面临较大挑战，因此，个人储蓄养老面临风险较大，存在一定缺陷。个人短视也是储蓄养老存在缺陷的重要原因，一是人们缺乏足够的信息预测老年时满足基本生活需求所需的资金量，二是多数人不愿面临将来变老的事实，因此不可能做出明智的长期决策。

3. 市场商业养老的风险

商业养老保险即人寿保险，他实行严格的缴费收益关联机制，收益水平高低完全取决于个人缴费多少。投保人退休后，年养老金领取金额取决于缴费年限、退休年限、缴费金额、实际利率及管理成本等因素。市场商业养老保险的缺陷主要存在于以下几个方面：一是商业养老保险面临通货膨胀等因素造成的系统性风险及由于自身经营管理不善造成的非系统性风险。二是商业养老保险完全遵循市场收益原则，多缴费将来领取养老金水平较高，不具有调节收入分配的功能，甚至会出现“逆向再分配”，即低收入群体的收入向高收入者转移。由于高收入者收入水平较高，健康意识较强，更加注重身体的锻炼及疾病的预防，因此平均寿命可能较低收入稍长，获得收益相对较多。三是商业养老保险遵循自愿参加原则，因此容易出现“逆向选择”问题。由于信息不对称，保险机构很难评估参保对象面临的风险大小，在保费既定的情况下，风险较大的群体参保积极性较高，而风险较小的群体则选择不参保，由此可能对保险公司的运营带来困境，为了避免损失的发生，保险公司可能会选择提高保费，这样会导致部分群体的选择性退出，如此恶性循环可能会导致保险市场“市场失灵”情况的发生。四是商业保险投保人虽然可以享受保险公司的投资收益，但是不能享受社会经济发展总体增长的收益，在我国发展稳定的增长而投资收益率相对较低的情况下，参加商业保险总体收益水平有限。

公共产品理论及福利国家理论奠定了政府财政支持养老保险制度的理论基础。现实社会中，由于家庭代际养老、个人储蓄养老及市场商业养老都存在自身难以克服的缺陷，政府通过财政支出的方式介入，发挥社会养老保险的优越性，对于解决我国的养老难题，实现社会稳定发展具有重要的意义。

三、基本养老保险制度财政支出水平的实证研究

（一）基本养老保险财政最优支出规模测算

研究政府财政支出规模有多个视角：如福利经济学与公共选择理论视角、政府与市场关

系视角、经济增长视角等。本文以巴罗（1990）建立的内生增长模型（即认为财政支出规模是经济增长的凹函数，存在促进经济增长的最优财政支出规模）为基础，研究政府养老保险财政支出的最优规模。

在不考虑财政分类的情况下，假如企业采用柯布—道格拉斯生产函数来组织生产

$$Y = AK^{\alpha} L^{\beta} G^{\gamma} \tag{1}$$

其中，Y 代表国内生产总值，K 表示资本存量，L 为劳动力数量，G 为财政支出数量。对公式两边同时取自然对数，得出：

$$LnY = C + \alpha LnK + \beta LnL + \gamma LnG \tag{2}$$

其中，α、β、γ 分别表示资本、劳动和财政支出的边际产出弹性，其中，财政支出的边际弹性 $\gamma = MPG\frac{G}{Y}$，假设财政支出的相对规模 $F = \frac{G}{Y}$，则 $\gamma = MPG \times F$。由于政府提供一单位公共服务就要消耗一单位公共资源，即公共服务的边际成本为 1。因此，在不存在税收扭曲的情况下，财政支出最优规模的理论条件应该为：政府支出的边际收益 MPG=1。当 MPG=1 时，财政支出的最优规模 $F = \gamma$。

基于本研究的需要，假设政府提供的公共品是由不同类型财政支出提供的，将财政支出分为养老保险财政支出 G_1 和其他财政支出 G_2 两大类，生产函数表述如下：

$$Y = AK^{\alpha} L^{\beta} G_1^{\ \gamma_1} G_2^{\ \gamma_2} \tag{3}$$

对方程两边取自然能对数，得：

$$LnY = C + \alpha LnK + \beta LnL + \gamma_1 LnG_1 + \gamma_2 LnG_2 \tag{4}$$

无论何种类型的财政支出，其支出的自然效率条件应该满足 MPG=1。在方程（4）中，γ_1 表示养老保险财政支出占国内生产总值 Y 的最优比重，γ_2 表示其他财政支出占国内生产总值 Y 的最优比重。根据方程（2）与方程（4），我们可以得到：

$$\gamma LnG = \gamma_1 LnG_1 + \gamma_2 LnG_2 \tag{5}$$

公式（5）两边同时除以 γ，可以得到：

$$LnG = \frac{\gamma_1}{\gamma} LnG_1 + \frac{\gamma_2}{\gamma} LnG_2 \tag{6}$$

根据上述分析可知，当 MPG=1 时，财政支出占国内生产总值的最优比重 $\gamma = \frac{G}{Y}$；γ_1 为当 MPG=1 时，养老保险政府支出占国内生产总值的最优比重 $\gamma_1 = \frac{G_1}{Y}$，则 $\frac{\gamma_1}{\gamma} = \frac{G_1}{G}$。$\frac{\gamma_1}{\gamma}$ 为政府支出在 MPG=1 时，养老保险财政支出占财政支出的最优比重，$\frac{\gamma_2}{\gamma}$ 表示其他财政支出占财政总支出的最优比重。

由于 $\gamma_1 + \gamma_2 = \gamma$，将方程（6）进行变换，可以得到养老保险财政支出的最优规模回归方程为：

$$Ln\frac{G}{G_2} = \frac{\gamma_1}{\gamma} Ln\frac{G_1}{G_2} + \varepsilon_t \tag{7}$$

采用方程（7）进行回归，以求养老保险财政支出占财政总支出的最优比例。样本数据来源于历年《中国统计年鉴》《中国财政年鉴》以及《中国劳动和社会保障年鉴》（如表 1 所示）。

由于本研究所采用的为时间序列数据，为防止伪回归的出现，首先需要对数据进行平稳性检验，即检验各个变量是否具有单位根（如表2所示），利用软件Eviews 5.0进行分析，结果如下：

表1　养老保险财政支出最优规模测算源数据

年份	LN（G/G2）	LN（G1/G2）	年份	LN（G/G2）	LN（G1/G2）
1981	0.056 280	−2.849 147	1996	0.217 598	−1.414 333
1982	0.061 271	−2.761 654	1997	0.215 603	−1.424 579
1983	0.063 937	−2.717 717	1998	0.213 245	−1.436 798
1984	0.064 404	−2.710 197	1999	0.202 818	−1.492 325
1985	0.075 420	−2.546 743	2000	0.188 805	−1.571 155
1986	0.081 317	−2.468 469	2001	0.177 355	−1.639 615
1987	0.096 501	−2.289 565	2002	0.181 445	−1.614 712
1988	0.117 015	−2.086 374	2003	0.184 299	−1.597 633
1989	0.120 035	−2.059 352	2004	0.173 197	−1.665 479
1990	0.137 524	−1.914 407	2005	0.166 535	−1.708 128
1991	0.148 550	−1.831 638	2006	0.167 289	−1.703 225
1992	0.167 931	−1.699 059	2007	0.164 047	−1.724 460
1993	0.178 602	−1.631 966	2008	0.159 014	−1.758 204
1994	0.198 646	−1.515 262	2009	0.155 487	−1.782 440
1995	0.212 368	−1.441 375	2010	0.155 017	−1.785 709

注：表中数据根据历年《中国统计年鉴》《中国财政年鉴》以及《中国劳动和社会保障年鉴》计算而来。

表2　变量平稳性检验结果

变量	（C　T　K）	ADF值	5%临界值	1%临界值	单整阶数
LN（G/G2）	（0　0　1）	−4.74	−1.95	−2.66	2
LN（G1/G2）	（0　0　1）	−5.72	−1.95	−2.66	2

注：C、T、k分别表示检验中是否带有常数项、时间趋势项和滞后阶数。

检验结果可知，两个变量均为二阶单整序列，说明两者可能存在协整关系，因此对两边量进行回归分析，DW值为0.174，说明回归方程存在自相关现象。在方程中加入一阶和二阶自回归项进行重新评估，方程如下：

$$\mathrm{Ln}\frac{G}{G_2}=\underset{(27.85)}{0.36}+\underset{(15.63)}{0.113\,5}Ln\frac{G_1}{G_2}+[\underset{(9.86)}{1.52}AR(1)-\underset{(-4.35)}{0.66}AR(2)]$$

$$R^2=0.997\quad \mathrm{DW}=2.25\quad (1983—2010)$$

为了验证回归的有效性，即变量之间的协整关系，对回归方程的残差序列的平稳性进行检验，得到ADF值等于−6.05，1%水平的ADF临界值为−2.65（检验形式不含常数项和时间趋势项，滞后阶数为0）。由此可见，回归方程的残差序列是平稳的，说明变量之间存在协整关系，不存在伪回归现象。

根据回归结果可知，$\frac{\gamma_1}{\gamma}=0.1135$，说明在满足政府支出自然状态下，养老保险财政支出占财政总支出的最优比重为11.35%。

（二）实际水平与最优规模的差距

为了测算我国养老保险财政支出占财政总支出的实际水平，以便与养老保险财政支出的最优规模进行对比，我们查阅了2001—2011年《社会保障统计公报》以及《中国财政年鉴》，并对相关数据进行计算（如表3所示）。

表3　养老保险财政支出实际水平

年份	农村养老金支出总额（亿元）	城镇养老金支出总额（亿元）	养老保险财政支出总额（亿元）	财政总支出（亿元）	养老保险财政支出实际水平
2001	12.0	967.69	979.69	18 902.58	5.18
2002	13.3	1 306.12	1 319.42	22 053.15	5.98
2003	15.0	1 388.87	1 403.87	24 649.95	5.70
2004	17.5	1 547.88	1 565.38	28 486.89	5.50
2005	21.0	1 742.06	1 763.06	33 930.28	5.20
2006	30.0	2 219.15	2 249.15	40 422.73	5.56
2007	40.0	2 841.90	2 881.90	49 781.35	5.79
2008	56.8	3 443.37	3 500.17	62 592.66	5.59
2009	76.0	3 869.68	3 945.68	76 299.93	5.17
2010	200.4	4 659.05	4 859.45	89 874.16	5.41

由表中数据可知，我国养老保险财政支出的实际水平近十年来基本维持在5%～6%之间，约占最优支出规模的一半左右，因此养老保险财政支持力度有待进一步加强。同时，通过农村与城镇养老金支出的对比可以发现，在城乡人口比重以及人口抚养比大致持平的情况下，养老保险财政支出结构严重不平衡，极大地制约了农民养老保障水平的提高。因此，本着建设公共财政的要求，应该逐步加大政府财政对养老保险的支持力度，同时进一步调整养老保险财政支出结构，不断提高基本养老保险水平，解除广大民众的养老后顾之忧。

四、提高基本养老保险财政支出水平的对策建议

（一）明确基本养老保险制度中政府的财政责任

财政是一种以政府为主体的经济行为，通过集中部分国民收入满足社会公共需要的收支活动，来达到优化资源配置、公平收入分配及稳定经济增长的目的。社会养老保险具有准公共产品的属性，因此需要政府承担相应的财政责任，将政府的财政资源在不同收入水平的人群中进行再分配，通过风险共担的方式保障老年人的基本生活需求。

我国基本养老保险制度的建立与发展是以政府为主体的，在制度的建立与完善过程中，政府承担了重要责任，其中最重要的是财政责任。在基本养老保险制度下，政府承担的财政

责任是一种基础责任和有限责任。本文认为，政府财政责任主要体现在三方面：一是财政投入责任，即保障老年生活适度需求水平的责任。因此，应该根据社会经济发展水平及社会成员日常生活消费需求，对养老保险适度需求水平进行测算。适度水平的界定既要满足老年基本生活所需，又不超过政府财政承受能力。二是财政配置责任，即中央及地方政府财政责任合理划分的责任。我国目前的政府责任界定存在统放不分、责任模糊的情况。这种情况既不利于中央政府责任的控制，也不利于发挥地方政府的积极性，因此应该根据财政受益范围原则及财权事权匹配原则，用分级负责的固定拨款制规范各级政府责任分担。三是财政监管责任，即制定政策法规、信息数据管理、编制基金预算、实现收支平衡及基金运营监管等。

（二）继续扩大养老保险覆盖面，逐步推进城乡一体化进程

“老有所养”是每个公民应该享有的一项基本社会权益，作为国家的一项基本社会制度，基本养老保险制度应该覆盖到全体劳动者及社会成员。我国目前的基本养老保险制度包括四大部分：即机关事业单位工作人员养老保险制度、城镇职工基本养老保险制度、城镇居民基本养老保险制度及新型农村社会养老保险制度，已经实现了制度层面的全覆盖，但是距离人员全覆盖尚有较大差距，尤其是农村居民的参保率不高。提高养老保险制度的覆盖面，可以在更广的范围筹集养老保险基金，一定程度上缓解养老金收支缺口的压力，提高养老保险制度的保障效果。

农民养老保险制度的参保意愿受多种因素影响，制度模式的设计是其中的重要因素。目前新农保制度存在的主要问题有：账户结构不合理，缺乏分散老年风险的统筹账户；基础养老金保障水平有限，且缺乏动态的制度化调整机制；个人账户固定比例缴费制，不符合农民收入水平不断变化的实际情况；个人账户缴费补贴机制设置不合理，缺乏激励机制；“捆绑缴费”制损害部分老年人合法权益等。因此，要扩大制度覆盖面，提高农民参保率，应该对现行新农保制度进行反思与重构，建立“社会统筹＋个人账户”的农民社会养老保险模式。中央及地方政府财政补贴进入社会统筹账户，以体现作为农民雇主的责任，个人缴费实行基于农民人均纯收入的比例缴费制，以体现保险制度中的个人责任。同时统账结合模式也为将来城乡养老保险制度一体化奠定了基础。

（三）拓宽资金来源渠道，加大养老保险基金筹资力度

作为一项具有较大外部性的社会性事业，应该拓宽社会保险资金筹集的渠道。首先，可以尝试建立社会保险税。现行制度下社会保险采取的是缴费方式，社会保险经办机构将众多权利集于一身，包括社会保险费的征收、支出、管理、使用及社会保险政策的制定等，这种过度集权的机制缺乏对社会保险基金的运营监督。同时，现行的社会保障基金安全性不高，基金收支不平衡，拖欠缴费现象严重。目前，影响社保基金安全性因素主要包括：一是基金没有纳入财政预算体系，安全性难以保障，面临较大政治风险。二是基金投资仅限于国债和协议存款，回报率太低，在通货膨胀不断加剧的情况下，基金面临贬值风险。三是基金统筹层次太低，管理过于分散。针对目前拖欠缴费的单位和个人，社会保障经办机构缺乏强有力的征管办法，导致企业欠费情况逐年上升。而税收的强制性、稳定性及公开性可以有效克服社会保险费的征收困难，增强基金的征收力度，我国近年来部分地区的改革实践也证明了这

一点。其次，可以考虑将部分国有资产收益划归社会保障基金、委托专业的基金投资机构多元化运营社会保障基金，以保证其保值增值，通过发行福利彩票及社会保障债券来筹集资金，鼓励社会力量捐赠等。拓宽资金来源渠道，可以有效地缓解政府财政压力，促进社会保障体系可持续发展。

（四）调整财政支出结构，扩大养老保险支出水平

在现代社会保障制度中，政府是最主要的责任主体，政府财政拨款为社会保障制度提供稳定的资金来源。在政府总体支出水平基本确定的情况下，要提高养老保险方面的支出，只能通过调整财政支出结构的方式。结合我国目前的实际情况，可以考虑以下几种方式：一是经济建设支出及行政管理支出的适当压缩。对于经济建设支出，可以考虑将其中一部分发行建设债券，以此来筹集资金，为社会保障支出提供更多资金来源。对于行政管理支出，我国是世界上行政管理成本最高的国家之一，占每年财政支出的25%左右，而日本、美国等发达国家行政管理支出仅为财政支出的10%左右，因此可以考虑进行适当压缩来为养老保险支出提供更多的财政支持。二是合理界定国有垄断企业的利润分配机制，国有垄断企业的部分利润所得是借助行政手段而非市场竞争机制，因此，在利润分配时，有必要将这部分“企业化”的全体国民资产收益上缴国家财政。

作为社会保障财政支出中最大的项目，养老保险支出存在城乡支出不均衡的现状。这与我国长期形成的二元经济结构及国家一直奉行的“重城镇、轻农村”的政策有关。随着工业化及城镇化的快速推进，大量年轻劳动力从农村进入城市，加速了农村的人口老龄化进程。同时，计划生育政策的推行、核心家庭的增多、土地收益的减少又在很大程度上对农村传统的家庭养老、土地养老模式产生冲击，农民养老面临挑战。因此，调整城乡之间养老保险的财政支出结构，加大农民养老保险制度的财政投入，逐步缩小制度的城乡差距，对于提高整个社会的养老保险水平，提高养老保险制度的保障效果具有重要的意义。

（五）实施财政资金绩效评价制度，提高资金使用效益

为保证财政对养老保险事业资金投入的有效使用，提高资金使用效益，可以加快推进养老保险财政支出绩效评价制度的建立。该制度通过建立养老保险领域资金投入的评价指标体系，利用绩效考评对资金使用情况进行规范，提高资金的使用效益。2003年，国家进行了财政资金绩效评价制度的试点，在积累经验的同时，也暴露出在评价方案设定、评价指标选取及责任主体规范等方面存在的诸多问题。今后应该从以下几方面对制度进行完善：一是调整财政绩效评价对象，由考察财政重点支出项目转为考察财政重点支出部门，以规范部门财政支出行为，提高资金使用效率；二是结合试点执行情况，对评价指标体系进行修正，使其更能反映现实中的实际情况；三是将绩效评价结果作为财政支出的重要参考，以增强责任主体的责任意识及积极性，促进绩效评价制度的顺利进行。

（六）加强养老保险管理，使之逐步纳入法制化轨道

养老保险权益事关全体国民的切身利益，是维护公民权利、促进社会稳定的重要因素。只有通过养老保险立法，才能增强现行制度的合理性和有效性，才能真正切实的维护公民的

养老权利，使广大社会成员真正地信任这一制度。首先，养老保险立法内容应该与其他部门的法律内容相衔接，以保证法律内容能够得到有效实施。其次，立法内容应该对养老保险税收征管过程进行规范，以保证税收征管的有序进行。第三，通过立法建立养老保险基金的安全投资机制，对基金的投资领域进行规范，对投资比例进行约束，同时强化投资过程的监督管理，切实实现养老保险基金的保值增值，维护公民养老权益。

参考文献

[1] 王延中，龙玉其. 改革开放以来中国政府社会保障支出分析 [J]. 财贸经济，2011，(1).

[2] 姜欣. 我国最优的社会保障支出水平研究 [J]. 软科学，2012，(5).

[3] 穆怀中. 社会保障国际比较 [M]. 北京：中国劳动社会保障出版社，2001.

[4] 郑功成. 中国社会保障改革与未来发展 [J]. 中国人民大学学报，2010，(5).

[5] 马国贤. 中国公共支出与预算政策 [M]. 上海：上海财经大学出版社，2001.

[6] 刘菲. 公共养责任及其经济学解释 [J]. 经济问题，2012，(10).

[7] 马会. 中国社会保障支出水平适度性的计量分析 [J]. 沈阳大学学报 2007，(6).

[8] 彭浩然，申曙光. 现收现付制养老保险与经济增长：理论模型与中国经验 [J]. 世界经济，2007，(10).

[9] 刘儒婷. 国家经济发展水平与养老金支付能力相关性研究 [J]. 长春理工大学学报（社会科学版）2010，(2).

[10] 林治芬，孙王军. 政府社会保障财政责任度量与比较 [J]. 财政研究，2012，(2).

事业单位职业年金替代率的实证研究

宋雪程　钟仁耀

【摘要】职业年金制度作为一项非常重要的补充养老保险制度，其发展程度对保障机关事业单位的职工退休养老水平和完善我国基本养老保险制度非常重要。此次事业单位基本养老保险改革将导致事业单位职工养老金水平下降，而国家推行的职业年金则可以在一定程度上弥补基本养老金下降导致的缺口。本文通过构建职业年金替代率的精算模型，假定参数，结合实证分析对职业年金替代率进行测算并做出了相应的分析，最后为职业年金制度的可持续发展提出建议。

【关键词】职业年金　替代率　实证研究

An Empirical Study on the Institution of Occupation Pension Substitution Rate

Song Xuecheng　Zhong Renyao

(*East China Normal University School of Public Administration*, *Shanghai*, *200062*)

Abstract Occupation pension system is an important supplementary pension insurance system. The degree of development of occupation pension will affect the organs and institutions of the retirement pension level, and is very important to improve the basic old-age insurance system in China. The reform of the institution endowment insurance reform will lead to a decline of pension level, while, to a certain extent, the implementation of the national policy occupational pension can make up the basic pension problems caused by declining gap. In this paper, by constructing occupational pension replacement rate of actuarial model, assuming the parameters, combined with empirical analysis of occupational pension replacement rate, I will make the corresponding analysis and make recommendations for the sustainable development of the occupational pension system finally.

Keywords occupation pension　replacement rate　empirical research

一、引　言

作为事业单位补充养老保险的职业年金，关系着我国近 4 000 万事业单位工作人员的切身利益，为了保证改革前后事业单位工作人员的养老金权益不因为改革而受到损害，必须在基本养老金的基础上建立职业年金，通过职业年金来弥补基本养老金水平的下降，从而保证改革前后的公平性。因此，职业年金的发展水平直接影响着事业单位人员改革后的养老金水平，对事业单位职业年金制度进行系统的研究显得尤为重要。

从 2008 年起，国家逐步开始对事业单位的养老保险制度进行改革，推动职业年金制度的建立。2015 年 1 月 14 日，国务院印发《关于机关事业单位工作人员养老保险制度改革的

本文系国家社科基金重大招标项目（12&ZD212）的部分成果。

决定》，从2014年10月1日起对机关事业单位工作人员养老保险制度进行改革，机关事业单位在参加基本养老保险的基础上，应当为其工作人员建立职业年金。2015年4月6日，国务院办公厅印发《机关事业单位职业年金办法》，规定单位按本单位工资总额的8%缴费，个人按本人缴费工资的4%缴费，工作人员退休后，按月领取职业年金待遇，由单位代扣。由此，作为机关事业单位补充养老保险的职业年金制度正式建立。事业单位进行双轨制改革，一方面职工个人需要缴费建立个人账户，会导致当期的工资水平下降；另一方面，改革后个人的基本养老金替代率也会下降。因此，事业单位职业年金成为改革的关键，它能够弥补基本养老金下降所带来的损失，从而总体上保证养老金水平的不下降甚至有所提高，以消减改革的阻力。而在当前的政策下，事业单位的职业年金能否达到预期的水平，又能在多大程度上发挥其作用，亟须验证。

按照世界银行组织的建议，养老金替代率保持在70%～80%可以保证员工退休后生活水平基本维持不变，60%的替代率只能保证基本的生活；国际劳工组织在《社会保障最低标准公约》规定，如果养老金替代率低于55%，就属于“警戒线”以下。根据人力资源与社会保障部的设想，目前我国基本养老保险改革的目标替代率为59.2%，企业（职业）年金的目标替代率为20%左右。①

在国内，对建立职业年金的替代率研究中，藏宏（2007）指出职业年金制度应该和基本养老保险制度合理衔接，职业年金的替代率应达到20%，并且随着职业年金制度的发展和成熟，以后职员年金的替代率应达到40%～50%。[1]孙卫国（2009）认为我国的职业年金的替代率目标应该定在20%～30%，才能保证机关事业单位职工的养老保险待遇不降低。[2]郑秉文，孙守纪，齐传君（2009）提出了具体的缴费率，即新人和“中人”建立的第二支柱“职业年金”制度个人缴费4%，单位缴费4%，以提高其退休收入的替代率。[3]郑功成（2013）指出，从完整的养老保险制度框架出发，公职人员养老保险改革还必须同步建立职业年金和年功年金以确保公职人员退休后的经济来源有保障。其中：公职人员的职业年金采取完全积累的方式，目标替代率可以确定为15%～20%，所有公务员和全额拨款事业单位工作人员的职业年金账户规模应当保持一致，可以设定为个人实际工资的8%，财政资金和参保人各承担4%的缴费；差额拨款事业单位工作人员可以根据所在单位实际财务情况适当扩大或者缩小，总缴费率宜控制在6%～10%之间，以此维护公职人员在职业年金方面的相对公平。[4]对国外的职业年金研究上，丁宁宁（2001）指出澳大利亚的职业年金制度属于养老保障制度的第二层次，澳大利亚职业年金完全由雇主承担，即使没有任何私人储蓄或其他收入，职业年金可以保证相当于社会平均工资60%～65%的养老金；职业年金管理采取信托人制度，有严格的审计与监管体系。[5]对于其他建立职业年金制度的研究中，戴卫东、陶纪坤（2011）指出，目前国外职业年金制度发展比较成熟，荷兰的职业年金目标替代率为40%，瑞典为32%，英国为25%，日本为30%，瑞典为70%。[6]

纵观现有研究成果，国外的职业年金制度发展比较成熟，国内学术界对职业年金制度的研究还处于探索阶段，大都集中在事业单位职业年金制度的研究现状，主要包括实施的原则、如何分类建立职业年金，职业年金缴费率的水平、计发办法、如何与基本养老保险进行

① 见《关于印发完善企业职工基本养老保险制度宣传提纲的通知》，劳社部发［2005］32号，2005年12月3日。

衔接以及职业年金的运营管理等。现有研究以定性分析为主，多采用文献研究法和规范研究法，对于在既定政策下的职业年金替代率是否能否达到预期目标的定量研究则比较少。下文将以事业单位养老保险改革中职业年金的替代率为研究对象，构建职业年金替代率模型，对在不同条件下的职业年金替代率进行实证分析。

二、职业年金替代率精算模型的构建

本文借鉴完全积累制基金筹集模型下的个体替代率精算方法模型，首先构建职工在职时的职业年金缴费总额在退休年初的终值，再构建退休职工的职业年金领取总额在退休年初的现值，最后根据账户平衡原理，求出职业年金的个体替代率。[7]

（一）假设前提

1. 职业年金的缴费为单位和个人同时缴费，将单位和个人作为整体，其分别按固定比例缴费的缴费率视为一个总的缴费率；

2. 职工个体存活到预期寿命，并且从退休第一年开始定期领取职业年金，职业年金为终身生存年金；

3. 职业年金的给付依据是职工个人账户职业年金的累积额，职工每年领取的职业年金根据通货膨胀率和利率进行调整；

4. 员工年平均工资增长率是一个固定不变的常数；

5. 职业年金的缴费、投资收益、发放假定税收全免；

6. 职业年金基金管理过程中没有交易成本和管理成本。

（二）影响职业年金替代率的变量（见表 1）

表 1　　影响职业年金替代率的变量

	替代率 T	
变量Ⅰ级	$(FV)_b$：职业年金缴费总额在退休年初的终值	$(PV)_b$：职业年金领取总额在退休年初的现值
变量Ⅱ级	a：职工参加工作年龄 b：职工退休年龄 w：职工参加工作初始工资 c：缴费率 r：基金投资收益率 g：年平均工资增长率	w'：职工 b 岁退休时领取年金的基础工资 i：年利率 f：通货膨胀率 β：生存极限年龄 ${}_yP_x$：退休后的生存概率（余命为 y 的概率）

（三）模型推导

1. 职工退休时，职业年金个人账户积累额终值 $(FV)_b$ 可表示为：

$$
\begin{aligned}
(FV)_b &= cw(1+r)^{b-a} + cw(1+g)(1+r)^{b-a-1} + \cdots + cw(1+g)^{b-a-1}(1+r) \\
&= \sum_{t=1}^{b-a} cw(1+g)^{t-1}(1+r)^{b-a-t+1} \\
&= cw\sum_{t=1}^{b-a}(1+g)^{t-1}(1+r)^{b-a-t+1}
\end{aligned}
\tag{1}
$$

2．职工退休后，年金领取总额在退休年初的现值$(PV)_b$可表示为：

$$(PV)_b = w' + w'(1+f)\frac{1}{1+i_1}P_b + \cdots + w'(1+f)^{\beta-b-1}\left(\frac{1}{1+i}\right)^{\beta-b} {}_{\beta-b}P_b = w'\sum_{k=0}^{\beta-b} {}_kP_b\left(\frac{1+f}{1+i}\right)^k \quad (2)$$

3．职业年金替代率

遵照账户平衡原则，职工个人职业年金缴费累额在退休年初的终值与其退休后职业年金领取总额在退休年初的现值相等，因此$(FV)_b=(PV)_b$即：

$$cw\sum_{t=1}^{b-a}(1+g)^{t-1}(1+r)^{b-a-t+1} = w'\sum_{k=0}^{\beta-b} {}_kP_b\left(\frac{1+f}{1+i}\right)^k \quad (3)$$

其中，

$$w' = T\cdot w(1+g)^{b-a} \quad (4)$$

将公式（4）代入公式（3）中，可得职业年金替代率T：

$$T = \frac{c\sum_{t=1}^{b-a}(1+g)^{t-1}(1+r)^{b-a-t+1}}{(1+g)^{b-a}\sum_{k=0}^{\beta-b} {}_kP_b\left(\frac{1+f}{1+i}\right)^k} \quad (5)$$

从公式（5）可以看出，职业年金替代率T的大小与职工初始参加工作年龄a、职工退休年龄b、缴费率c、年平均工资增长率g、基金投资收益率r、年利率i、通货膨胀率f、生存极限年龄β、退休后的生存概率${}_yP_x$等9个参数有相关性。

三、职业年金替代率的实证分析

（一）职业年金替代率模型中的参数设定

1. 职工参加职业年金计划年龄和退休年龄

事业单位主要包括教育、科技、文化、卫生等单位，相比较于企业的职工，事业单位职工的学历水平一般较高，受教育年限也相对较长，因此事业单位人员的参保年龄一般高于我国法律规定的从业年龄。因此，本文设置男女职工参加工作年龄$a=25$。

我国法定的企业职工退休年龄是男年满60周岁，女工人年满50周岁，女干部年满55周岁。从事井下、高温、高空、特别繁重体力劳动或其他有害身体健康工作的，退休年龄男年满55周岁，女年满45周岁，因病或非因工致残，由医院证明并经劳动鉴定委员会确认完全丧失劳动能力的，退休年龄为男年满50周岁，女年满45周岁。在我国目前的人事退休制度中，规定公务员的退休条件为男满60周岁，女满55周岁。因此本文设定事业单位男性职工的退休年龄$b_1=60$，女性职工的退休年龄$b_2=55$。

2. 缴费率

根据《机关事业单位职业年金办法》的规定，机关事业单位在参加基本养老保险的基础上，应当为其工作人员建立职业年金，单位按本单位工资总额的8%缴费，个人按本人缴费工资的4%缴费，由单位代扣。单位和个人缴费基数与机关事业单位工作人员基本养老保险缴费基数一致。根据经济社会发展状况，国家适时调整单位和个人职业年金缴费的比例。因此，本文将分别计算总和缴费率在8%～16%的职业年金替代率水平。

3. 年平均工资增长率

职业年金的缴纳基数是职工的工资，而工资的数额是一个动态的变化过程，职工的工资水平不仅影响职业年金的支付，而且还影响在职人员的缴费能力。因此，在计算职业年金积累额时，需要考虑工资增长率这一客观因素。运用SPSS软件测算2000—2011年我国年平均工资增长率和GDP增长率发现，职工平均工资增长率和经济发展水平具有一致性，根据相关学者对我国经济的整体研究和预测，认为从长期来看我国经济发展水平将保持在7%～8%的增长率左右，因此本文设定工资增长率 $g=8\%$。

4. 年通货膨胀率

通货膨胀率，是货币超发部分与实际需要的货币量之比，用以反映通货膨胀、货币贬值的程度，一般用居民消费价格指数来衡量，计算公式为通货膨胀率＝（本期价格指数－上期价格指数）/上期价格指数×100%。[①] 通过查阅2000—2013年全国CPI指数表可以看出，自2000年以来，我国的居民消费价格指数变化趋于平缓，参考2000—2013年的平均通货膨胀率，本文设定通货膨胀率为 $f=3\%$。

5. 基金投资收益率

职业年金作为社会保障的第二支柱，和基本养老保险基金一样，要规避风险，确保基金保值增值。《机关事业单位职业年金办法》中规定职业年金基金采用个人账户方式管理，个人缴费实行实账积累。实账积累形成的职业年金基金，实行市场化投资运营，按实际收益计息。职业年金基金投资管理应当遵循谨慎、分散风险的原则，保证职业年金基金的安全性、收益性和流动性。目前我国的职业年金初步建立，暂无投资经验，本文在设置职业年金的收益率时参考全国社会保障基金和企业年金的平均收益率。

自2000年建立全国社会保障基金以来，全国社会保障基金的投资收益率逐年提高，平均投资收益率达到8.13%，近几年全国社会保障基金的投资收益率大幅度上升且比较稳定。2007—2013年企业年金的平均收益率达8.41%，但波动性比较大。考虑到职业年金初步建立、中国的资本市场在现阶段还不完善成熟、从业人员的整体素质还有待提升等因素，本文将职业年金的投资收益率最低界定为6%。随着经济的发展以及资本市场发展的逐步成熟、养老金投资政策和投资策略的逐步完善，职业年金基金投资收益率将逐步达到发达国家的平均水平，即10%，因此将投资收益率最高界定为10%。本文将分别计算职业年金基金投资收益率为6%～10%五种情况下职业年金的替代率水平。

6. 年利率

基准利率是金融市场上具有普遍参照作用的利率，其他利率水平或金融资产价格均可根据这一基准利率水平来确定。在中国，以中国人民银行对国家专业银行和其他金融机构规定的存贷款利率为基准利率。[②] 具体而言，一般普通民众把银行一年定期存款利率作为市场基准利率指标。参考中国人民银行历年存款利率变化表，设定基准利率 $i=4\%$。

---

① http://baike.baidu.com/link? url＝H1swEY_X0NJLxIFKtiE-mGwUx6aDNX61NbgGplh3okRWfwPjtPOEvrm__NwSdLIbdIuziLHNRoUoodvuA2eHZK

② http://baike.baidu.com/link? url＝HS3IAH8zbPvgkqL5fKxWKnsCrzpS9DxsS2qtn-di-eL3OgZdsi_e4HvmsEvOon3BZOdXLeEBIT_ZWbuwkHIfhq

7. **生存极限能力和退休后的生存概率**

根据中国保险监督委员会颁布的《中国人寿保险业经验生命表》（2000—2003），设定生存极限能力$\beta=105$。退休后的生存概率${}_y p_x$根据生存表进行设定。

（二）测算结果及分析

1. **不同缴费率和收益率水平下职业年金替代率水平分析**

将以上参数设定值带入公式（5），求得在8%～16%的缴费率和6%～10%收益率下男女职工的职业年金替代率，如表2所示。

表2　不同缴费率和收益率水平下男性职工职业年金替代率水平　单位：%

收益率 r / 缴费率 c	6	7	8	9	10
8	6.322 1	7.387 0	8.695 1	10.308 7	12.306 8
9	7.112 3	8.310 4	9.782 0	11.597 3	13.845 2
10	7.902 6	9.233 8	10.868 8	12.885 8	15.383 5
11	8.692 9	10.157 1	11.955 7	14.174 4	16.921 9
12	9.483 2	11.080 5	13.042 6	15.463 0	18.460 2
13	10.273 4	12.003 9	14.129 5	16.751 6	19.998 6
14	11.063 7	12.927 3	15.216 4	18.040 2	21.536 9
15	11.854 0	13.850 7	16.303 3	19.328 8	23.075 3
16	12.644 2	14.774 0	17.390 2	20.617 3	24.613 7

从表2中可以看出，男性职工的职业年金替代率最高水平为24.613 7%，最低水平为6.322 1%，在较高的缴费率和收益率区间下才能达到目标替代率水平。

从收益率的角度来看，收益率在［6%，8%］这个区间时，男性职工的替代率区间为［6.322 1%，17.390 2%］，远不能达到预期设定的20%的目标替代率水平。当收益率为9%，缴费率达到14%和15%时，替代率水平分别为18.040 2%和19.328 8%，此时较为接近目标替代率；在收益率高达10%、缴费率在14%以上时，年金的替代率水平才能在20%以上。

从缴费率的角度来看，缴费率在［8%，13%］时，男性职工的替代率区间为［6.322 1%，19.998 6%］，并未达到预期目标替代率水平。缴费率在［14%，16%］这个区间时，收益率在9%和10%两种较高的水平下，替代率水平保持在目标替代率左右。

从表3中可以看出，女性职工的职业年金替代率最高水平为17.873 7%，最低水平为5.035 5%，在假设区间内均达不到预期的目标替代率水平。

从收益率的角度来看，收益率在［6%，7%］这个区间时，女性职工的替代率区间为［5.035 5%，11.535 1%］，替代率水平基本维持在目标替代率水平的一半及以下。当收益率在［8%，10%］区间时，缴费率达到13%以上时，替代率水平保持在10%以上，当缴费率和收益率都达到最高水平时，最高替代率为17.873 7%，此时距目标替代率还有2.126 3%的差距。

表 3　　不同缴费率和收益率水平下女性职业年金替代率水平　　单位：%

缴费率 c \ 收益率 r	6	7	8	9	10
8	5.035 5	5.767 5	6.640 5	7.684 7	8.936 9
9	5.665 0	6.488 5	7.470 6	8.645 3	10.054 0
10	6.294 4	7.209 4	8.300 7	9.605 9	11.171 1
11	6.923 9	7.930 4	9.130 7	10.566 5	12.288 2
12	7.553 3	8.651 3	9.960 8	11.527 1	13.4053
13	8.182 7	9.372 3	10.790 9	12.487 6	14.522 4
14	8.812 2	10.093 2	11.620 9	13.448 2	15.639 5
15	9.441 6	10.814 1	12.451 0	14.408 8	16.756 6
16	10.071 1	11.535 1	13.281 1	15.369 4	17.873 7

从缴费率的角度来看，缴费率在［8%，13%］时，女性职工的替代率区间为［5.035 5%，14.522 4%］，处于目标替代率的三分之二水平以下；缴费率在［14%，16%］这个区间时，收益率在 9%和 10%两种较高的水平下，替代率水平突破 15%。

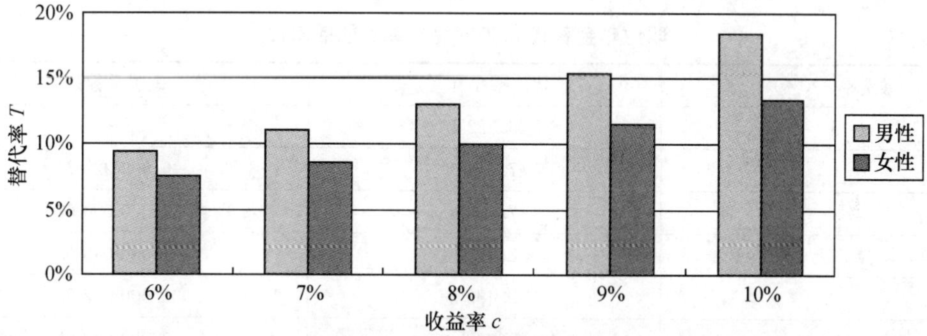

图 1　12%缴费率下男女职工职业年金替代率差异图

在《机关事业单位职业年金办法》规定的缴费率为 12%的水平下可以看出，收益率在［6%，10%］这个区间男性职工的替代率区间为［9.483 2%，18.460 2%］，女性职工的替代率区间为［7.553 3%，13.405 3%］，在同样的缴费率和收益率下女性职工的职业年金替代率明显低于男性。虽然职业年金替代率将对提高事业单位职工养老金替代率水平能发挥一定的作用，但并不能达到目标替代率水平，从而无法起到明显的补充退休职工养老金水平的目的。

2. 职业年金替代率对投资收益率和缴费率的敏感性分析

从职业年金替代率精算模型的计算结果分析中可以看出，职业年金替代率水平的分布因缴费率和收益率的变动表现出了较大的差异，因此将对职业年金收益率和缴费率进行敏感性分析（以男性职工为例），来具体测定出收益率和缴费率的变化对替代率的影响程度。

假设收益率 r 的敏感系数为 ε_r，则 $\varepsilon_r=\dfrac{\frac{\Delta T}{T}}{\frac{\Delta r}{r}}$；假定在缴费率为12%，其他参数设定不变的情况下计算职业年金基金的投资收益率在6%～10%下的敏感性，结果如表4所示。

表4　职业年金替代率 T 对投资收益率 r 的敏感性

收益率 r（%）	替代率 T（%）	敏感系数 ε_r
6	9.483 2	—
7	11.080 5	1.009 1
8	13.042 6	1.230 5
9	15.463 0	1.408 6
10	18.460 2	1.623 6

假设缴费率的敏感系数为 ε_c，则 $\varepsilon_c=\dfrac{\frac{\Delta T}{T}}{\frac{\Delta c}{c}}$；假定在收益率为6%，其他参数设定不变的情况下计算职业年金基金的缴费率率在8%～16%下的敏感性，结果如表5所示。

表5　职业年金替代率 T 对缴费率 c 的敏感性

缴费率 c（%）	替代率 T（%）	敏感系数 ε_c
8	6.322 1	—
9	7.112 3	0.999 929 71
10	7.902 6	1.000 050 62
11	8.692 9	1.000 046 02
12	9.483 2	1.000 042 22
13	10.273 4	0.999 922 09
14	11.063 7	1.000 045 21
15	11.854	1.000 042 13
16	12.644 2	0.999 920 91

首先，职业年金的替代率 T 对投资收益率 r 和缴费率 c 的敏感系数均为正值，表明投资收益率 r 和缴费率 c 都随替代率 T 呈正方向的变动。其次，敏感系数 ε_r 的值均大于1，表明收益率 r 每变化1个百分点，职业年金的替代率 T 的变动将超过1个百分点；敏感系数 ε_c 的值保持在1左右，表明缴费率 c 每变化1个百分点，替代率 T 将变化一个百分点左右。ε_r 和 ε_c 的敏感性都较强。最后，将敏感系数 ε_r 和 ε_c 相比看出，ε_r 的值均大于 ε_c 的值，且 ε_r 表现出较快的增长趋势，说明 ε_r 比 ε_c 的敏感性大，收益率对职业年金替代率的影响效果明显大于缴费率。因此，在其他条件不变的前提下，与提高缴费率比，提高基金的投资收益率会对替代率水平的提高效果更显著。

3. 性别差异对职业年金替代率的影响分析

通过对表2和表3的数据进行处理，得到不同缴费率和收益率水平下男性和女性职业年金替代率差额水平的折线图，如图2所示，以此对性别差异引起的替代率变动做具体分析。

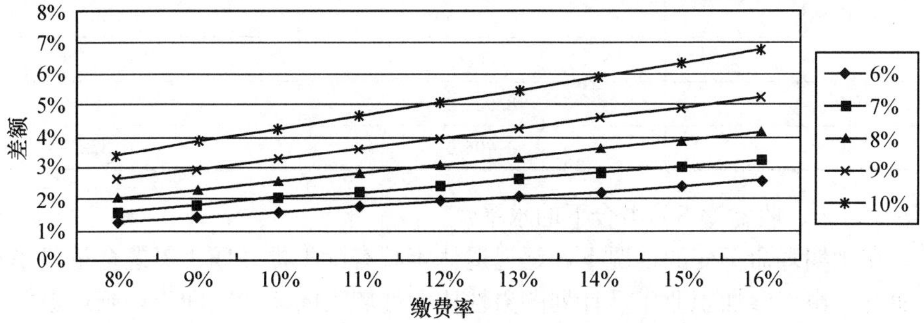

图2 男性和女性职工职业年金替代率差额折线图

一方面在固定的收益率下，男性职工与女性职工的职业年金替代率差额随着缴费率的增加呈逐渐上升的趋势，如同时在6%的收益水平下，8%缴费率下男女职工的替代率差额为1.286 6%，12%缴费率水平下男女职工的替代率差额为1.929 9%，16%缴费率下男女职工替代率差额为2.573 1%；另一方面在固定的缴费率下，替代率差额随着收益率的增加而存在显著差距，也呈不断扩大的趋势，如同时在12%缴费率水平，6%收益率下的男女职工替代率差额为1.929 9%，8%收益率下男女职工替代率差额为3.081 8%，10%收益率下男女职工替代率差额为5.054 9%。

因此可以说在现行的政策下，职业年金替代率表现出的性别差异十分明显，女性职工的职业年金替代率明显低于男性，提高女性职工职业年金替代率十分迫切。

4. 延迟退休年龄对职业年金替代率的影响分析

目前，关于延迟退休年龄的政策方案已日渐明朗，本文也将分别测算女性延迟退休年龄为56～60岁区间以及男性职工延迟退休年龄为61～65岁区间的替代率变化，每一整岁为一个考察点。假设缴费率$c=12\%$，投资收益率$r=6\%$，其他参数只设定不变，测算结果如表6所示。

表6 男性职工延迟退休年龄替代率变化

男性退休年龄b_1（岁）	替代率T（%）	替代率提高值δ_1（%）
61	9.882 1	0.398 9
62	10.296 8	0.414 7
63	10.728 8	0.432 0
64	11.179 6	0.450 8
65	11.650 9	0.471 3

从表6和表7中可见，退休年龄的高低与职业年金替代率的高低呈正相关关系。以女性职工为例，女性职工55岁退休时，其职业年金的替代率是7.553 4%，当退休年龄从55岁上升到60岁时，其替代率均以不同的幅度逐渐上升到9.296 6%，并且退休年龄越大，替代率的提升幅度变得更大。60岁退休时9.296 6%的替代率水平相当于缴费率为15%、收益率

表 7　　女性职工延迟退休年龄的替代率变化

女性退休年龄 b_2（岁）	替代率 T（%）	替代率提高值 δ_2（%）
56	7.880 3	0.326 9
57	8.217 3	0.337 0
58	8.565 1	0.347 8
59	8.924 5	0.359 4
60	9.296 6	0.372 1

6%或缴费率 11%、收益率 8%组合下的水平。

因此，在预期寿命不变的情况下，延迟退休年龄有助于提高职工养老金替代率水平，对男性职工而言，由于参加职业年金计划的男性比女性职工的缴费时间长，延迟退休年龄的效果会更显著。

5. 不同缴费年限对职业年金替代率的影响分析

一般而言，加入职业年金计划的职工可以分为两种，一种是职工一参加工作就加入职业年金计划，其工作年限就是其缴费年限；另一种是在职业年金建立之前，职工就已经参加工作，这种情况下职工的缴费年限小于其工作年限。此外，由于职业年金的建立原则为自愿加入，亦须考虑那些缩短缴费年限群体的替代率水平。因此必须分析不同的缴费年限对职业年金替代率的影响。在假设缴费率为 12%、收益率为 6%，其他参数设定不变的情况下，以五年为一个缴费区间，分别计算缴费年限在 15 年、20 年、25 年、30 年、35 年的情况下职业年金的变化，计算结果如表所示。

表 8　　不同缴费年限下职业年金替代率的变动

缴费年限（年）	替代率 T	
	男性（%）	女性（%）
15	4.829 0	4.302 7
20	6.160 4	5.488 9
25	7.373 0	6.569 3
30	8.477 3	7.553 3
35	9.483 2	—

从表 8 中可以看出，缴费年限的高低与职业年金替代率呈正向变化。以男性职工为例，缴费年限为 15 年时，退休时的替代率水平仅有 4.829 0%，与缴费满 35 年的职工之间的替代率相差将近一倍，缴费年限每增加五年，替代率水平上升将近 1 个百分点。这一结果说明了在职业年金计划方案设计中，除了要鼓励职工持续参与职业年金外，对于年龄较大且已经工作一段时间的职工应当给予一定的补偿，以保证制度公平性和职工参与的积极性。

四、结论及建议

（一）结论

前文通过构建职业年金替代率的精算模型，并通过合理性的参数设定进行职业年金替代率的实证研究，分析了不同情况下职业年金替代率的变动情况，得出以下几点结论：

1. 职业年金作为基本养老保险的一种补充，相对于基本养老金来说职业年金的水平对职工退休后生活水平和质量起着更加重要的作用。目前的职业年金在一定程度上可以弥补改革后所带来的养老金下降。但根据模型计算出男女职工的替代率水平还是过低，无法起到明显的提高退休职工养老金水平的目的。要达到目标替代率 20％的水平需要高缴费率和高收益率支撑，这可能造成事业单位及职工的不满和消极情绪，形成事业单位养老保险改革的阻力。

2. 通过分析职业年金替代率对投资收益率和缴费率的敏感程度，得出替代率 T 随投资收益率 r 和缴费率 c 呈正方向的变动，但收益率对职业年金替代率的影响效果明显大于缴费率。当投资收益率较高时，则缴费率适当降低也可以实现一定目标的替代率。

3. 现行的职业年金制度对不同性别职工退休后生活水平的影响具有显著差别，相同的缴费率下女性职工退休后的职业年金替代率明显低于男性，职业年金制度对女性职工的保障作用不明显。

4. 退休年龄的高低与职业年金替代率的高低呈正相关关系，延长事业单位职工的退休年龄对提高职工职业年金替代率水平发挥着很大的作用。

5. 缴费年限的高低与职业年金替代率呈正向变化，增加职工缴费年限同样有助于提高职工的养老金水平。

（二）建议

1. 从理论上看，缴费率与职业年金替代率呈正向关系且影响显著，因此提高缴费率水平能够达到提高年金替代率的效果。但是在目前事业单位正在建立社会统筹与个人账户相结合的基本养老保险制度，单位缴费的比例为本单位工资总额的 20％，个人缴费的比例为本人缴费工资的 8％，此外还要加上职业年金的缴费部分。此时若继续提高职业年金的缴费率可能会使得单位和职工负担沉重、难以承受，事业单位双轨制改革的目标之一是解决突出矛盾与保证可持续发展相促进，而非制造出新的矛盾，因此不建议目前立即提高职业年金的缴费率。

不同于第一支柱的基本养老保险制度，职业年金具有较大的自主性和灵活性。由于不同的单位资金实力不同、职工的缴费承担能力也不同，因此在具体实施过程中可以在充分考虑单位效益、投资收益率、工资增长率等因素的前提下，根据目标替代率设立不同缴费组合和优惠政策，体现效率原则，在职业年金的建立完善过程中逐步地、渐进地提高缴费率。

2. 事业单位职工实行延长退休年龄的政策在目前更具有可行性和迫切性。在现有的退休制度下，事业单位职工的工作年限相对较短，给付年限却随着寿命的延长而增加，这不仅加重了事业单位养老金改革的财政负担，而且优势人才的价值也不能得到充分发挥，造成人力资源的浪费。此外，在我国的女性平均寿命高于男性的情况下，现在女性退休年龄大幅度低于男性，从总体上讲对女性极为不利，它不仅过早地剥夺了女性的工作权利，也过早地剥夺了女性的发展机会与发展空间，并直接影响到其经济利益与福利待遇。[8]

事业单位延迟退休年龄，可以使得一部分职工在一定时期内从职业年金的领取者转变为缴费者，缴费年限也得以延长，增加了职业年金的资金积累额。在人均预期寿命不变的前提下，延迟退休也意味着职工领取职业年金的年限缩短。在基金积累额增加、领取年限缩短的情况下，职业年金的替代率水平将得以提升，将大大提高事业单位职工退休后的生活水平，解决改革带来的待遇差额问题。在收益率较好的条件下推动改革稳步进行。从长远看，应逐步提高法定退休年龄并实行男女同龄退休制。[9]此外，还可以建立事业单位职工的退休年龄与退休金的计发标准、替代率相结合的政策，鼓励职工延长工作年限。

3. 职业年金投资收益率的高低与职工退休后的养老金水平及制度可持续发展呈密切相关，按《机关事业单位职业年金办法》计算的职业年金替代率偏低的一个重要原因就是基金的投资收益率较低。在其他参数设定不变的条件下，提高职业年金的投资收益率是提高职业年金替代率的重要条件。因此，在维护职业年金制度性质的前提下，合理地把握投资收益率对保障职工退休后的生活十分重要。

从《机关事业单位职业年金办法》中可以看出，职业年金从建立到领取跨越时间长、风险大，实行完全积累制，属于长期性的养老保险计划，因而职业年金基金在投资上有更高的保值和增值的需求，职业年金基金市场化运营是发展的大趋势，这就需要进一步完善我国的资本市场。在目前中国的资本市场的制度性缺陷十分明显，如缺乏对上市公司的有效约束机制使资本市场成为上市公司"圈钱"的工具；政府在股票发行、上市和流动中过多的行政干预，一定程度上扭曲了资本机制和市场机制；资本交易市场普遍存在的投机氛围，使得资本市场的价格功能被扭曲，从而影响我国资本市场上资源流动和动态组合机制的效果等。[10]因此，目前职业年金还需谨慎投资。首先，职业年金和企业年金的性质相同，企业年金经过十几年的探索发展，已经积累了一定的经验，这是职业年金投资管理的重要参考。其次，政府应根据市场发展情况动态调整基金投资比例，在采取稳健的投资策略的基础上制定出高风险投资工具的投入比例，分散投资风险，使职业年金基金的投资在保值的基础上实现有效增值。最后，市场化运作的年金计划离不开有效的监督管理体系。职业年金监管体系要充分考虑投资管理人、托管人、社会人等多方面的因素，通过完备的监管体系促进职业年金基金市场的形成和良性健康发展。

参考文献

[1] 藏宏. 中国事业单位养老保险制度改革研究 [D]. 长春：东北师范大学，2007.

[2] 孙卫国. 基于政策一体化的机关事业单位养老保险制度研究 [D]. 青岛：青岛大学，2009.

[3] 郑秉文，孙守纪，齐传军. 公务员参加养老保险统一改革的思路——"混合型"统账结合制度下的测算 [J]. 公共管理学报，2009，6（01）.

[4] 郑功成. 深化中国养老保险制度改革顶层设计 [J]. 教学与研究，2013，（12）.

[5] 丁宁宁. 澳大利亚的职业年金 [J]. 中国改革，2001，（09）.

[6] 戴卫东，陶纪坤. OECD国家职业年金运行模式及其启示 [J]. 河南社会科学，2011，（5）.

[7] 张思峰等. 社会保障精算理论与应用 [M]. 北京：人民出版社，2006.

[8] 张倩，余爱云. 论中国公务员养老保险配套制度的改革 [J]. 经济与管理，2010，24（03）.

[9] 刘钧. 事业单位养老保险改革述评 [J]. 中国人口、资源与环境，2011，21（03）.

[10] 彭琼. 职业年金发展的困境与对策 [J]. 企业导报，2013，（12）.

经济发达地区养老保险制度发展的经验与隐忧

——基于广东个案的分析

丁　煜　杨雅真

【摘要】 广东省作为中国最大的地方经济体，同时也是劳资冲突最为激烈的地方。广东省以 4 000 多亿的养老保险基金结余高居全国榜首，但也隐藏了巨大的潜在风险。本文分析了以广东省为代表的人口流入的经济发达地区养老保险基金高积累的原因和可能的风险，认为：①基金的巨额结余主要得益于制度内的人口红利，这是其他地方不可复制的优势；同时较低的缴费率提高了企业的缴费遵从，但费基不实和最低缴费年限不足为未来的养老金支付埋下隐患；②统筹层次的提高有助于均衡地区间的养老负担，但也可能带来地方政府治理的激励不足；③合作型劳工政策是产业升级转型的保障，各种类政府、非政府的组织力量已经成为包括社会养老保险在内的各项社会保障事业发展的重要推动力；但也应警惕由此带来的组织化劳资冲突风险。

【关键词】 养老保险　养老基金　劳工政策

Experience and Hardship of Pension System in More Developed Regions: a Case Study of Guangdong Province

Ding Yu　Yang Yazhen

(*School of Public Affairs, Xiamen University*)

Abstract As the biggest advanced economy region in China, Guandong Province is marked by its fierce labor management conflict. Guangdong ranked the first with its Pension Surplus of more than 400 billion, which brought about the highest payment risks simultaneously. This article analyses the causations and likely risks of high accumulation of pension funds in well-developed regions in China. Four main arguments of this articles are that: ①huge Pension Surplus of Guangdong and better off regions in China resulted from the Demographic Dividend, therefore this cannot be duplicated by other regions; ②low enterprise endowment rate increases the possibility of its contribution. However, there are not enough payment foundation and payment years to support pensions in future; ③the improvement of pooling level is beneficial for balancing pension burden of different regions, but it may lead to insufficient incentives of local government management; 4) the emergence of cooperative enterprises is a guarantee for industry upgrade and transition. Semi-government and

---

作者简介：丁煜，女，厦门大学公共事务学院副教授，主要研究方向为社会保障；杨雅真，女，厦门大学公共事务社会保障专业研究生。

基金项目：本文系国家社科基金“提升我国就业质量的政策研究”（12BGL084，课题负责人：丁煜）；厦门大学公共服务质量研究中心项目成果。

non-government organizations have become important driving force for all kinds of Social Security Development，Pension System included.

Keywords pension insurance pension funds labor policy

一、研究缘起

社会保障作为维系整个社会经济持续、健康、文明发展的重要制度安排，在坚持其固有的核心价值的同时，必然追求制度的可持续发展。社会保障可持续发展的关键是维持适度的社会保障偿付能力，这一能力不仅是社会保障经济功能的体现，而且也是社会总效用最大化的要求[1]。养老保险是现代社会保障体系中最重要的制度安排，它的长期积累特性与巨额给付规模，决定了其对整个社会保障制度的成败具有根本性影响[2]。

1995年，我国开始了以“统账结合”模式为主要特征的城镇职工养老保险制度改革。客观地说，改革之初对于“统账结合”模式的养老保险制度安排论证并不充分，因而改革过程是一个渐进式改革，例如制度覆盖面由当初局限于国有企业逐步扩大到城镇所有企业，并将进一步扩大到机关事业单位。但遗憾的是，在养老保险改革领域，并非所有的制度内容都适用于渐进式推进，有些方面还可能因错过改革时机而加大改革阻力。例如制度统筹层次低下的问题，鉴于制度转型的隐性债务问题没有明晰的解决方案，事实上主要在制度内消化，导致各地因养老保险历史负担畸重畸轻而形成养老保险费率以及基金积累规模差异较大，使得养老保险统筹层次的提高难以实现。即使近年来，中央财政对养老保险的补助大幅增加，基本上占财政全部养老保险基金补助80%以上，但养老保险制度运行的地区差异不仅未能减小，反有扩大的趋势。2012年国家审计署进行了为期半年的全国范围的社会保障审计，发现即使按照最低的省级统筹标准①，仍有17个省没有实现省级统筹。如果按照学术界公认的统筹标准，即基金收支、核算、管理、调剂都集中到省财政，则除了直辖市，只有陕西省真正做到了省级统筹。而陕西省之所以得以实现，是因为陕西省在养老保险制度改革之初，就通过行政上垂直管理的方式一步到位实现了省级统筹[3]。在省级统筹都难以实现的情况下，社会养老保险的地区差异就必然是一个客观存在，因而从整体上探讨养老保险制度的发展问题，就将掩盖各地情况的异质性，例如经济发达和不发达地区、人口流入和流出地区所面临的养老保险发展问题事实上截然不同。

制度的可持续发展既取决于科学的制度设计和合理的技术方案，也与实际的政策选择和执行情况密切相关。就制度本身而言，经济较不发达、人口流出地区更多面对的是缴费人口减少、养老保险基金积累困难，甚至存在由于财政补贴缺位而导致当期收不抵支的风险。而经济较发达、人口流入地区的情况则相对“乐观”，当前基金运行良好。就地方政府的制度执行情况来看，在中国财政分权体制下，地方政府实际承担着社会保障政策管理和运行的主要责任，并拥有很大的行动空间。地方政府社会保障制度建设的价值取向选择根源于政府治理结构对地方政府的发展激励[4]。在政治集权体制和“GDP锦标赛”的地方政府竞争模式下，地方政府官员的政治升迁与地方经济绩效直接挂钩，为了实现任期内的“政绩最大化”，

① 2007年，原劳动保障部会同财政部联合发布《关于推进企业职工基本养老保险省级统筹有关问题的通知》，提出实现省级统筹的必要条件，即实行统一费率、统一待遇、统一调度使用基本养老保险基金、统一编制基金预算、统一全省的经办业务流程。这些条件中没有包括资金收支的管理标准，所以并未受到学术界的认可。

社会保障的发展必须服务于经济增长。在“保增长”的压力下，牺牲劳动者利益、放松劳动标准和社保监察力度就成为地方政府的理性选择。然而，随着中国从速度型发展转向规制型发展，中国政府的政策目标也从单一的追求经济发展转向了经济社会和谐发展[5]，并逐步将包括社会保障发展在内的社会发展目标纳入到对地方政府的政绩考核中[6]。在中央政府政策取向发生改变的同时，地方政府作为地方公共事务的代理人，还面临着回应“民意”的压力，企业招工难、用工不稳定、日益积累并屡见爆发的劳资矛盾，都考验着地方政府的执政能力和水平。而在以外向型经济为主的沿海开放地区，还要承受着来自海外的各种自愿、非自愿国际劳工标准和企业生产守则的约束，以及各类背景深远、维权能力日益强大的劳工NGO的挑战，地方政府的社会保障行为更加复杂，作为多方利益相关者之间的协调者、均衡者的角色也更加凸显。

广东省作为中国最大的一个地方经济体，在经济改革领域一直走在全国前列，但其包括社会保障在内的社会政策表现，却并不被看好。广东经济模式是典型的出口导向型，珠三角聚集了中国最庞大的“三来一补”企业群体，产业的低端化导致企业缺乏社会责任和劳工保护意识，因而也是中国劳资冲突最为激烈的地区，劳动者的社会保险权益也不能得到切实保障。但近年来，广东省养老保险基金的巨额结余经媒体报道而受到舆论关注，在不少省份还身陷养老金个人账户“空账”风险中时，广东省以4 300多亿（2012年）的养老金结余位居全国首位[7]，占当年全国养老保险基金累计结余22 968亿元的近二成（18.7%）。本文的研究即以此为出发点，分析以广东省为代表的经济发达地区养老保险基金高积累率的原因以及潜在的风险，并据此展开，探究新时期影响养老保险制度发展的制度内和制度外因素。本文的研究结果表明，较低的缴费率提高了企业的缴费遵从，但费基不实和最低缴费年限不足为未来的养老金支付埋下隐患；统筹层次的提高有助于均衡地区间的养老负担，但也可能带来地方政府治理的激励不足；合作型劳工政策是产业升级转型的保障，各种类政府、非政府的组织力量已经成为包括社会养老保险在内的各项社会保障事业发展的重要推动力。

二、广东个案的分析

（一）广东省养老保险基金的发展情况（2002—2012年）

2002—2012年间，广东省城镇职工社会养老保险参保职工由1 211.90万人增加到4 034.08万人，增长了2.33倍；离退休人员由193.50万人增加到390.25万人，增长了1.02倍。相应的，制度负担系数①从6.26扩大到10.34，制度内抚养年轻化趋势明显。基金收入由2 337 176.30万元增加到20 836 404万元，增长了7.92倍；基金支出由1 553 261.80万元增加到11 166 901万元，增长了6.19倍；基金结余由3 330 811.50万元增长到48 090 841万元，增长了13.44倍。相应的，基金结余系数②由2.13年增加到4.13年。

从增长态势来看，参保职工增长最为迅速，其中2008年之后增速明显加快。基金收入、基金支出均表现出指数化增长的发展轨迹，收支差距呈“剪刀口”拉大趋势，与之对应的基

① 制度负担系数=参保职工/离退休人员，表明每多少个参保职工负担一名离退休人员。

② 基金结余系数=基金结余/基金支出，表明基金结余可以用于多长时间（年）的支付。

金结余也表现为指数化增长轨迹，其增速更为强劲（见图1）。

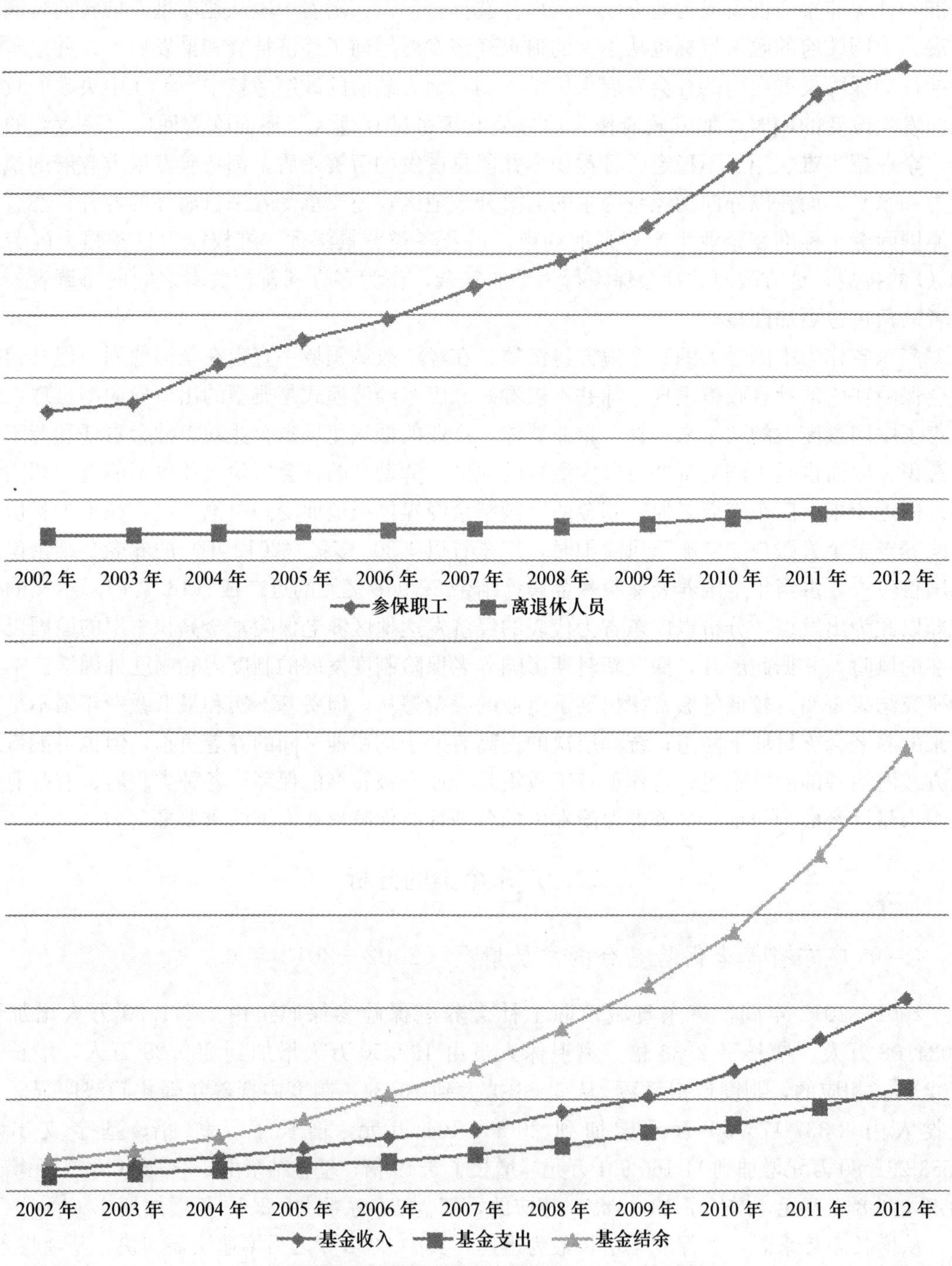

图1 广东省养老保险基金发展情况（2002—2012年）

广东省基金结余系数和制度负担系数均居全国首位，且与全国平均水平的差距越来越大，表现出越来越“离群”特征（图2）。同时，2002—2012年间广东省基金结余系数与制度负担系数表现出强相关关系（$r=0.983$，$p=0.000$）。而从全国的情况来看，基金结余系数与制度负担系数的相关关系也较强，但在2002—2012年间，关系强度趋于减弱，相关系数从2002年的0.819（$p=0.000$）下降到2012年的0.730（$p=0.000$），其中2011年最低为0.688（$p=0.000$）。个别省份例如福建省，则并未表现出统计上的显著相关性（$r=0.483$，$p=0.132$）。这说明广东省较好地利用了制度内的人口红利，将之转换成提高制度的保障能力。

（二）广东省养老保险基金的可持续性

广东省城镇职工养老保险基金的结余规模、结余系数均居全国首位，究其原因，首先是广东省制度负担系数高，即制度存在较高的人口红利，平均超过10个参保职工负担1个离退休人员。需要指出的是，广东省的巨额结余，外来务工人员功不可没，因为在2010年《城镇企业职工基本养老保险关系转移接续暂行办法》实施前，统筹账户基金不能实现异地转移，以农民工为主体的外来务工人员选择退保时，只能带走个人账户的金额，统筹账户的缴费则留在了广东省。即使在实现该暂行办法后，基本养老保险关系可在跨省就业时随同转移，在转移个人账户储存额的同时，只能转移单位缴费的12%，剩余的部分仍留在广东省。这部分外来务工人员“退保”沉淀下来的基金占比多少，虽没有明确的数据，但肯定不少。以一个例子来看，据报道2007年，深圳市参保职工为439.97万人，当年退保人数高达83万人，意味着仅一年，退保人员就把8亿多元贡献给了地方社保[8]。

广东省城镇职工养老保险制度除了具有上述两个“先天”优势外，也与广东省基本实现了养老保险全覆盖有关。据悉，广东城镇职工基本养老保险参保率2012年达到83.3%，居全国第三位[7]，这对于广东这样的外来人口大省，意味着非公企业从业人员、个体工商户、灵活就业人员和异地务工人员等“难覆盖”群体也能积极参保，这是非常不容易的。

虽然广东省城镇职工养老保险基金有着惊人的结余能力，但高结余下的问题和隐忧也不容忽视。首先，全省虽然有4 000多亿的结余，但绝大部分的结余基金集中在珠三角地区，省内欠发达地区不仅养老保险费率高，而且不少地区还存在当年基金收不抵支的情况。据统计，2013年，珠三角9市职工养老保险参保人数、基金收入和累计结余分别占全省77.6%、83.5%和95.5%，参保率达到88.1%，抚养比为9.7∶1；而同期粤东西北地区12市参保人数、基金收入和累计结余仅占全省22.4%、16.5%和4.5%，参保率仅为65.8%，抚养比为5.4∶1[7]。目前，广东省建立的省级调剂与预算管理相结合的省级统筹尚属起步阶段，省级调剂力度不足，省级养老保险调剂金上缴比例仅为企业（单位）缴费的9%。

第二，制度虽然实现了广覆盖，但实际缴费率低下，“低门槛”准入的实施方式可能使制度未来的支付能力面临挑战。就政策缴费率来看，广东省在全国居于最低的水平。封进[9]对江苏、浙江、福建、广东四个东部沿海省份的城市进行了统计，社会保险中两个最大的项目，养老和医疗，合计缴费率超过26%的高缴费率城市有22个，以江苏省居多；缴费率在20.5%和26%之间的城市有25个，主要是浙江和福建的城市。缴费率在20.5%以下的城市有10个，主要是广东珠三角地区①。实际缴费率是根据实际缴纳的养老保险费占社会平均

① 养老加上医疗保险企业缴费率低于20.5%的城市为深圳、珠海、佛山、江门、惠州、清远、东莞、中山、湛江、广州。

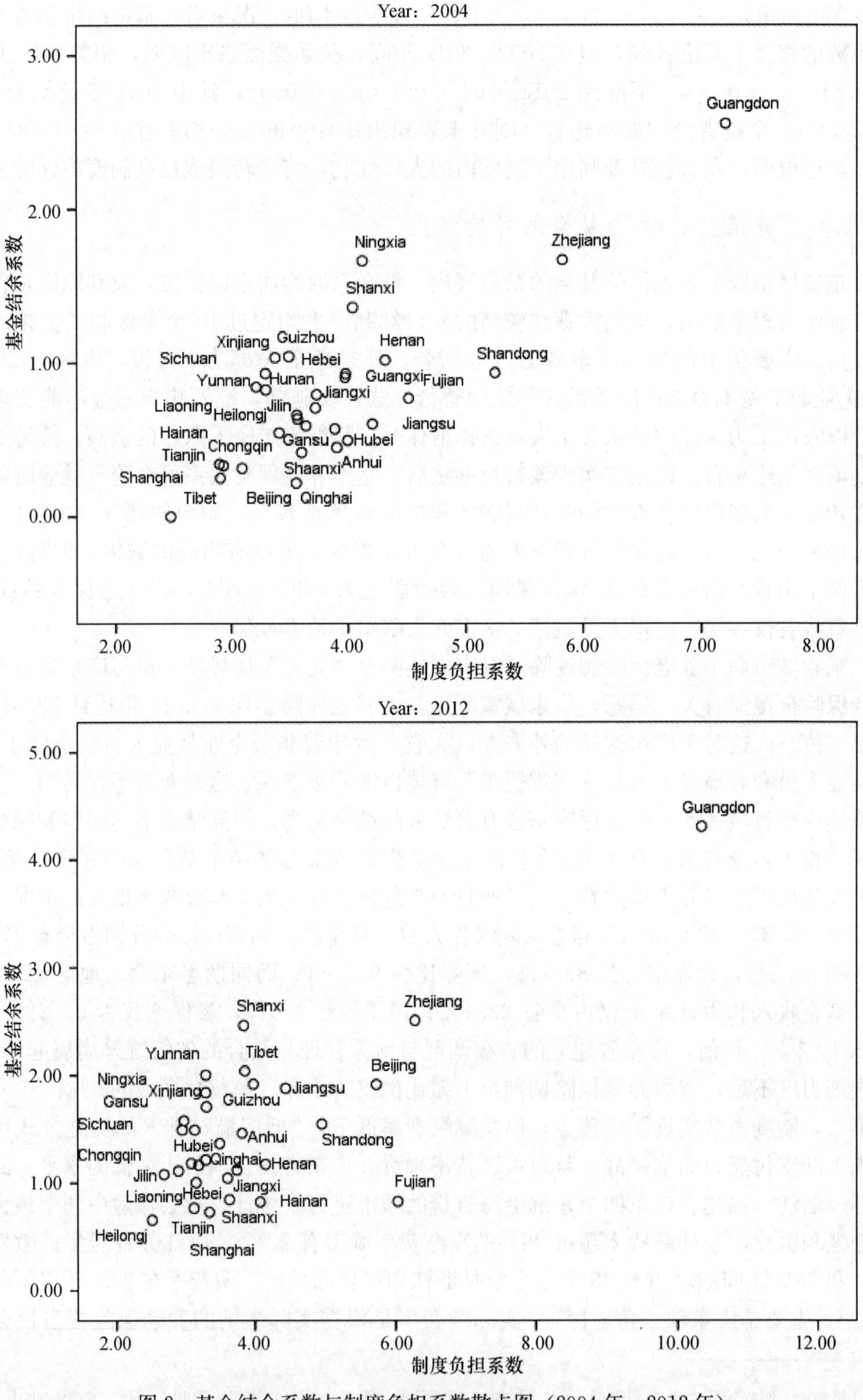

图 2　基金结余系数与制度负担系数散点图（2004 年、2012 年）

工资的比例来计算，即实际缴费率＝人均缴费额/社会平均工资。基金收入中除了缴费收入，还包括政府财政补贴和结余基金的利息收入，由于没有分项统计的数据，用人均基金收入（基金收入/参保职工）近似作为人均缴费额并据此来计算实际缴费率。可见，即使用偏高的人均基金收入来计算，实际缴费率基本上在13%左右，即企业所承担的实际缴费率（个人缴费率固定为8%）大约在5%～6%。实际缴费率与政策缴费率之间存在的偏差，可能的原因有二：一是地方政府没有按政策规定的缴费率执行；二是缴费基数不实。近年来，社会保障政策的执行力度加大，作为刚性规定的缴费率被人为调整的可能性不大，因而实际缴费率的低下主要是由缴费基数不实造成的。

在养老保险制度改革的进程中，缴费基数不实甚至在很长时间内是有政策依据的，因为出于政策扩面的刚性要求，不少地区面向外来务工人员、灵活就业人员等特定群体出台专门的社保政策，允许这些群体可以按照最低的标准，例如最低工资水平作为缴费基数。在广东省现有的制度负担水平下，缴费人数是领取人数的10倍左右，所以，即使是最低标准的缴费，也能保持当年基金收支相抵后仍有结余。但当现在的缴费人口进入老年期，开始领取养老保险时，一方面，个人账户积累的养老金有限，难以保证退休后能够获得可以体面生活的养老金收入；另一方面，人口红利消失后现收现付的统筹账户可能面临支付困境。换句话说，目前因历史负担沉重而使城镇职工养老保险制度发展举步维艰的地区（缴费率高而基金仍收不抵支），例如东三省，就是广东省15～20年后的参照。

此外，通过分析还可以看出（见表1），广东省城镇职工社会养老保险制度中，参保职工的增速趋于下降，离退休人员的增速趋于上升；虽然大多数年份，基金收入的增速均大于基金支出的年份，且波动较大，但差距趋于缩小（见图3）。这些变化都意味着制度的发展虽然仍处于“黄金期”，但随着第一代参保的外来务工人员进入退休年龄段，开始领取养老保险金，“人口红利”在不远的未来将趋于消失。

表1　　广东省社会养老保险各项指标增长速度　　单位：%

年份	参保职工 (1)	离退休人员 (2)	基金收入 (3)	基金支出 (4)	(6) ＝ (1) － (2)	(7) ＝ (3) － (4)
2002						
2003	5.49	5.30	24.33	20.75	0.19	3.58
2004	24.28	8.16	23.73	19.83	16.11	3.90
2005	13.04	4.92	27.29	24.55	8.12	2.74
2006	9.81	5.33	24.60	11.74	4.49	12.86
2007	12.90	5.59	15.69	26.69	7.31	－11.00
2008	9.77	6.16	29.21	22.60	3.60	6.61
2009	11.14	7.74	19.26	30.55	3.39	－11.29
2010	18.36	15.44	27.59	12.69	2.92	14.90
2011	18.21	9.71	26.98	25.80	8.51	1.18
2012	6.14	4.75	26.51	24.19	1.39	2.32

在形成养老保险基金巨额结余的同时，基金的保值增值问题也更加突显，基金能否抵御

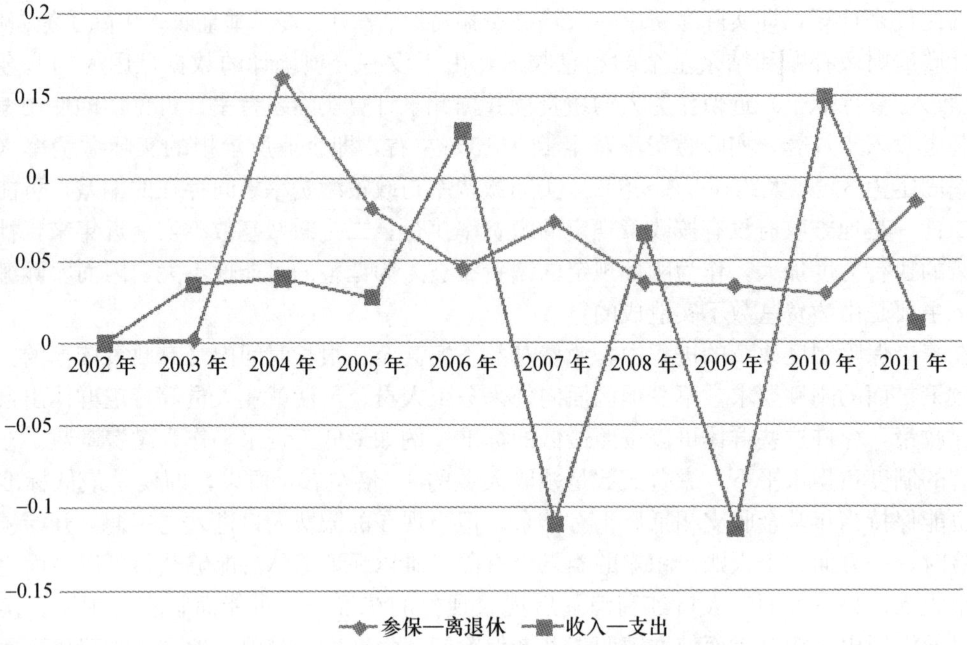

图3　广东省社会养老保险各项指标增长速度

通货膨胀是另一个潜在风险。在目前社保基金投资运行被严格限制在银行存款和购买国债的情况下，广东省高达数千亿的基金绝大部分存在财政专户，甚至国债都买不到，2007—2011年的投资收益率平均只有2个点，比同期的1年期定期存款利率还低。2012年，广东省率先将结余基金中的1 000亿元委托全国社保基金投资运营，期望通过委托投资，改变巨额基金事实上贬值的问题[10]。

三、问题与讨论

（一）低缴费率可以带来较高的缴费遵从

扩面一直是城镇基本养老保险发展的刚性约束指标，国家曾明确要求要以年均超过5%的速度①扩大覆盖面。而随着制度的发展，制度扩面的难度越来越大，因为2002年以后，未被制度覆盖的群体主要是城镇私营、个体就业者，城镇农民工和乡镇企业的就业人员[11]。这部分群体的经济负担能力有限，工作流动性大，劳动管理、监察的难度也较大。制度扩面的艰难一方面导致养老保险政策不能惠及保障需求程度较高的相对弱势群体，另一方面也使得养老保险的“大数法则”作用受限，难以通过覆盖人群的扩大来分散风险并增强基金偿付能力。

现有的研究表明，养老保险制度扩面难和缴费率高互为因果关系。企业逃费或者欠缴的

① 2006年公布的《国民经济和社会发展第十一个规划纲要》中，作为公共服务和人民生活类的指标之一，城镇职工养老保险覆盖人数要在2010年达到2.23人。达到这一目标相应地要求从2006年至2010年城镇职工养老保险的覆盖面保持年均5.1%的增长速度。

主要是一些养老负担重、经济效益不好的企业[12]，这部分企业的偷逃费行为既导致了养老保险保费收入减少，也形成示范效应，使得部分有能力缴费的企业也加入偷逃费之列。而为了保证养老保险基金收支平衡，社会保障机构不得不提高费率，于是，一些经济效益稍好的企业也会因为缴费负担太重而无法支付，由此形成欠缴。这时，社会保障机构只好再次提高费率，从而导致欠缴—提高费率的恶性循环[13]。

目前，国家规定的养老保险单位的缴费比例是20%，个人是8%。这个缴费比例虽然并不是像媒体报道的“中国养老保险费率全球第一”，但确实在全球排名靠前。广东省的养老保险费率一直低于国家规定的缴费水平，珠三角地区的养老保险单位缴费一般都在9%～14%。近年来随着广东省养老保险省级统筹的开展，全省养老保险单位缴费整体水平也降至13%～15%，2014年为13.19%，加上个人的8%，也不过是21.19%，为全国最低[14]。2010年《城镇企业职工基本养老保险关系转移接续暂行办法》颁布后，广东珠三角部分地市甚至因单位缴费比例低于按规定转移要划转的12%，而难以按此规定实施统账转移。

作为用工形式最为复杂和多样性的广东省，覆盖率能在全国排名第三，基本实现养老保险的全覆盖，与其较低的政策缴费率直接相关。较低的政策缴费率，使得企业参保成本下降，尤其是对用工成本敏感的劳动密集型企业而言，消除了最大的参保障碍。同时，参保又可以提高企业的商业信用和社会形象，并有利于劳工队伍的稳定，因而使企业有了参保积极性。因而从广东的经验来看，低缴费率可以带来较高的缴费遵从，这是单纯依靠强化劳动监察手段所难以做到的。事实上，从世界范围内来看，企业逃费比较严重的国家，缴费率也比较高，因此国际劳工组织针对中国社会保险参与不足的问题，提出的主要建议就是降低缴费率[15]。

（二）“低门槛”准入既是一种短视行为，也与制度激励不足有关

“低门槛”主要表现为缴费基数不实。缴费基数是计算参保人员和参保企业缴费的基准，也将最终影响到参保人员的养老金待遇。城镇养老保险制度改革过程中，企业缴费不足一直是一个较为普遍的现象，2002年北京市社保情况专项审查发现，存在少缴社保费的企业占审核总数的61%[15]；上海社保局在2002—2004年间的审计结果也有类似的发现，缴费不足的企业占到80%左右[16]。2011年，国家为此出台了专门的文件，强调要加强基本养老保险缴费基数的稽查审核力度[17]。

“低门槛”准入还表现为“15年现象”，即参保职工选择最低的缴费年限，缴满15年后就“断保”。“15年现象”也是城镇职工养老保险制度发展中的“痼疾”，为此，2005年《国务院关于完善企业职工基本养老保险制度的决定》（国发［2005］38号文），改变了统筹账户发放的基础养老金与缴费基数和缴费年限完全不挂钩的状况，将基础养老金的计发基数改为社会平均工资和个人指数化缴费工资的平均数，同时每多缴费1年，基础养老金可以增加1%的计发系数。同时，个人账户养老金是按照个人账户的累计结余金额除以计发月数①，缴得越多，则账户积累金额越多。因而，从制度设计上来说，国发［2005］38号文的改革设计充分体现了“多缴多得”的原则，即缴费基数越高、缴费年限越长，养老金水平就越

① 根据国发［2005］38号文，计发月数男性为139个月，女干部为175个月，女职工为190个月。

高。但在实际执行中，基础养老金的社会统筹账户是由企业缴费形成的，对于企业来说，很难有动力为员工足额缴费。因为缴费必然增加企业的经营成本，而在很多情况下企业并不能将社会保险费完全转嫁给员工[18]。对我国的研究也表明，企业的缴费实际上由企业和员工共同承担，企业大约承担其中的30%～80%[19]。对于个人账户养老金而言，首先虽然个人账户养老金产权清晰，缴费来源于参保职工个人，因而参保职工对个人账户基金拥有完全产权。但在实际运作中，个人账户基金的管理和投资运营均与参保职工无关。更为严重的是，受制于国家政策的约束，目前个人账户积累的养老保险金只能以银行存款的方式实现保值增值，在部分通货膨胀较为严重的年份，基金因贬值而造成的实际损失是难免的。因而，在参保个人对个人账户不知情（很多人并不了解个人账户的个人属性），即使知情也对账户基金可能的损失束手无策的情况下，难以形成对参保个人“多缴多得”的缴费激励。

在政策短视和制度激励不足的背景下，制度“低门槛”准入的发展方式带来的繁荣是一时的、表面的，制度蕴含的未来支付危机不容忽视。一方面，最低的缴费年限（15年）、最低的缴费基数（最低工资水平）、最低的退休年龄，在目前的个人账户计息率的条件下，按照现行的国发［2005］38号文的计发办法，这部分人口的养老金收入必然是严重不足的[20]；另一方面，类似于目前广东省的人口红利，将随着我国农村剩余劳动力储备的枯竭而告终，在总体人口老龄化速度加快的情况下，目前缴费人口进入退休阶段后，人口红利将趋于消失，制度负担系数将急剧下降，统筹账户的筹资将面临缴费人口减少而领取人口剧增的压力，基础养老金的支付将受到挑战。就这点而言，虽然目前广东省的基金结余超过4 000亿元，但个人账户基金超过90%，统筹账户的结余不过400亿元左右，留有这部分结余用于补贴未来退休人口高峰期时的基础养老金支付，也不能算是一笔“巨额”结余。

（三）合作型劳工政策初步形成

作为中国最大的地方经济体和最具经济活力的地区，广东省的经济发展一直具有明显优势，但地方政府为了吸引资本要素的流入，也不免会通过降低包括社会保险缴费在内的劳动力成本，制造低廉劳动力的区位优势，在“逐底竞争（Race-to-Bottom）”中居于不败。而且，作为劳动力流入大省，大批年轻外来工涌入广东省，使得广东省因具有超额“人口红利”而更有资本进行这样的“逐底竞争”。

进入21世纪，随着财政汲取能力的增强以及公共政策议程设置模式的改变，国家的公共政策格局开始出现从偏重经济政策到重视社会政策的转变[21]，中央政府提出了城镇职工养老保险“应保尽保”的要求，并通过加强劳动监察大力推进养老保险制度的扩面。作为上级政府的代理人，地方政府负有传达和无偏差执行上级政府政策的责任。中央政府的要求是自上而下地推动广东省养老保险制度扩面的政治动力，广东省政府为回应中央政府的政治激励而加大社会养老保险工作力度，并跟随中央政府公共政策价值取向的调整，重新厘定广东省劳工政策的价值取向。与此同时，还有一股自下而上的，甚至可称为更强大的力量，也在推动着广东省政府的劳工政策转型。进入21世纪，尤其是2008年金融危机以来，广东省产业升级转型的压力逐渐增大，原先与低端产业配套的低廉、非熟练但守纪律的劳工队伍也开始转变，新一代更年轻、更有文化、更具权利意识的农民工开始提出加薪、缴交社保、增加福利等工作要求，并在要求得不到满足的情况下“用脚投票”，从而导致广东省连续多年遭遇“招工难”问题，甚至一度在珠三角地区蔓延“民工荒”，倒逼地方政府反思“重资本、轻劳工”政策的狭隘性。而且，产业的升级转型对于广东形成新的竞争力至关重要，而升级转型的企业需要提高劳工稳定性和责任感，需要通过人力资本投资等手段提升劳动生产率。因此，基于自下而上的民意诉求，新时期广东省劳工政策也必须改变以往服从于经济发展、作为经济政策配套角色的政策定位，转向重视劳工权益的保护，开始逐步形成合作型劳工政策，通过集体协商和利益分享调动工人的积极性。

广东省合作型劳工政策的初步形成，不仅体现在地方政府公共政策优先次序的改变上，还表现在广东省对工会制度的大力改革，力求通过工会直选改变基层工会的“花瓶”角色。虽然改革开放后福建、山东、浙江等省也有工会直选的实例[22]，但广东的工会直选实践保持着一定的时间连贯性，据报道早在2003年广东省就有1/3的基层工会组织是民主直选产生[23]。2012年广东又掀起新一轮工会直选运动，并计划用5年时间实现全省企业工会普遍民主选举产生[24]。基层工会不代表工人被认为是劳资矛盾加剧的根源，工会直选增强了工会对工人的代表性，有利于提高全体工人的工作福利。在没有建立工会或工会形同摆设的企业中，工人福利的主要调节机制是工人的进入和退出，福利补偿方案主要由这些“边际”员工的偏好决定。但这些“边际”员工往往是年轻、流动性强、健康的工人，他们对养老保险的需求并不强烈，甚至担心因工作的流动而导致养老金权益受损。而在有直选工会组织的企业，基于一人一票的政治过程选举出来的工会，可以将大多数员工的意愿表达出来，年龄较大的、工作较稳定的员工对养老保险的偏好就可以受到重视。

（四）非政府力量的推动不容小觑

作为中国经济总量最大的省份，广东拥有数量最庞大的工人队伍，面临最紧张的劳动关系压力。年轻的新生代农民工群体在工厂体制中崛起，他们更难容忍不公平现象，具有更强的权利意识和更积极的行动力，并呈现出对政府的“整体性疏离”[25]。与此相对应的，珠三角活跃着数量不菲的劳工NGO组织，这些劳工NGO把分散的外来工组织起来，逐渐改变以往外来工一盘散沙式的无组织特点，并且他们的活动还得到跨国/境力量的大力支持[26]。珠三角地区有影响力的工人集体维权行为，大多得到这些劳工NGO组织的支持和指导。劳工NGO对工人集体行动有着较强的话语引导能力，近年来，已逐渐将工人集体维权诉求的关注点向社会保障聚焦，并开始启动追讨养老金的维权行为。据《第一财经日报》报道，2014年4月8日，东莞裕元鞋厂员工发起大规模停工，要求“还我社保，还我住房公积金”。在香港上市的裕元集团在东莞的工厂雇用了4万名工人，一直按照基础工资缴纳员工社保，并未缴纳足额社保[27]。据悉，裕元集团的停工事件是第一次工人们为争取社保权益而举行的大规模罢工。

从积极方面来说，劳工NGO这类社会组织，作为民众利益诉求的另一种组织化渠道，不但可以提高弱势个体的利益博弈能力，同时将无序的个体“怨愤”纳入到有序的制度表达渠道[28]。但一旦劳工NGO组织的动员能力超出政府控制范围，则可能放大个体的“怨愤”而把问题复杂化。因此，现阶段劳工NGO组织是否应得到支持和发展，仍存在较大争议，争议的焦点就在于这些劳工NGO组织是否会演变为独立于政府的“第二工会”。广东采取的应对策略，是绕开争议，在行动中加强对劳工NGO组织的管理，并培养能与之抗衡的亲政府力量。具体而言，一是在各级工会下成立职工服务类社会组织联合会，用来统合各类劳工NGO组织，这虽然是一种控制手段，但同时也给予劳工NGO组织身份合法性；二是强力推进“工会直选”，把基层工会培养成为企业内工人自治组织。

除了劳工NGO，另一个对广东省企业参保产生较大影响的非政府力量是包括跨国公司生产守则在内的国际劳工标准认证。根据社科院2011年组织进行的“中国社会状况综合调查（CSS2011）”，我国私营企业享有养老保险的员工仅为48.8%，国有企业、集体企业分别为78.3%、70.8%，而三资企业最高为88.4%[29]，甚至比国有企业还高10%。三资企业的参保率最高，在一定程度上说明在同样的制度约束下，三资企业的自律或他律程度较高。而这些受到外资控制或影响的企业，自律或他律的原动力就来自于各种类型的国际劳工标准制约。

传统上，劳工标准都是自上而下借助于国家权利强制推行。伴随着消费者运动的开展和企业社会责任运动的推行，带有自愿性质的非官方劳工标准也随之产生。与传统的、借助于国家强制力推行的劳工标准模式不同的是，这种非官方劳工标准以跨国公司为推行主体，以跨国公司的供应链为推行媒介，以生产守则为表现形式[30]，对以外向型经济为主的发展中国家劳工政策具有较强的影响力。广东省以外向型经济为主，代工企业主要是为海外企业加工产品，其采购商多为大中型跨国公司。大中型跨国公司一般都制定有高于官方劳动标准的企业生产守则，涉及公平工资、社会福利、职业教育的提供等较高层次的保障，供应链上的企业有违反行为，则将受到中断乃至终止合同的惩罚。在广东，对很多代工企业而言，采购商的生产守则是一条实实在在的“高压线”，对企业的威慑力甚至比劳动法还大。

除了大中型跨国公司内部的生产守则制约，特定行业（例如纺织业）的企业还会受到社会责任SA8000（Social Accountability 8000）认证的制约。虽然SA8000认证更多地被视为国际贸易战中的“劳工壁垒”，但其要求企业自觉实现对劳工权益保护的理念还是越来越受到认可。实践中，不论是被动接受还是主动认可，不少出口型企业为了产品出口，自愿申请SA8000认证，从而主动为工人提供包括社会保险在内的工作福利保障。据悉，目前通过SA8000认证的企业大多是分布在广东、福建、浙江等沿海地区的中小企业[31]，从而帮助政府解决了中小型民营企业养老保险覆盖难的问题。

需要指出的是，虽然各种非政府力量推动社会保险发展的作用不容小觑，也并不意味着对这些力量的发展保持完全乐观的态度。一方面，劳工组织的维权行为应严格限制在法律法规允许的框架内发展，强调工会、职代会等正式的维权机构的主导地位，防止带有集体行动特征的劳资冲突行为；另一方面，对于带有“劳工壁垒”性质的国际劳工标准认证，也应理性应对，维护国家在国际贸易中的公平地位。

三、研究结论与政策启示

通过上文的分析，可以得出如下研究结论：①以广东为代表的经济发达地区养老保险的高结余主要是制度内人口红利的贡献，但应该警惕的是，因年轻劳动力大量涌入带来的制度红利将在未来15～20年内，即这代人集中进入退休年龄时而骤然消失；②低费率、低费基、低缴费年限的“三低”模式，使得制度在15～20年后到来的退休高峰时面临支付风险，这是制度隐藏在高结余表象下的最大隐忧。同时，巨额结余基金能否抵御通货膨胀风险从而实现有效增值，也是不得不正视的问题；③较低的缴费率确实带来了较高的缴费遵从，但除了制度内因素外，政府公共政策向“亲劳工”型转移，工会直选带来的基层企业工会对工人权益（现阶段社会保障权益是主要内容之一）的维护等来自于政府的积极干预，也是提高企业尤其是非公企业参保的重要原因；④外向型经济因受制于跨国公司的生产守则、国际劳工标准等非官方规则，且更容易受到有海外背景的劳工 NGO 维权组织的“关注”，而可能更加自觉地遵守劳动法则，从而更有利于工人权益的保障。

基于广东个案的研究结论，对我国保障制度的发展有如下启示意义：

就社会保障与经济发展的关系而言，发展社会保障并不意味着削弱地区竞争力。在经济取得成功的同时，如何将经济成果转化为国民福利，并不单纯只是一个政治任务，而且是一个与经济转型升级相匹配的经济手段。解决好工人的后顾之忧才能维系稳定和谐的劳工队伍，企业和工人才愿意因预期稳定而追加人力资本，从而提高劳工素质，形成新的核心竞争力。事实上，广东近年来的转型在其他亚洲国家的经济发展过程中也有过类似经验，像韩国、新加坡等新兴工业化国家，当经济发展到一定阶段后，都选择摒弃以往那种单纯、片面地追求经济增长的观念和价值取向，通过健全社会保障体系来促进社会公平，实现社会和经济的协调、持续发展[32]。

就制度本身而言。第一，应降低费率，对于难以复制广东经验的养老保险历史负担较重的地区，应加大中央财政的转移支付，帮助地方政府分离养老保险新制度不该承担的历史债务，从而将企业所承担的养老保险费率降低至合理水平，从根本上消除制度扩面的阻力。第二，做实费基，并适当延长法定 15 年的最低缴费年限，通过制度的规范化运营增强制度的支付能力。做实费基和消除主观“断保”问题，既有赖于加强社保监察能力和各类工人自治组织的能力，也需要增强制度的激励功能，例如个人账户基金的投资运营问题，应给予账户所有者必要的知情权和参与权，开放相对安全的投资领域，充分发挥养老基金规模大、周期长的优势，使参保人因有稳定的获利预期和适度的个人账户基金支配权，而更加积极地对待养老保险缴费。当前改革的关注点集中在延迟退休年龄上，事实上最低 15 年的缴费期限亦应延长。目前，世界上大多数国家的养老金最低缴费年限都在 20 年以上，发达国家普遍达到 30 年左右。第三，注意统筹层次提高可能带来的地方政府治理的激励不足问题。提高统筹层次是养老保险制度发展的必然趋势，但在养老保险财权上移的同时，也可能弱化地方政府征缴机关征缴保险费、制度扩面的积极性，反而有损制度的发展。统筹层次的提高，必然导致地方政府激励不足的问题，地方政府出于自利动机，可能在将财权上交的同时，也放松对事权的管理。事实上，目前的省一级政府已经意识到这个问题，有的地方政府在省级统筹前“突击”降费率，增加支出，以避免省级统筹后“吃亏”；有的地方政府在省级统筹后认为养老基金盈亏都是省级政府的事，因而并不积极征缴，甚至出现以“保护企业发展”为理由的损害劳工权益行为的回涨。

就制度的社会管理而言，社会保障领域的治理正在发生了从国家中心向国家—社会双中心的微妙转换。除了受制于中央政府的政策指导，地方政府作为地方公共事务的代理人，不乏对民意的自觉回应，在连年遭遇“招工难”的困境下选择加大对劳工权益的保护。同时，各种类政府、非政府力量也在推动着地区社会保障的发展，基于民主选举的基层工会、维权导向的劳工 NGO 组织等自治性组织化力量是重要推手。甚至总被认为“旨在为资本服务”

的经济全球化，对劳工权益保障意识较弱的国家和地区而言，也不啻为“劳工福音”。这些对外部经济较为依赖的国内外向型企业，因受制于跨国公司的生产守则、发达国家的社会责任认证等市场规则，而必须为工人提供包括社会保障在内的劳工福利。但同时应该注意的是，随着工人“充权（Empowerment）”和组织化维权能力的增强，也应警惕由此带来具有集体行动特征的劳资冲突风险，应积极引导各类劳工维权组织在政府引导、干预下理性维权。

参考文献

［1］殷俊．社会保障制度的偿付能力与可持续发展［J］．中央财经大学学报，2002，(5).

［2］郑功成．全国统筹：优化养老保险制度的治本之计［N］．光明日报，2013－7－23.

［3］郑秉文．养老保险全国仍有17个省份未实现省级统筹［N］．经济参考报，2013－6－21.

［4］彭宅文．财政分权、转移支付与地方政府养老保险逃费治理的激励［J］．社会保障研究，2010，(1).

［5］薛澜，陈玲．制度惯性与政策扭曲：实践科学发展观面临的制度转轨挑战［J］．中国行政管理，2010，(8).

［6］唐睿，刘红芹．从GDP锦标赛到二元竞争：中国地方政府行为变迁的逻辑［J］．公共管理学报，2012，(1)

［7］黄丽娜．广东养老金结余4300亿［N］．羊城晚报，2014－7－30.

［8］广东养老金巨额结余秘密［N］．第一财经日报，2012－3－22.

［9］封进．中国城镇职工社会保险制度的参与激励［J］．经济研究，2013，(7).

［10］千亿养老金委托社保基金［N］．21世纪经济报道，2012－3－22.

［11］胡晓义．论进一步扩大养老保险覆盖面［J］．中国社会保障，2002，(2).

［12］张立光，邱长溶．我国养老社会保险逃费的成因及对策研究［J］．财贸经济，2003，(9).

［13］孙祁祥．“空账”和转制成本——中国养老保险体制改革的效应分析［J］．经济研究，2001，(5).

［14］广东养老保险缴费比例全国最低［N］．南方都市报，2015－2－11.

［15］封进．中国城镇职工社会保险制度的参与激励［J］．经济研究，2013，(7).

［16］Nyland，C.，S. B. Thnmoson，and G. J. Zhu. “Employer Attitudes towards Social Insurance Compliance in Shanghai，China”. *International Social Security Review* 64，4 (2011).

［17］黄少滨，杨艳歌，吕天阳．基于核密度估计的参保人员缴费基数核定方法研究［J］．管理评论，2013，(4)

［18］Ooghe，E.，E. Schokkaert，and J. Flechet. “*The Incidence of Social Security Contributions：An Empirical Analysis*”. Empirica 31，(2003).

［19］Li，Zhigang，and Mingqin Wu. Estimating the Incidences of the Recent Pension Reform in China：Evidence from 100 000 Manufactures. *Contemporary Economic Policy*，http://onlinelibrary.wiley.com/doi/10.1111/j.1465－7287,2011.

［20］李珍，王海东．养老金替代水平下降的制度因素分析及对策［J］．中国软科学，2013，(4).

［21］王绍光．从经济政策到社会政策：中国公共政策格局的历时史性转变［C］．岳经伦．中国公共政策评论（第一卷）［A］．上海：上海人民出版社，2007.

［22］Chan，A. Challenges and Possibilities for Democratic Grassroots Union Election in China：A Case Study of Two-factory-level Elections and Their Aftermath. *Labor Studies Journal* 34，3 (2005).

［23］吴辉．直选不是作秀：广东省1/3企业基层工会直接选举产生［N］．南方都市报，2003－07－09.

[24] 闻效仪. 工会直选：广东实践的经验与教训 [J]. 开放时代，2015，(5).

[25] 符平. 中国农民工的信任机构：基于现状与影响因素 [J]. 华中师范大学学报，2012，(2).

[26] 黄岩. 全球化与中国劳动政治的转型 [M]. 上海：上海人民出版社，2011.

[27] 郑梓. 东莞裕元停工 耐克等品牌订单或受影响 [EB/OL]. 一财网 http://www.yicai.com/news/2014/04/3707319.html.

[28] 蔡禾. 利益诉求和社会管理 [J]. 广东社会科学，2012，(1).

[29] 徐万里，钱锡红. 劳资博弈与企业规模对养老参保影响研究——来自中国私营企业的证据 [J]. 中山大学学报，2014，(5).

[30] 金雪军，王晓荣. 自愿劳工标准的现状和发展：基于 SA8000 认证的经验研究 [J]. 中国工业经济，2005，(8).

[31] 施小海，向颖佳. 自愿性劳工标准的影响和作用——基于 SA8000 认证的分析 [J]. 国际经济合作，2009，(7).

[32] 郑功成. 中国社会保障改革与发展战略（总论卷）[M]. 北京：人民出版社，2011.

养老机构服务质量评价指标构建与应用

——以江苏省为例

叶小刚　王立剑　胡　晗

【摘要】 养老机构服务质量是影响老年人口选择养老机构的关键因素之一。文章基于SPO理论模型，结合预调研资料，构建养老机构服务质量评价指标；采用变异系数法确定指标权重，并利用江苏省调查数据开展实证研究。研究发现：江苏省不同养老机构服务质量差距悬殊，且呈现苏北整体较差、苏南两极分化的等级特征；硬件设施和服务结构差异是不同养老机构服务质量差异存在的主要原因；建议江苏省"量体裁衣"提升各地养老机构服务质量，加大对经济落后地区养老机构补助力度，成立养老机构行业协会以加强养老机构服务质量监督与管理。

【关键词】 养老机构　服务质量　SPO　变异系数法

The Evaluation Index System of Aged Institute Service Quality and Its Application—the Experience from Jiangsu Province

Ye Xiaogang　Wang Lijian　Hu Han

(*School of Public Policy & Administration, Xi'an Jiaotong University, Shaanxi, China*)

Abstract Service quality of the Aged Institution is one of the key factors that affect the selection of the elderly people. Based on the SPO model and pre-research data, this paper builds the service quality indicators for Aged Institution and uses the variation coefficient method to measure the index weight; on this basis it conducts an empirical test with the investigation data of Jiangsu province. The results show that the service quality in the diverse Aged Institutions of Jiangsu province is of great difference. Concretely speaking, the service quality of the Aged Institutions in Northern Jiangsu Area is poor as a whole, and in Southern Jiangsu Area it presents polarization. Then there comes a big gap, and it basically results from the inconsistent quality of the hardware facilities and the differences of service structures among the Aged Institution. Finally this paper puts forward some suggestions such as improving the service quality of the Aged Institution, raising the financial support for Aged Institution in poor areas and establishing the Aged Institution Association to strengthen supervision and management.

Keywords aged institute　QOS　SPO　coefficient of variation

作者简介：叶小刚，西安交通大学公共政策与管理学院社会保障专业，2014级研究生；王立剑，西安交通大学公共政策与管理学院，副教授；胡晗，西安交通大学公共政策与管理学院公共管理，2013级博士。

基金项目：本文受"国家社科基金决策咨询点"（批准号13JCD014）支持。

一、引　言

20世纪后半叶是中国人口数量过快增长的半世纪，21世纪前半叶是中国人口加速老龄化的半世纪[1][2]（桂世勋，2004；Hong L，2010）。人口老龄化加速必将带来规模庞大的失能老人与空巢老人。2013年中国失能老人已达3 750万，占65周岁以上人口总数28.49%；同时空巢老人规模庞大，已经突破1亿[3]（吴玉韶，2013）。失能老人需要专业的护理设备与24小时服务的护理人员，空巢老人需要人陪伴。“少子化”与人口快速流动的现代社会很难完全依靠子女“亲力亲为”供养父母，传统的家庭养老方式难以解决这些老人的养老问题。并且，这一社会问题随着老龄化程度的加深将变得越发严重。发展专业化、综合性的为老服务机构成为适应老龄化趋势的必然之举。

事实上，在相关政策的鼓励扶持下①②，我国养老机构发展迅速。2014年，全国各类养老服务机构和设施94 110个，床位577.8万张③，并且近3年床位数以均速17.8%的速度增长。但是，养老机构数量的快速增长却没有带来服务质量的跟进。养老机构服务质量仍然存在诸多问题。在课题组对江苏省三市七区的653位入住机构老人的抽样调查中发现，多数养老机构服务内容仅仅停留在基本生活照料上，41.7%与68.0%的老人认为养老机构没有提供文化娱乐与精神慰藉服务；提供的设施也未能满足老人的需求，接近半数的被调查老人认为需要加强棋牌室和健身场地的建设，超过六成老人认为老年食堂不能满足现有需求。在某些养老机构，甚至低层次的服务质量需求也未能满足。2014年7月，黑龙江省青冈县祯祥镇敬老院发生4名老年人睾丸被切的恶性案例④。此类事件在全国并非个例，吉林、郑州等地先后被报道存在养老机构虐待老人事件⑤⑥。然而，养老机构行业并未建立统一适用的服务质量标准。北京、上海、河南等地先后出台了关于养老机构服务质量标准的规定，这些标准多从政府管理养老机构的便利性出发，缺少老人的参与；各地出台的标准口径不一，理论界对此研究较少，缺少有力指导。中国养老机构发展进入高速期，但是养老机构服务质量水平良莠不齐，服务质量标准不适用，迫切需要学界建立科学合理的养老机构服务质量评价体系。

养老机构服务质量评价研究主要集中于以下几方面。第一是养老服务质量内容研究。郭红艳等（2014）利用德尔菲法确立了管理制度与设施设备、基础服务、老年人健康管理几项养老机构服务质量内容[4]。章晓懿等（2011）将助洁、助餐、助医、康乐四项服务作为社区居家养老服务质量评价的主要内容[5]。宇（Yu VF，2013）等将病人生活护理、服务人员、护理环境、护理设施五个维度二十个指标引入护理之家服务质量分析中[6]。雳（Lee J，

① 资料来源：国发［2011］28号文件《中国老龄事业发展“十二五”规划》。

② 资料来源：国发［2013］35号文件《国务院关于加快发展养老服务业的若干意见》。

③ 民政部. 2014年社会服务发展统计公报［OL］. http://www.mca.gov.cn/article/gk/

④ 免费的养老院：养老服务不能“打折”. 新京报. 2014－7－27. http://www.bjnews.com.cn/opinion/2014/07/27/327132.html。

⑤ 资料来源：中国经济网：长春黑养老院虐待老人 刷锅水泡馒头喂人 http://news.qq.com/a/20090408/000112.htm

⑥ 资料来源：新华网：郑州一老年公寓护工残忍虐待老人 涉事人员被拘留 http://news.xinhuanet.com/legal/2011-06/02/c_121486963.htm

2011）等进一步研究发现医疗保健、援助、治疗、环境以及服务人员是影响护理之家服务质量的关键因素[7]。第二是服务质量指标构建方法。左小明（2012）在调查基础上构建了医疗机构服务质量评价体系[8]。SPO模型，即结构、过程、结果模型，这一养老机构服务质量经典模型被学者不断地借用、创新[9][10][11]（Donabedian，et al.，1988；Castle，et al.，2010；Garavaglia，et al.，2011）。此外，包含有形性、可靠性、响应性、保证性、移情性五个特征的SERVOUAL模型也已经开始被学者引进图书馆、电子服务、信息系统等领域的服务质量指标体系构建中[12][13][14]（黄国青等，2007；李辉等，2008；施国洪等，2010）。第三是养老机构服务质量评价方法。廖楚晖等（2014）利用模糊综合评价方法对一线城市社区居家养老服务质量进行了综合评价[15]。高德博格（Goldberg，1970）排除其他因素，将各种服务质量的综合产出作为服务质量评价的标准[16]。而近些年，国外学者开始运用绩效评估体系评价、提升机构服务质量[17]（Malley J et al.，2011）。国内学界对养老机构服务质量研究较少，现有研究缺少大规模数据与理论模型的支撑。

本文在现有文献研究的基础上，借鉴SPO理论模型，以课题组2014年陕西养老服务预调研为支撑，构建养老机构服务质量评价模型。利用变异系数法处理权重，并带入实证数据，以江苏省养老机构为例评价养老机构服务质量，得出结论并提出改进建议。

二、养老机构服务质量评价指标与评价方法

（一）概念界定

根据国际标准化组织发布的ISO9000质量定义：质量是固有特性满足需求的程度[18]（蒋鸿章，2011）。而服务质量则涉及服务人员、服务设备、服务产品以及使用者的认知与期望等多方面因素[19][20]（Rosander A C，1980；Oliver R L，1981）。在养老机构服务领域，服务质量既包括硬件设施、经营管理、区位环境等一般评价要求，又包括家庭氛围、健康教育、基础护理等针对老年群体服务的特殊要求。本文认为养老机构服务质量是由养老机构提供的适应人自然衰老而产生的生理、心理、精神等方面服务需求的满足程度。

（二）评价指标

SPO模型是养老机构服务质量领域较为经典的评价模型[9][11]（Donabedian，1988；Garavaglia G，2011）。SPO模型主要通过结构（Structure）、过程（Process）、结果（Outcome）的构建全面评价对象。结构是被评价对象的初始特征，过程是被评价对象为目标人群服务的特征，结果是为目标人群服务所达到的状态[10]（Castle N G等，2010）。具体而言，服务结构评价了养老机构本身所拥有的客观条件，服务过程主要评价养老机构对入住老人进行服务过程中涉及的事项，而服务结果评价养老机构服务老人产生的效果。根据概念界定以及SPO模型，课题组设计了老年人服务问卷，并于2014年7月5日对陕西养老机构老年人进行了预调研。调查共抽查西安、咸阳7家养老机构，获得432份老人问卷、53份服务人员问卷以及10份管理人员访谈记录，结合机构老人、服务人员、管理人员以及专家学者对于养老服务质量的理解，在原先服务问卷基础上修改设计出养老机构服务质量评价指标，详见表1。

表 1　　养老机构服务质量评价指标

	指标		
	二级	三级	四级
服务结构 A	服务内容满足率	生活照料满足率 A1	清理打扫
			煮饭送餐
		医疗护理满足率 A2	定期体检
			健康讲座
		文化娱乐满足率 A3	文艺表演
			兴趣小组
		精神慰藉满足率 A4	心理咨询
			聊天谈心
	服务设施满足率	生活设施满足率 A5	老年食堂
			紧急呼叫系统
		文化娱乐设施满足率 A6	棋牌室
			户外健身器材
		医疗护理设备满足率 A7	医疗卫生室
			康复保健室
服务过程 B	服务态度满意率 B1		
	解决问题满意率 B2		
	照顾技巧满意率 B3		
	关心程度满意率 B4		
	收费标准满意率 B5		
	居住环境满意率 B6		
服务结果 C	自身生活满意率 C1		
	养老机构总体满意率 C2		
	身体健康满意率 C3		

（三）评价方法

1. 指标权重

指标权重定权方法有很多，从定权的客观程度可以划分为主观定权法与客观定权法。其中主观定权法可分为德尔菲法、层次分析法、Saaty 权重法等；客观定权法有熵权法、模糊定权法、变异系数法、相关系数法等。主观定权法受人的主观性影响较大，故本文采用客观定权法。客观定权法中的变异系数是反映总体各单位标志值的差异程度的指标，是总体各单位的标准差与其算术平均数对比的相对数[21]（王文森，2007）。在变异系数法中，差异较大的评价指标被赋予更大的权重。因为该指标更难达到平均水平，更能反映各评价对象在该项指标上的能力。这符合对于养老机构服务质量的一般理解。因此，本文用变异系数法进行指标定权。

2. 测算过程

用 X_{ij} 表示第 i 家养老机构第 j 项服务满足率，Z_{ij} 表示第 i 家养老机构第 j 项服务满意率，b_i 表示第 i 家养老机构入住老人总数，a_{ij} 表示第 i 家养老机构中对第 j 项服务有需求的老人人数，c_{ij} 表示第 i 家养老机构中对第 j 项服务已经满足的人数，S_{nj} 表示第 j 项服务第 n 个选项被赋予得分，则有：

$$X_{ij}=\frac{c_{ij}}{a_{ij}} \qquad i=1,\ 2,\ 3\cdots \quad j=1,\ 2,\ 3\cdots \tag{1}$$

$$Z_{ij}=\frac{\sum_{n=1}^{5} S_{nj}}{b_i} \qquad i=1,\ 2,\ 3\cdots \quad j=1,\ 2,\ 3\cdots \tag{2}$$

X_{ij}、Z_{ij} 经过数据正向化与极差法标准化处理之后得 Y_{ij}，则各项指标综合评价得分：

$$F_j=\sum_{i=1}^{n}\frac{\sqrt{\frac{\sum_{j=1}^{m}\left(Y_{ij}-\frac{1}{m}\sum_{j=1}^{m}Y_{ij}\right)^2}{m-1}}}{\sum_{i=1}^{n}\sqrt{\frac{\sum_{j=1}^{m}\left(Y_{ij}-\frac{1}{m}\sum_{j=1}^{m}Y_{ij}\right)^2}{m-1}}}\cdot Y_{ij} \qquad i=1,\ 2,\ 3\cdots \quad j=1,\ 2,\ 3\cdots \tag{3}$$

3. 评价标准

本文将得分占总分比例80%及以上认定为“优秀”，得分占总分70%～80%认定为“良好”，60%～70%之间界定为“合格”，得分占总分60%以下认定为“不合格”。具体用公式表示为：

用 F_{ja} 表示第 j 项指标满分，F_j 表示第 j 项指标得分，则：

$\frac{F_j}{F_{ja}}\geqslant 0.8$，则认为该养老机构第 j 项指标“优秀”；

$0.7\leqslant\frac{F_j}{F_{ja}}<0.8$，则认为该养老机构第 j 项指标“良好”；

$0.6\leqslant\frac{F_j}{F_{ja}}<0.7$，则认为该养老机构第 j 项指标“合格”；

$\frac{F_j}{F_{ja}}<0.6$，则认为该养老机构第 j 项指标“不合格”；

三、江苏省养老机构服务质量评价

根据调查设计，课题组于2014年8月8日至2014年8月29日对江苏省养老机构进行了分层抽样整群调查。抽样得苏北城市徐州、苏中城市南京、苏南城市苏州三座城市，走访养老机构13家，调查653位老人。最后删选有效养老机构10家，分别为苏北3家、苏中3家、苏南4家，共得526份老人问卷。本文以A、B、C、D、E、F、G、H、I、J表示这十家机构，其中A、B、C、D为苏南城市，E、F、G为苏中城市，H、I、J为苏北城市。

样本中，男性占40.11%，女性占59.89%。城乡分布中，城市老人接近被调查老人总数的四分之三，农村老人不到总数的四分之一。年龄结构中，低龄老人较少，为12.55%；

中龄老人次之，占被调查老人的 30.23%；高龄老人最多，占被调查老人的 57.22%。收入层次中，31.75%的老年人没有收入来源，28.33%的老人收入在 2 000～2 999 元之间，23.05%的老人收入在 3 000 元以上。详细情况见表 2。

表 2　　样本数据描述

项目	选项	频数	频率%
机构名称	A	40	7.6
	B	53	10.1
	C	49	9.3
	D	46	8.7
	E	66	12.5
	F	45	8.6
	G	82	15.6
	I	43	8.2
	J	34	6.5
	H	68	12.9
性别	男	211	40.11
	女	315	59.89
居住地	城市	395	75.1
	农村	131	24.9
年龄（岁）	60～69	66	12.55
	70～79	159	30.23
	80 以上	301	57.22
收入（元）	0	167	31.75
	0～99	19	3.61
	100～999	47	8.94
	1 000～1 999	18	3.42
	2 000～2 999	149	28.33
	3 000～3 999	66	12.55
	4 000～4 999	23	4.37
	5 000 以上	37	7.03

（一）信度与效度分析（见表 3）

符合要求的信度和效度是问卷结果可靠、准确的重要保证。本文采用 Cronbach's Alpha 值测量问卷的信度，用 CITC 删除题项，用完全标准化因子载荷值和 P 值判断问卷的结构效度。指标中，服务结构并不适合做信度效度分析，故本文只对符合信度、效度分析要求的服务过程与服务结果做分析。

信度分析结果显示，服务过程 Cronbach's Alpha 值为 0.910，远大于 0.7 的临界值，信度非常好；而服务结果 Cronbach's Alpha 值为 0.515，小于 0.7 的边界值，服务结果信度不够理想。从“项已删除的 Cronbach's Alpha 值”可知，当 C3 指标删除以后，服务结果 Cronbach's Alpha 值会升为 0.809，服务结果信度可以接受。CITC 值大于 0.4 可以接受。结果中只有 C3 小于 0.4。因此认为，删除 C3 指标，服务结果仍有较高的信度。

结构性效度分析显示，C3 外其他题项完全标准化因子载荷值均较高，大于 0.5 的一般要求。C3 指标完全标准化因子载荷值为 0.172，低于可接受临界值，删除。删除 C3 选项，该指标体系结构效度较好。

表 3　　　　变量的信度效度分析结果

维度	测量指标	Cronbach's Alpha 值	CITC	项已删除的 Cronbach's Alpha 值	完全标准化因子载荷	P
服务过程	B1	0.91	0.754	0.893	0.634	0.000
	B2		0.797	0.887	0.765	0.000
	B3		0.758	0.893	0.846	0.000
	B4		0.827	0.882	0.816	0.000
	B5		0.61	0.914	0.881	0.000
	B6		0.76	0.893	0.845	0.000
服务结果	C1	0.515	0.49	0.217	0.77	0.000
	C2		0.444	0.258	0.881	0.000
	C3		0.159	0.809	0.172	0.000

（二）指标权重测算结果（见表 4）

养老机构质量评价指标权重分布中，服务结构、服务过程以及服务结果权重分别为 0.546、0.349、0.105。其中日常生活、文体娱乐设施满足率权重最大，都达到了 0.106，说明在这十家养老机构运行管理中，不同养老机构日常生活设施满足率与文体娱乐设施满足率差异最大。医疗护理满足率、解决问题满意率、照顾技巧满意率、居住环境满意率、自身生活满意率以及养老机构满意率相对较低，分别为 0.053、0.047、0.051、0.054、0.057、0.048，都没有达到 0.06。

表 4　　　　养老机构质量评价指标权重

维度	项目	权重	
服务结构	生活照料满足率	0.072	0.546
	医疗护理满足率	0.053	
	文化娱乐满足率	0.066	
	精神慰藉满足率	0.074	
	日常生活设施满足率	0.106	
	文体娱乐设施满足率	0.106	
	医疗护理设施满足率	0.069	

续表

维度	项目	权重	
服务过程	服务态度满意率	0.07	0.349
	解决问题满意率	0.047	
	照顾技巧满意率	0.051	
	关心程度满意率	0.063	
	收费标准满意率	0.064	
	居住环境满意率	0.054	
服务结果	自身生活满意率	0.057	0.105
	养老机构满意率	0.048	

（三）不同地区养老机构服务质量得分（见表5）

从地区维度划分，江苏省十家养老机构服务质量综合得分0.7以上的有四家，其中苏南两家，苏中两家；0.6以下的五家，苏南两家，苏中一家，苏北两家。其中最高得分与最低得分养老机构均在苏南。养老机构平均分苏北最低为0.541分，苏南其次，为0.560分，苏中最高为0.657。服务机构最高得分在苏南，最低得分也在苏南；服务过程最高得分在苏北，最低得分在苏南；服务结果最高得分在苏北，最低得分在苏南。

调查选取的十家养老机构平均得分为0.583分。高于平均分的有五家，低于平均分也是五家。其中最高得分为0.769分，其次为0.764与0.751。得分最低的三家养老机构为0.495、0.447、0.169，最高得分是最低得分的4.55倍。

表5　　江苏十家养老机构按地区、服务项目划分服务质量得分情况

地区	养老机构	综合得分	平均分	服务结构	服务过程	服务结果
苏南	A	0.751	0.56	0.399	0.277	0.075
	B	0.169		0.159	0.010	0.000
	C	0.769		0.439	0.247	0.082
	D	0.551		0.287	0.192	0.071
苏中	E	0.495	0.657	0.326	0.114	0.055
	F	0.764		0.352	0.311	0.101
	G	0.713		0.414	0.233	0.067
苏北	H	0.447	0.541	0.172	0.208	0.067
	I	0.551		0.172	0.294	0.085
	J	0.624		0.253	0.295	0.076

十家养老机构服务按照服务结构、服务过程、服务结果三维度进行得分划分。A、C、G三家养老机构在服务结构这一维度得分表现优异，分别为0.399、0.439、0.414；B、H、I表现较差，均没有达到0.200。服务结构得分是主要得分项目，这六家养老机构服务结构得分与整体综合得分表现出较强的一致性。服务过程得分最高的是F，为0.311分；其次是

J、I，为0.295、0.294分；最低得分是B，只有0.010分，差异悬殊。服务结果得分最低仍然是B，只有0.000分，最高的是F，已达到0.101分。

（四）养老机构服务质量等级划分（见表6）

根据表4权重计算结果，得养老机构综合得分、服务结构、服务过程、服务结果满分分别为1、0.546、0.349、0.105。根据各等级占总分的不同比，分别得出各等级在不同服务项目的临界值。如表6所示，综合得分、服务结构、服务过程、服务结果不及格上限值分别为0.600、0.328、0.209、0.063。

表6　养老机构服务质量等级划分标准

等级	综合得分	服务结构	服务过程	服务结果
满分	1	0.546	0.349	0.105
优秀	0.8	0.437	0.279	0.084
良好	0.7	0.382	0.244	0.074
合格	0.6	0.328	0.209	0.063
不合格	0.600以下	0.328以下	0.209以下	0.063以下

利用表6标准，对江苏省十家养老机构总体得分及主要项目得分情况进行等级划分（见表7）。十家养老机构中，有五家综合服务质量“不合格”，一家“合格”，四家“良好”，没有“优秀”。根据地区划分，苏南两家养老机构服务质量“良好”，两家“不合格”；苏中两家“良好”，一家“不合格”；苏北一家“合格”，两家“不合格”。三地的养老机构平均得分均不高，苏南、苏北均“不合格”，苏中地区“合格”。在服务结构这一维度，苏南、苏北“不合格”，苏中“合格”；服务过程，苏北表现最好，为“良好”，苏南最差，“不合格”；服务结果苏南“不合格”，苏中、苏北“良好”。

表7　江苏十家养老机构服务质量等级评定

<table>
<tr><th>地区</th><th>养老机构</th><th>综合得分</th><th>平均分</th><th>服务结构</th><th>服务过程</th><th>服务结果</th></tr>
<tr><td rowspan="4">苏南</td><td>A</td><td>良好</td><td rowspan="4">不合格</td><td rowspan="4">不合格</td><td rowspan="4">不合格</td><td rowspan="4">不合格</td></tr>
<tr><td>B</td><td>不合格</td></tr>
<tr><td>C</td><td>良好</td></tr>
<tr><td>D</td><td>不合格</td></tr>
<tr><td rowspan="3">苏中</td><td>E</td><td>不合格</td><td rowspan="3">合格</td><td rowspan="3">良好</td><td rowspan="3">合格</td><td rowspan="3">良好</td></tr>
<tr><td>F</td><td>良好</td></tr>
<tr><td>G</td><td>良好</td></tr>
<tr><td rowspan="3">苏北</td><td>H</td><td>不合格</td><td rowspan="3">不合格</td><td rowspan="3">不合格</td><td rowspan="3">良好</td><td rowspan="3">良好</td></tr>
<tr><td>I</td><td>不合格</td></tr>
<tr><td>J</td><td>合格</td></tr>
</table>

四、评价结果分析

江苏省养老机构服务质量整体水平不高，层次分明。本文用实证数据证实，即使在经济比较发达、养老服务业起步比较早的江苏地区，服务质量并不高，差异也比较大。江苏省十家养老机构没有一家达到“优秀”标准，五家“不合格”，整体服务质量水平并不突出。此外，还表现出了质量差距。服务质量最高得分是最低得分的 4.55 倍。这是市场经济环境自由选择的结果。市场经济环境下，部分养老机构为了自身的长远发展，为入住老人提供优质的服务质量，以寻求今后更多持续不断的老人入住；但是部分养老机构局限于眼前利益，招收最多的老人以寻求短期最大的收入，减少硬件与管理各方面投入，导致服务质量“不合格”。

硬件设施仍是主要差距。十家养老机构服务质量差异最大的是日常生活设施满足率与文体娱乐设施满足率，这与我们通常认为的经济发达地区养老机构硬件设施配备齐全并不完全相符。一方面，江苏省由于南北经济发展差异，养老机构硬件设施投入也存在此类差异。苏北地区对硬件设施投入不如苏中与苏南地区。另一方面，由于各家养老机构硬件设施与老人配比有所不同，即使养老机构硬件设施质量好、配备全，但是数量也未必能够满足老人的需求。过多的入住老人使用硬件设施将会增加老人等待时间，不能完全满足老人的使用要求。

从表 5 可知，养老机构服务质量苏北整体落后、苏南两极分化。江苏省三地区养老机构服务质量呈现较大差异。苏北整体服务质量不如苏中与苏南地区。苏北没有一所养老机构服务质量达到 0.7 分，且地区平均分在三地区中最低。而苏南地区则呈现明显的两极分化趋势。虽然十家养老机构中质量得分最高的两家在苏南，但是服务质量得分最低的养老机构也在苏南。苏南地区是江苏省最先进入人口老龄化的地区，养老服务业在我国发展起步较早。同时发达的经济为其提供了较为充沛的资金支持。所以苏南地区部分养老机构服务质量走在江苏省前列。但是，严峻的老龄化趋势迫使一些养老机构牺牲服务质量以快速满足老年人急切的入住需求，过度追求经济利益，造成苏南地区“不合格”养老机构的出现。苏北地区在江苏省经济发展中处于相对落后地位，其养老服务业发展相对较晚，所以相比苏中与苏南地区，苏北养老机构综合服务质量整体落后。

表 7 表明，受区域内养老机构服务质量极值影响，地区养老机构服务质量总体情况部分被掩盖，不能利用简单的算术平均得到地区的总体情况。为消除区域内服务质量最好的养老机构与最坏的养老机构对评价本地区养老机构总体情况的不良影响，本文采用先删除地区内服务质量得分最高与最低养老机构，再进行算术平均的方法。

表 8　　处理后的江苏三地区三维度等级评定

地区	服务结构	服务过程	服务结果
苏南	合格	合格	合格
苏中	良好	合格	合格
苏北	不合格	优秀	优秀

表 8 显示，苏南、苏中养老机构服务结构、过程、结果均衡发展，苏北养老机构服务优劣明显。处理后的服务结构、服务过程、服务结果三维度等级评定中，苏南全部达到“合

格”，苏中在服务结构达到“良好”，其他“合格”；苏北服务结构“不合格”，其他“优秀”。服务结构主要包含服务内容满足率与服务设施满足率两方面内容，服务内容包含生活照料、医疗护理、文化娱乐、精神慰藉四方面，设施主要是生活设施、医疗护理设施以及文化娱乐设施三方面。苏北地区养老机构服务质量在服务结构“不合格”，一方面可能是养老机构服务内容少，服务设施匮乏或者落后陈旧，入住老人相关要求得不到满足；另一方面可能是由于养老机构入住老人数量超过了养老机构相关人员与硬件配置要求，老人的各种需求得不到及时回应。

五、结论与建议

发展养老机构是应对老龄化挑战的必要举措，提升养老机构服务质量是这一措施见效的关键。本文依据SPO理论模型设计养老服务质量评价指标，在预调研的基础上对指标进行修正。通过对江苏省三地区十家养老机构服务对象进行访问收集数据，借助SPSS、AVOS等专业软件，利用变异系数法对指标进行处理。研究发现：江苏省养老机构服务质量水平有限，层次分明；硬件设施成为各养老机构之间主要差距；养老机构服务质量地区差异明显，苏北整体服务质量偏低，苏南服务质量两极分化严重；苏北整体服务质量水平不高主要原因为服务结构“不合格”，服务过程与效果苏北表现均“优异”。为提升养老机构服务质量，本文建议：

（1）提升养老机构服务质量“量体裁衣”。江苏省三地养老机构服务质量均存在一定的缺陷。相比苏北地区，苏南、苏中虽然在服务结构已经“合格”，服务内容与服务设施基本满足老人的需求，但是在服务过程与服务结果上表现不如苏北。苏北二者均“优秀”，而苏中苏南仅仅“合格”。提升养老机构服务质量，应寻找服务质量“短板”。苏南、苏中等经济发达地区不能仅仅满足于养老机构硬件设施的不断完善，更应注重服务过程与服务结果等管理服务的提升；苏北等经济落后地区在提升本地养老机构服务质量过程中，应重点加大对养老机构硬件设施的投入，改善养老机构的服务设施，健全养老机构服务内容。

（2）加大省级财政对经济落后地区养老机构支持力度。财政补贴是政府实现公共财政公平的重要手段。鉴于各地区经济发展水平程度不同，各市级财政对于本地区养老机构发展补贴标准也随之不同，省级财政应发挥统筹兼顾的作用，将更多的资金分配给经济相对落后地区养老机构，以帮助其改善硬件设施，完善服务内容，为提升服务质量提供基础支持。

（3）成立养老机构行业协会，加强服务质量监督与管理。行业协会是维护行业利益、规范行业行为、实行行业自律的重要社会组织。各地应成立以养老机构与入住老人共同担任主体的养老机构行业协会。行业协会制定颁布养老机构服务质量标准，按月或季度对各养老机构服务质量进行评价并公布，形成有效的养老机构服务质量社会监控机制。

参考文献

[1] 桂世勋. 中国高龄老人长期护理问题的思考 [J]. 中国人口科学，2004（S1）.

[2] Hong L. The influence of aging population on China's economy in the information society. //Information Management and Engineering（ICIME），2010 The 2nd IEEE International Conference on. IEEE, 2010.

[3] 吴玉韶. 中国老龄事业发展报告：2013 [M]. 北京：社会科学文献出版社，2014.

[4] 郭红艳，王黎，彭嘉琳等. 养老机构服务质量评价指标体系的构建 [J]. 中华护理杂志，2014，49 (4).

[5] 章晓懿，刘帮成. 社区居家养老服务质量模型研究——以上海市为例 [J]. 中国人口科学，2011，3.

[6] Yu V F，Hu K J. An IntegratedApproach for Prioritizing Key Factors in Improving the Service Quality of Nursing Homes. *Mathematical Problems in Engineering*，2013.

[7] Lee J，Ji E S. Development of anEvaluation Instrument for Service Quality in Nursing Homes. *Journal of Korean Academy of Nursing* 41，4 (2011).

[8] 左小明. 基于层次——灰色关联分析的医疗机构服务质量评价 [J]. 统计与决策，2012，2.

[9] Donabedian，Avedis. The Quality of Care：How can it be Assessed?. *Jama* 260，12 (1988).

[10] Castle N G，Ferguson J C. What is Nursing Home Quality and how is it Measured?. *The Gerontologist*，2010.

[11] Garavaglia G，Lettieri E，Agasisti T，et al. Efficiency and Quality of Care in Nursing Homes：an Italian Case Study. *Health Care Management Science* 14，1 (2011).

[12] 黄国青，张会云. 基于 SERVQUAL 的信息系统服务质量评价研究 [J]. 科学学与科学技术管理，2007，28 (10).

[13] 李辉，张爽. 全面质量管理的电子服务质量评价体系 [J]. 西安交通大学学报：社会科学版，2008，28 (2).

[14] 施国洪，俞伟，王治敏. 基于 SERVQUAL 的图书馆服务质量评价模型构建 [J]. 图书馆理论与实践，2010，7.

[15] 廖楚晖，甘炜，陈娟. 中国一线城市社区居家养老服务质量评价 [J]. 中南财经政法大学学报，2014，2.

[16] Goldberg，E. Matilda. Helping theAged. *London*：*National Institute of Social Work*，*Training Series* 19，(1970).

[17] Malley J，Fernández J L. MeasuringQuality in Social Care Services：Theory and Practice. Annals of Public and Cooperative Economics 81，4 (2010).

[18] 蒋鸿章. 2000 版 ISO 9000 族质量管理体系国际标准应用指南 [M]. 北京：国防工业出版社，2001.

[19] Rosander A C. ServiceIndustry QC-is the Challenge being Met. Quality Progress，1980，13 (9).

[20] Oliver R L. Measurement and Evaluation of Satisfaction Processes in Retail Settings. Journal of Retailing 57，3 (1981).

[21] 王文森. 变异系数——一个衡量离散程度简单而有用的统计指标 [J]. 中国统计，2007，(6).

医疗保险与老年长期照护

日本老年护理结构的重新建构

——护理保险能否改变"家庭主义"

［日］落合惠美子 ［日］阿部彩 ［日］埋桥孝文
［日］田宫遊子 ［日］四方理人

【摘要】护理保险的实施，使得日本老年护理结构发生了变化，它强化了国家和市场的作用。国家有提供护理服务责任的认识被广泛认同，现在更多的人可以要求获得国家的援助。然而，护理保险制度中规定个人必须负担一部分费用，因此个人的贫富差异带来了制度利用中的差异。与此同时，被限制的护理市场也是导致护理人员劳动条件恶化的主要原因。通过对生活时间的调查分析，明确了护理保险制度的实施，减少了照料护理需求度较高老人的家庭负担。但是，护理中存在的家庭主义结构并没有从根本上获得改变。或者可以说，是家庭主义和社会性别的不平等支撑了护理保险制度。为了完善护理保险制度的不足，应该减轻个人负担费用和增加公共护理机构。

【关键词】护理 家庭主义 社会福利制度

Reconfiguring the Care Diamond in Japan：the Struggle against Familialism

Emiko Ochiai Aya Abe Takafumi Uzuhashi Yuko Tamiya Masato Shikata

Abstract After the introduction of LTCI (Long-Term Care Insurance), the structure of elderly care in Japan shifted, with the roles of the state and the market expanding significantly. Today a wider range of people can, and do, request support from the state, and the idea of the state assuming responsibility for care service provision is increasingly accepted by the public. However, the inclusion of co-payments into the elderly care insurance system has strengthened the market's role with an unequal impact on people of different income levels. Moreover, the regulated market created by LTCI also has a negative effect on the working conditions of paid care workers. The time-use analysis has revealed that LTCI has somewhat lightened the burden on families with severe care needs. However, the programme has failed to fundamentally alter the familialistic structure of care. We could even say that both familialism and gender inequality underpin the very structure of

---

作者简介：落合惠美子，日本京都大学文学部社会学系；阿部彩，日本国立社会保障·人口问题研究所社会保障应用分析研究部；埋桥孝文，日本同志社大学社会学部社会福祉学科；田宫遊子，日本神户学院大学经济学部；四方理人，日本关西学院大学综合政策学部。本文由南开大学周恩来政府管理学院博士、副教授杨春华翻译。

本文原载于日本国立社会保障·人口问题研究所《海外社会保障研究专刊：护理劳动的国际比较——对新的福祉国家论的研究》第170号，2010年3月，4—19页。

LTCI. In order to correct the various shortcomings, co-payments need to be controlled and greater emphasis should be placed on the public provision of institutional care.

Keywords care familialism welfare regime

无论是在经济层面还是社会生活层面，日本都是一个高度发达的社会。但是在老年护理方面，目前为止依然被认为是采用与发展中国家相同的“家庭主义”① 的结构模式。从前，无论是照看孩子还是照料老人、病人或残疾人，大多数的时候都是由家庭承担这个责任。第二次世界大战后，日本仿效欧美国家开始由政府提供护理服务。但是在福利制度实施元年，石油危机冲击了福利国家建设中的日本社会，政府不得不改变福利政策的方向，但是这个结果却是再次强化了“家庭主义”和男女性别分工。这种护理提供的基本结构一直持续到20世纪末。

本论文主要探讨两个问题：第一，通过探究直至今日“家庭主义”依然根深蒂固存在的原因，考察日本社会福利制度形成的过程；第二，分析1990年中后期社会保障制度中引入了市场机制的的改革及社会福利的削减，对“家庭主义”带来的影响。

日本老龄人口规模大发展迅速，因此本文关注的焦点不是儿童照料，而是聚焦老年护理。其中，重点考察2000年为了减轻家庭护理负担实施的护理保险制度，对家庭（特别是女性）带来的影响。本文通过对家庭成员生活时间的调查数据和对家庭护理人员及护工的访谈结果的分析，对护理保险制度进行评价。最后，对日本护理结构在护理制度改革前后的变化状况进行考察。

一、日本的社会福利制度——家庭主义和工作福利制

（一）历史背景

日本的福利政策始于20世纪上半叶。② 首先于1927年引入健康保险，之后在1942年开始实施年金制度。与其他后发资本主义国家一样，日本采用的是以俾斯麦型社会保险制度为范本的模式。日本战后60年间的福利理念和福利计划的发展过程，可以分为三个阶段：[1]第一阶段，为确定最低生活标准期（1945—1959年）；第二阶段，扩大期（1960—1979年）；第三阶段，改革和削减时期（1980—至今）。

第一阶段，国家在对全体国民进行资产调查的基础上，实施保障最低生活水平的生活保护法（1946年）。这个法律是参照20世纪30年代至40年代美国的社会立法以及1942年英国的贝弗里奇报告制定的。在被称之为“全民保险”元年的1961年，农民和个体经营者也被纳入了生活保护法的保障范围。但是作为被抚养家属的无工作的配偶（特别是主妇）以及学生，却不在国民年金强制加入人群范围之内，他们可以任意加入。

① “家庭主义”（familialism），意思是“家庭主义的社会福利制度”，指的是为家庭成员提供的福利却更多地依赖于其家庭的社会福利制度。

② 本部分内容，参阅了Uzuhashi Takafumi（The Political and Social Economy of Care，Research Report 1，UNRISD，Geneva，2009）和Abe Aya（The Political and Social Economy of Care. Research Report 3，UNRISD，Geneva，2009）。

在经济发展势头强劲的20世纪60年代，经济发展成为社会优先发展项目，社会政策和社会福利的发展被放在了后面。[2]因为日本的政策制定者认为，如果能够实现充分就业，那么其他的社会福利就不需要了，即工作福利制（Workfare）。这种观点，在20世纪70年代到80年代的东南亚各国（韩国、新加坡、中国台湾、中国香港）中也同样存在。从60年代后期到70年代前期，当经济高速发展目标达成之后，日本政府终于意识到，既存的福利制度已经满足不了家庭及个人的需求，从被称之为“福利元年”的1973年开始，逐渐降低个人缴纳医疗保险费的比重，同时提高年金支付额度。

然而，“福利元年”遭遇到石油危机，使得政府不得不把减轻福利负担作为另一个奋斗目标，因此20世纪70年代后期开始的社会政策，是基于“日本型福利社会”理念基础上的重新构建。这个政策重视的是自助和来自于家庭及社区的互助，然而这个目标达成的前提，必须是个人拥有较高的储蓄率和丰厚的公司补贴。[3]日本政府推动建设的是“福利社会”而非“福利国家”，从而摆脱了困扰一部分西方福利国家的巨额财政负担。基于此，“工作福利制”和“家庭主义”成为了日本型社会福利制度的主要特征。与欧洲相比，依据长期保持的人口优势（所谓的人口红利）和经济繁荣，使得这个制度得以继承和维持。

然而这个政策也没有持续很久，伴随着1991—1992年的经济崩溃，日本社会进入了一个新的时期。因此我们将改革和削减的第三时期，可以再进一步地划分为经济崩溃前期和经济崩溃后期两个阶段。20世纪90年代失业率的上升①，导致工作福利制无法维系，人们开始寻求家庭的帮忙以维持个人安全网。然而，家庭结构及援助功能已经发生变化，对于很多家庭而言，新的沉重负担成为了家庭问题。②

（二）社会保障与GDP

日本公共社会保障支出占GDP的比重，低于很多欧洲国家[4]，2004年达到25.7%，与20年前相比增加了两倍。在医疗、年金、福利（生活保护、儿童补贴、社会福利服务等）的三种社会保障费用中，1980年为止医疗费的支出占据比例最高，1981年以后，年金支出的增长趋势超过其他两项，福利所占比例非常低（如图1所示）。总之，日本的社会政策，虽然是建立在全民保险（年金和医疗）理念的基础之上，但是它的基本结构却是使用最少的公共救助和社会福利服务的模式。

二、性别分工的固化倾向

1961年，所谓的全民保险实施之初，家庭主妇并没有被列入参保对象。1986年国民年金保险（National Pension Insurance，NPI）制度的改革，解决了女性参保的问题，不仅是男性，女性也可以以个人身份加入年金保险。然而尽管有了这样的进步，大多数的女性，都是丈夫加入了厚生年金保险（Employee's Pension Insurance，EPI），自己是以丈夫的“被抚养家属”身份，才符合厚生年金保险和健康保险（Employee's Health Insurance，EHI）

---

① 日本的失业率，1990年1.9%，1995年2.7%，2005年3.5%，2007年又下降到2.3%（国立社会保障·人口问题研究所. 人口统计资料集2009，2009a.）。

② 例如：存在着育儿担忧、虐待儿童、啃老族、“过劳死”等社会问题。

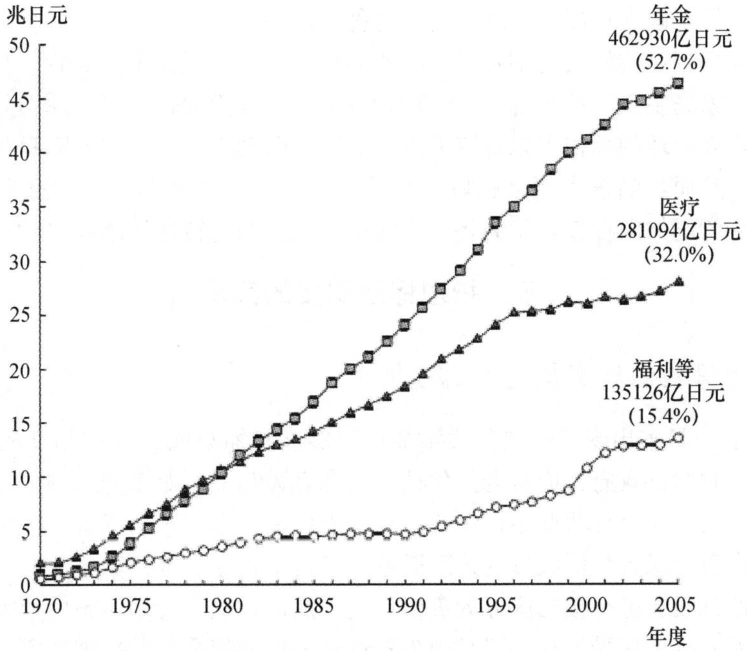

图1　社会保障各项支出费用状况（1970—2005年）

资料来源：国立社会保障·人口问题研究所：2005年度社会保障支出费，2005.

的参保资格。因此，一边在强调全民保险，另一边却是以男性工作为典型的基本模式。

这种制度结构引发了诸多问题。第一，是女性之间的不公平问题。按照日本的税收法和社会保障制度规定：如果一个人的年收入超过103万日元，她就失去了税收法上的被抚养家属身份；如果年收入超过130万日元，她就不属于厚生年金保险和健康保险规定中的被抚养家属范畴，由此需要个人缴纳保险费。这就意味着已婚的职业女性，需要自己缴纳保险费，然而丈夫加入厚生年金保险（通过工作单位的加入）的专职家庭主妇，不仅不用缴纳保险费还可以领取年金，这其实可以被视为是对职业女性的一种惩罚。第二，从事个体经营的男性，虽然也属于国民年金保险对象范畴，但是作为他们妻子的无工作的女性，与丈夫却是各自单独加入国民年金保险，必须自己缴纳保险费。这些制度明确表明，丈夫加入厚生年金保险的女性，应该成为专职家庭主妇（或者一直是专职家庭主妇），或者即使在有工作的情况下，也是兼职或者是非正式职工，并且年收入控制在130万日元以内的女性。由于上述原因，这个制度导致保险费缴纳人数的下降，带来了财政问题恶化的后果。

基于社会性别视角进行分析，日本型社会福利制度，仍然是以“男性出外工作、女性照料家庭”的模式为基础构建的。[5]至今为止，无论是税收法还是社会保障制度，与双职工家庭相比，以男性工作为主的单职工家庭，获得了更多的优惠待遇。换言之，社会保障制度自身也是以“男性工作”为典型，固化了劳动力市场对男女两性期待的不同。① 与此同时，它也固化了“家庭主义”以及女性是家庭内的护理工作承担者的角色分工。

1986年日本的经济还处于繁荣盛景，在极力推行“日本型福利社会”的背景下，开始

① 有关这个论点的详细内容，请参阅Abe（2009）。

实施年金改革。日本政府过度自信地认为，这种经济高速发展状况还会持续，因此采取了与当时欧洲国家完全相反的社会性别政策。在改革中，进一步强化了已滞后于时代发展的“工作福利制”和“家庭主义”的组合。在这种背景下，一方面固化了男女性别分工，另一方面认为女性作为家庭护理的承担者以及容易通融的廉价劳动力，负有对家庭福利和经济进行无偿奉献的责任。然而，当这个制度赖以存在的前提“工作福利制”和“家庭主义”都崩溃时，这个制度究竟还如何存在，我们将在下文中对此问题进行详细阐述。

三、护理保险制度的实施

（一）护理保险制度实施之前的状况

1980年以后，日本出现了削减公共年金支付额度和缩小收入补偿制度的实施力度的现象。但是在这一时期，政府为应对老龄化社会的急速发展，开始实施新的护理政策。[①] 具体做法是，对于收入低、经济状况不良但是护理需求度高的单身独居老人，在资产评估的基础上，为他们提供免费或者是低收费的护理服务。经费来自于一般预算，公共机构为老年人提供护理服务，地方政府进行接受服务的资格认定。然而，这个计划实施后带来的一个反面效果是，虽然不需要每天接受治疗，但是因为不符合上述的接受公共护理的资格，相当多的老年人采取长期住院的方式。因为他们在医院中获得的服务，属于医疗保险支付的范畴，这种被称之为“社会性的住院”方式，带来了严重的财政负担。

2000年，政府开始实施护理保险制度，是基于全民支持老年护理，实现“护理社会化”的目的。但是，护理保险制度实施的驱动力，与其说是来自于社会压力，不如说是因为政府所面临的财政负担。老年护理由措施制度向社会保险（护理保险）转变的目的，是基于在公共支出不断减少的同时，能够扩大老年照料服务的利用者范围的思考。政府的目的是：①通过征收保险费来增加经费；②通过护理服务利用中的个人负担费用的缴纳规定，抑制需求增长；③护理市场中引入竞争机制（如促进民间机构的参与），公共支出不断减少的同时服务水平不断提高。通过以上改革，日本成为继荷兰（1962年）和德国（1995年）之后，世界上第三个建立以社会保险方式为基础的提供护理服务制度的国家。

（二）护理保险的概况

护理保险，是与国家公共年金制度和公共健康保险制度一样性质的公共福利制度。凡年满40岁的国民，无论是否需要护理，都必须加入护理保险。[②] 无论个人是否领取保险费，但是都必须缴纳保险费。至2006年4月的参保人员中，65岁以上的大约有2 400万人，40～64岁之间的大约有4 300万人。护理保险的经费来源，由保险费、公共财政以及利用者个人负担费用组成。

---

① 这一时期出现了一些具有开创性的创举，包括1989年黄金计划的制定和发表（1994年开始新的黄金计划，1999—2004年实施21世纪黄金计划）；1994年发表了“21世纪福利前景——应对少子・老龄化社会”。这个报告书，建议将当时年金、医疗、福利三大部门的支付比例，由5：4：1变为5：3：2，作为充实护理服务的方法获得了社会的好评。

② 健康保险的被抚养配偶的费用，根据配偶者所付的保险费自动支付。

护理保险制度，由居家护理（包括上门服务和日间服务）和机构护理的两种护理服务形式（请参阅表1）。但是护理保险的基本理念“护理社会化”的目的，并不是增加机构中的老人护理人数。与此相反，由于社会和财政的因素，政府提倡和鼓励居家护理服务。

年满65岁的参保者，由地方政府出具需要护理的资格认定证明，由此可以享受比实际费用低的护理服务。每个人可利用的护理服务的上限额度，是与个人的护理需求程度密切相关。由地方政府任命的护理管理部门，决定需要向护理资格拥有者提供何种类型的护理，依据这个认定证明，从营利或者非营利的护理服务机构购买护理服务。可以自由选择护理种类以及服务机构，所支出总费用的90％由保险费支付，参保者个人负担10％的费用。① 如是利用机构护理服务，在个人承担10％服务费的情况下，每月大约需要花费8万日元左右。[6] 但是，如果将此与女性临时工的平均月工资不足9万日元进行比较，就可以知道这个支付状况对参保人的影响程度。总之，护理保险制度，表面上看是一个非常优厚的制度，但是对于大多数人而言，个人负担金额已经超出了参保者所能承受的范围。

（三）护理服务的提供者—被限制的护理市场

护理保险制度实施之后，在一些农村地区，短期内出现了享受不到护理保险制度规定的服务项目问题，这是因为供需双方发展关系的失衡造成的结果。这之后，护理保险的总经费由2000年的3.6兆日元急速增加到2008年的7.2兆日元，[7] 与此发展相对应，护理市场也在迅速发展起来。

在2000年至2006年间，居家护理服务利用率大幅上升，提供上门护理和日间护理的服务机构数量也增加了两倍。[8] 大多数提供居家护理服务的机构都是非营利性的组织，包括社会福利法人（占30.6％）、医疗法人（21.2％），以及社会企业（3.8％）和合作社（3.5％）②。这些非营利机构，在税收等方面享受到优惠政策。另一方面，占全部服务机构总数约三分之一的企业，是民间的营利性机构，由政府直接经营管理的服务机构不足3％。[9] 老年人的机构护理，也是由公共机构和民间企业提供的，但是由政府经营管理的机构比例较高。鉴于政府的严格限制，护理机构中的营利性企业的数量基本没有增加，与居家护理相比，他们在护理机构企业中所占的比例非常少。[10]

然而，从受益人的角度来看，因为整个护理市场受到严格限制，因此提供服务的机构，无论是公共机构还是民间机构并不重要。政府制定了护理服务标准和护理服务费用中可以用护理保险支付的比例，公共护理服务均按照这个规定执行。因为有这个制约，民间服务企业身处护理服务市场，但是不能自由决定服务价格。护理保险制度创造出了一个巨大的护理服务市场，但是它是一个被严格限制的市场。

（四）对政府财政支出的影响和之后的改革

护理保险的主要目的，是为了削减老年护理中的公共经费支出。然而，制度实施后很快

① 有关这个制度的详细内容，请参阅Abe（2009）和厚生统计协会，《保险和年金的动向2008》，2008以及厚生统计协会：《图解通过统计数据了解护理保险2009年版》，2009。

② 数据均为2006年统计数据。

发现，当初设定的经费来源，不足以支撑提供护理所需的成本。护理服务利用人数，从2000年9月的149万人（机构护理52万人，居家护理97万人），到2005年4月增加到329万人（机构护理78万人，居家护理251万人）。[11]财政支出，也从2001年的3.8兆日元，增加到2008年的7.4兆日元。[12]尽管对老年健康保险和社会福利（包括老年福利）的财政支出有所抑制，但是2001年以后，护理保险的支出总额，高于其所节约的经费额度（如图2所示）。

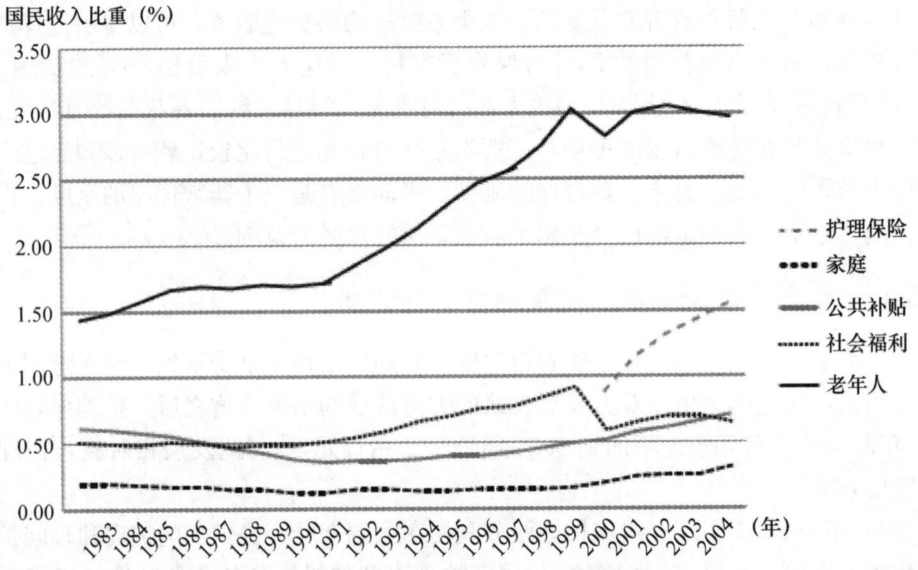

图2 不同部门社会公共支出状况（占国民收入比重）

资料来源：国立社会保障·人口研究所. 不同规章制度背景下的社会保障支出费用的推移，2009。

在财政困难的背景下，人们开始重新审视护理保险制度，在其实施5年后的2005年进行了一部分的改革。例如，提高通过护理保险接受护理服务的最低认定标准；在机构护理中，为了控制机构护理服务的需求度，开始征收餐费和住宿费（被称为“旅馆成本”）。机构护理需求的大幅增加，是以增加居家护理为目标的政策制定者们没有预想到的事情。

四、护理保险对家庭的影响

（一）护理服务的利用者

2005年日本65岁以上人口25 672 005人，占总人口的20.1%，其中男性10 874 599人，女性14 797 406人。[13]如前所述，护理保险实施后的2000年到2005年间，利用护理服务的人数增长了2倍多，[14]这反映了护理需求人数的急速增长。在迫切需要接受护理的人群中，近三分之二是女性，她们中的大部分（2004年占到84.2%）是高龄老人。[15]

需要护理的人，特别是护理需求度较高的人，大部分住在护理机构。有护理需求的老人，依据需要护理的程度被划分为5个等级，2006年护理机构入住总数是78万人（参看表1）。[16]护理机构中护理需求程度不同的老人所占比例依次是：一级护理占7%，二级护理占15.5%，三级护理占31.1%，四级护理占49.3%，五级护理占60.4%。[17]总之，入住护理

表 1　　护理服务利用者、护工、护理企业、护理机构数量（2006 年）

	2006 年		
	（9 月）利用者	（10 月）护工	（10 月）护理企业
居家护理服务			
（上门服务类）			
上门照料	1 042 347	176 527	20 948
上门帮助入浴服务	62 412	9 580	2 245
上门专业护理	291 907	27 015	5 470
（日间机构护理类）			
日间机构照料（日间护理）	1 105 211	177 094	19 409
日间机构康复治疗	466 745	57 513	6 278
老年护理保健机构	273 523	31 689	3 288
医疗机构	193 222	25 824	2 990
（其他类）			
预防护理性的短期入住机构生活护理（短期托老）	227 990	97 550	6 664
预防护理性的短期入住机构疗养护理（短期康复治疗服务）	59 028	—	5 437
老年护理保健机构	53 592	—	3 340
医疗机构	5 436	—	2 097
特定机构入住者生活照料	73 313	41 422	1 941
福利用品的租借	726 948	—	6 051
社区协作型服务			
夜间上门照料	51		
失智者的日间机构照料（日间护理）	37 017		
小规模多功能型的居家照料	1 643		
失智者的共同生活照料（团体之家）	116 749	101 917	8 350
特定机构	396		
老年护理福祉机构	878		
居家护理管理	1 889 213	71 488	27 571
护理保险机构			
老年护理福利机构	392 547	240 683	5 716
老年护理保健机构	280 589	176 170	3 391
护理疗养型医疗机构	111 099	90 941	2 929

资料来源：厚生劳动省．2006 年护理服务设施・事务所调查，2006b；

厚生劳动省．2006 年社会福祉设施，2007b。

注：护工人数，是正式工编制的护工总数之和。

机构的人，占需要护理老人总数的17％，其余的人都是在家接受护理。[18]

即使是在护理保险制度实施后，老年人的居家护理，主要还是依靠家庭成员的帮助。根据2004年的调查显示，家庭护理的主要承担者的构成是，配偶（28.0％）、子女（25.4％）及子女的配偶（18.1％）。由专职护工提供的服务不超过9.9％，这一比例相对于独居需要护理老人（17.5％）的比例低很多。在这种背景下，即使是独居老人，也需要依靠分开居住的家庭成员的护理帮助。进行护理服务的人，绝大多数是女性（71.8％），很多人自己也已是年事已高或者接近高龄，因此出现了“老人护理老人”的现象。家庭里负责护理的人，50岁年龄层的人占到29.1％，60岁年龄层的人占到26.9％，70岁以上的人占到了26.2％。[19]

大多数的情况是，家庭护理者一日数小时或者一周数天，接受来自护工的帮助。每月平均利用居家护理服务的人数，从2000年的123.6万人激增到2007年的262.5万人。但是利用机构护理服务的人数，从2000年的60.4万人到2007年的81.9万人，增加比较缓慢。[20]这个结果，也更加说明了政府是鼓励居家护理而不是机构护理的事实。

表1显示了2006年的护理服务利用者、护工（从业人员）和护理企业的具体情况。可以在家获得的护理服务项目有，上门服务和来往日间护理机构接受服务，如日间护理（Day Care）和短期托老（Short-Stay）等。[21]表1中也显示了2006年入住护理机构的人数。不同类型的家庭接受护理服务的特点也不同，呈现出单亲家庭利用上门服务，家庭成员较多的三代同堂等家庭，利用日间护理服务较多的趋势。[22]

（二）护理保险对家庭护理者的影响

本文的目的是，探讨护理保险制度给日本老年护理问题带来的影响，另外对建立在以脱离“家庭主义”构建新的护理体系理念基础上的护理保险制度，是否达到了应有的目的进行探究。《社会生活基本统计调查》是日本总务省每隔5年实施一次的大规模全国调查，① 我们利用1991年、1996年、2001年和2006年的数据资料，[23]尝试着对家庭成员花费在老年亲属护理上的时间进行分析。②

尽管2000年就开始实施护理保险制度，家中承担护理的女性从1991年的4.7％增加到2006年的6.0％，男性由1991年的2.3％增加到2006年的3.8％。男女参与护理的人数都增加了，这其中的一个主要原因是人口老龄化。无论在哪个年龄层，女性护理者的比例都高于男性。在自家以外的地方，即去被护理者家中进行护理的人，以2001年和2006年的数据为例，男性（36.7％～39.0％）和女性（36.4％～39.6％）的比例也都增加了。通过以上统计也可以看到，超过60％的男性和女性，是在自己家中护理老人的。在传统的主干家庭中，原则上是一起居住的已成年的孩子或者孙辈承担家庭护理老人的主要责任，虽然现在家庭出现了变化的征兆，但是家庭功能依然在发挥着重要作用。

家庭成员花费在护理上的时间，是否会随着护理保险制度的实施有所变化？从1991年

---

① 被调查者，由调查员根据居民登记册，随机抽出7万～10万家庭（家庭成员总计20万～25万人），对被调查者家中年满10岁以上的家庭成员（1991年调查时满15周岁），在9月至10月中的任意9天中的连续两天的生活时间进行调查。

② Tamiya Yuko and Masato Shikata. Forthcoming. Analysis of Time Use Surveys on Work and Care in Japan. *In Debbie ed Budlender*, 2010.

到2006年，女性花费在护理老年家人的时间，由平均每日72分钟减少到每日60分钟。但是护理时间减幅最大的时期，是1996年至2001年期间，每日平均护理时间从73分钟减少到62分钟，这可以被认为是因为护理保险制度的实施带来的变化，是值得关注的地方。与女性护理时间相比，1991年到2006年男性用于护理的时间，由平均每日29分钟增加到31分钟，略微的有所增加。总而言之，护理保险制度的实施，对家庭成员用于护理时间的减少有限，但是对女性而言有一定的帮助。

为了对护理保险制度的影响有进一步的认识，我们对利用保险费支付范围的护理帮助与其对家庭成员护理时间的影响进行了分析。总体而言，2001年到2006年间，护理服务利用者的比例，无论男性还是女性都增加了（女性由31.9%上升到38.7%，男性由35.9%上升到42.3%）。另外，无论在哪个时期，男性利用者的人数高于女性。但是值得注意的是，利用护理帮助的男性和女性，均比没有利用护理帮助的男性和女性，在护理方面花费的时间要多。这是否可以说，仅仅只是护理需求度高同时又有支付能力的家庭在利用护理服务。

有关利用护理帮助服务对家庭的影响，男女对此的感受不同。在2001年到2006年间，利用护理帮助服务的女性，用于家庭护理的时间，从平均每日85分钟到76分钟大幅减少，而没有利用这项服务的女性，在家庭护理时间方面基本上没有变化（每日53～54分钟）。而对于男性而言，不管是否使用护理帮助服务，男性用于护理的时间都略微地增加了。

总之，护理保险制度的实施，对于那些照料护理强度要求较高老人的女性来说，减轻了她们的负担。但是面对急速到来的人口老龄化的现实，对所有的家庭而言，家庭所承担的护理负担都加重了。男性以及没有居住在一起的家庭成员和亲戚，都开始参与到护理工作中来了。

（三）对家庭护理者的访谈

针对护理保险制度产生的影响，我们通过对统计数据的分析进行了论证。但是仅仅依据这个结果，难以知晓为了减轻护理带给家庭成员身心方面的负担，护理保险制度应有的改革方向。因此，我们还需要聆听家庭护理者的心声。

护理保险制度实施之后，有关它对护理者生活的影响，媒体频繁地进行了报道。其中，宣传护理保险制度带来惊人效果的报道非常多。例如，2001年3月19日的《西日本报纸》的报道：“自1998年开始，吉田太太（68岁）在家照料右半身瘫痪的丈夫（73岁）。每周一次她穿着内衣系着围裙浑身湿透地帮助丈夫洗澡。在护理保险制度实施以后，她接受了帮助洗浴的身体护理服务，由此作为妻子的身心压力获得了很大程度的减轻。如今，吉田先生非常快乐地享受着每周二次的日间护理。”[24]

家庭护理者的生活，在护理保险制度实施之后发生了怎样的变化，我们包括学生在内组成的研究小组走访了一个护理阿尔茨海默病人的家庭自助团队，对他们团队中的4名女性和4名男性成员进行了访谈。他们中的大多数人，本身也是老年人（60岁年龄段两人，70岁年龄段3人，80岁年龄段1人）。①

① 对家庭护理者和护工的访谈及对护理状况的数据分析，由同志社大学研究生院的山村葎、中原耕、咸日佑、广野俊辅、徐荣，以及京都大学研究生院的木下敬介、木下众、谷纪子完成。对家庭护理者的访谈，是在2008年末至2009年初，由木下众在大阪完成。6名被访者（2女4男）及他们的配偶者2人（两人均是女性），都照顾过自己的父母。另外，需要说明的是，本文中所举事例，被护理者的特征中当然也包含了被护理者是阿尔茨海默病人所呈现的特征。

接受访谈的每一个人都说到，他们在护理中倾注了大量的时间。事实上，对于那些在自己家中护理老人的护理者来说，护理成为了生活的中心，所以用于其他事情的时间非常有限。特别是夜间也需要护理，因此护理的时间变得更长。所有的被访者均表示，因为夜间需要护理，他们长期被睡眠不足的问题所困扰，即使有短时间的睡眠，他们也必须对病人的丝毫变化非常警觉才行。因此，除了“病人”离开家去接受日间护理服务（一周几次）或者短期托老服务（一个月几次），其他的时间里，包括家庭护工（依照护理保险制度规定所提供的上门护理）的护理时间在内，家庭护理成员的生活全部奉献给了家庭护理。像这样的居家护理状况，外部的护理服务仅仅只是一种辅助手段，所有的护理责任都落在了家庭成员的肩上。

家庭在利用外部服务方面存在差异，利用最多的是日间护理服务，其次是上门服务。“短期托老服务”虽然在老人接受服务的时间里，可以让护理者能够安心地睡一会，但是由于费用太高，因此利用此项服务的家庭非常少。在访谈中，大多数被访者都认为最大的担忧是护理费用问题。一个月的护理费用，护理保险中自己承担的部分和自费项目总和，大致在4万～8万日元之间。2006年国民年金保险的平均支付金额，大约每月是55 196日元。[25]根据需要护理人员的身心状况以及所利用服务种类的不同，护理者家庭还需要承担其他的医疗费、交通费等的支出。有的家庭一个月花费了30万日元，其中包含不在医保支付范围内的女护工和夜间护理费用。①

除此之外，家庭护理者的很多人（如被访者中的3名女性和3名男性），为了护理不得不减少工作时间甚至辞职，由此导致收入减少的结果。对于护理重症老人的家庭而言，他们承担着巨大的经济负担。被访者中，一些人曾经尝试利用如团体之家（Group Home）之类的护理机构，但是因为费用过高而放弃了。有些家庭因为经济原因，没有办法去护理机构，只能选择在家护理。

将来，自己希望接受怎样的护理方式？面对我们的这个问题，被访者一致表示不希望被家庭成员护理。因为他们知道家庭护理的巨大难处，他们不希望成为孩子或者家庭其他成员的“负担”。

针对如何改善护理保险制度的问题，被访者中存在着两种不同的观点。一部分家庭认为，即使花钱也可以，但是希望有新的或者方便的护理服务。另一部分家庭经济状况不佳的家庭认为，希望减少费用。全体被访者，在护理费用和对护理过程中的自己身体状况的担心方面意见一致，但是根据各自的家庭状况，他们的建议和担忧的内容多种多样。

（四）护理保险制度对不同收入水平家庭的影响

以减轻老年护理负担为目的制定的护理保险制度，现在却增加了低收入家庭的负担，这是经常被社会所指责的地方。这个制度将一部分社会服务及住院护理转为了保险内容，但是目前属于保险范畴的一部分服务项目，以前在很多地方，都是属于免费或者低收费提供的服务项目。实施护理保险制度以后，必须缴纳保险费和个人负担部分的费用，因为所缴纳的金

① 在日本，雇用女佣的费用非常高。有些女佣中介介绍机构列出的费用是，3小时5 500日元，一天（8个小时）需要10 545日元。

额是按照人们的收入水平决定的，对于很多低收入的老人而言，出现了负担过重的现象。应对这个情况，很多地方采取了对低收入者免缴保险费的政策。护理保险根本上而言属于保险制度性质，虽然厚生劳动省一再强调免缴费用的方法威胁到保险制度的本质，但是现实依然如此。

在很多的报告书中都指出，尽管随着护理保险制度的实施，所提供的护理服务项目的总量增加了，但是“国家”提供的服务项目总量，特别是对护理保险制度实施以前接受社会服务的、护理需求度高的人员的护理服务反而减少了。这一现象产生的原因是：①护理保险制度针对护理需求强度的不同，规定了可利用的护理服务总量的上限；②规定所利用的所有服务项目，个人都必须承担10%的费用，尽管看起来负担额度不高，但是对于低收入者而言，却是一个沉重负担。因为个人负担金额过重，导致生活处于窘迫境地的人群中，出现了选择放弃原本可以享受服务的现象。根据需要护理强度的不同，如何在护理保险规定的最大限度内使用护理服务，不同收入层的人们之间差异很大。①

综上所述，护理保险制度对每一个日本人的影响是不同的。期望让更多的人能够利用护理服务的同时，却缩小了低收入者的利用范围，我们必须正视这个矛盾。

五、处于被限制市场中的护工

（一）何谓护工

在日本，基于护理保险制度的规定被雇用的人，事实上成为了唯一的护工，因为没有雇用从事家务劳动工人的政策。以前存在过的雇用女佣的习惯，在经济高速发展的过程中几乎消失了，雇用女佣即使在今天也需要高额的雇用费用。另外，日本的外国人入境管理法也不容许非技术工人进入日本，因此雇用外国人从事家务劳动也是不可能的。应该关注的是，这点在世界各国的情况中都是非常罕见的现象。菲律宾和印度尼西亚，根据经济合作协定（Economic Partnership Agreement，EPA），在医疗、护理机构中开始雇用外国护士、护工。[26]

护理保险制度雇用规定下的护工，主要分为两种类型。第一是在被护理人员的家中提供上门护理服务的家庭护工，第二是在护理机构或者日间护理中心等托老机构工作的机构护工。

2006年家庭护工总数是167 141人，占护工总数的24.8%，机构护工总数是504 887人，占护工总数的75.1%（厚生劳动省 2007b）。② 根据《2007年护工劳动现状》[27]的调查数据显示，家庭护工的83.1%是女性，机构护工的70.7%是女性；家庭护工的平均年龄为49.8岁，机构护工的平均年龄为39.8岁。家庭护工中正式工人占15.6%，机构护工中正式工人占57.4%。[28]总之，从事护理工作的大部分是女性，并且非正式工人的比例很高，与家庭护工相比，机构护工中的男性和正式工人的比例都非常高。

---

① 在一些低收入的高龄者以及他们的家庭中，即使有较高的护理需求，但是护理保险制度实施后不得不放弃以前接受过的护理服务，类似的案例媒体中有很多报道，但是没有能够佐证这个事实的来自政府方面的统计。

② 从别的角度而言，护工的57.1%，是在日间利用的护理机构和被护理者家庭工作，42.9%是在护理机构工作（厚生劳动省. 2006年社会福祉设施等调查，2007b）。

（二）护工的低收入问题与“家庭主义”

护工的平均工资为每月160 753日元，其中家庭护工为88 994日元，机构护工为168 225日元，远远低于其他行业的平均工资。截止到2007年9月，正式工的护工月平均工资为221 248日元，这也仅是所有行业平均工资水平的80%。[29]然而护工中的绝大多数都是非正式工人，因此实际收入所得更低。占家庭护工总数82.1%的人，是按小时支付工资的非全日制工人，月平均工资只有72 484日元。除此之外，女性护工的平均工资只有男性护工工资的70%。[30]

前面已经提到，日本的社会保障制度，将女性视为被丈夫抚养的角色地位，因此对已婚女性的收入有诸多限制。这个制度也被护理市场招收廉价工人所利用。女性护工的低薪，源于护工行业的普遍低薪状况，这与男性护工面临的问题一样。但是“家庭主义”中对女性低薪的认识态度，也是造成这一结果的主要原因。在“家庭主义”的背景下，社会认为女性家庭成员有责任无偿地护理老人和生病的亲属，低收入的护工承担着与此相似的责任。护理保险制度的实施宗旨，原本是期望通过减轻家庭成员的负担改变“家庭主义”的影响，但实际上这个制度结构又再生产了“家庭主义”。

（三）护工市场劳动力短缺的原因

近年，护工市场存在着劳动力严重不足的问题。2008年，59.7%的护理企业经营者认为缺少人手，同时超过80%的经营者反映，难以招到家庭护工。与此同时，护工的离职率非常高，使得劳动力短缺的问题更加突出。护工在一个单位的平均工作时间大约是3.1年，其中家庭护工3.2年，机构护工2.8年。[31]

根据我们访谈的结果①，艰苦的工作环境是人们远离护工职业或者辞职的最主要原因。特别是在护理机构工作的正式护工，常常被强制要求无偿加班。另外，法律上规定有带薪休假制度，但是因为长期人手不足，目前为止还没有哪个机构护工能够享受到带薪休假制度的。

家庭护工的情况有所不同，对他们而言，与被护理对象所处关系的紧张导致的工作上的压力，是一个最为深刻的问题。特别是在与被护理者一对一相处的时候，这个问题尤其严重。有家庭护工举例：“不得不一遍遍地听被护理者反复说不想活了的话语，或者每天都接触到负面情绪，虽然这也是工作内容，但是感觉非常劳累。”还有护工说：“当我听到‘你这个混蛋，去死吧，不要再来了’等粗暴话语时，我就宽慰自己，他是病人他不是恶意的，他之后会意识到自己的不对，但是我变得开始讨厌这个工作。”在护工的工作环境中，虽然没有人提到性骚扰是一个严重的问题，但是如果这个问题一旦发生，与机构相比，封闭的个人住宅中它的危害性更大。

为了增加护工的人数，解决长期人手不足的问题，必须制定提高收入、改善劳动工作环境的政策。日本护理市场中存在的劳动力短缺和低工资的矛盾，是因为政府对市场的严格限

① 2008年末到2009年初，我们在京都访谈了5名护理机构的负责人和5名家庭护工，有关详细内容请参阅Uzuhashi Takafumi. The Political and Social Economy of Care，Research Report 4，UNRISD，Geneva，2010.

制所致。事实上，护工较低的工资水平，不是由劳动力市场中存在的供需双方的市场调节机制决定的，它是护理保险制度规定的结果。因为从事护理工作的大部分人是女性，是否是因为这个原因，导致了低薪待遇的形成，对此我们有必要进行质疑。

六、结论——日本老年护理结构的重新建构

（一）护理保险实施前后的护理结构

护理保险制度实施前后的日本老年护理结构，如图 3 所示。在制度实施之前，老年护理基本上是由家庭承担，国家仅仅只是对护理需求程度高的低收入人群提供了护理帮助。以前中上阶层的家庭可以雇用女佣护理老人，但是到 20 世纪 60 年代，这种做法几乎消失了。因为大部分的护理主要在家庭内部实施，所以护理市场的作用越来越小了。护理保险制度实施之后，日本的老年护理结构，向着提高政府和市场作用的方向发生了转变。与过去相比，现在扩大了利用公共服务的社会阶层的范围，同时人们开始逐渐意识到，国家负有提供护理服务的责任。

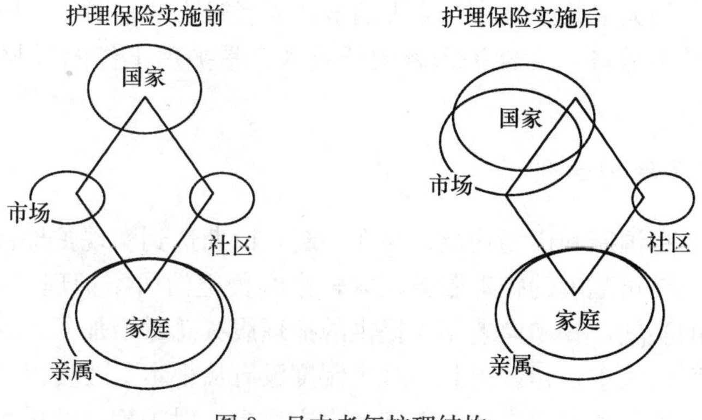

图 3　日本老年护理结构

（二）国家和市场的重叠

护理保险制度实施后的新的老年护理结构的特征是，国家和市场的作用几乎重叠在一起。尽管国家承认担负有为老年人提供护理的责任，但是实际上国家并没有增加为老年人提供的护理服务内容。甚至包括个人购买服务在内的举措，反而进一步强化了市场的作用，尤其是对处于不同收入阶层的人群，产生了与制度实施期望相悖的结果。根据护理保险制度的规定，全体国民都可以享有使用公共护理服务的权利，但是对于护理需求程度高的低收入家庭而言，在以前享有的服务权利丧失的同时，新制度中个人负担金额又超出了家庭承受能力，因此出现了放弃服务的倾向。

此外，护理市场因为受到护理保险制度的发展制约，使得护工的工资和工作环境，都停留在一个较低的水平。护工的工资体系是由政府决定的，这不仅导致劳动力短缺的问题，同时从事护理服务的企业，也不能够通过提高工资待遇达到吸引人才的目的。众所周知，对于护理工作而言，“市场经济”解决不了低工资的问题，我们也可以断言，国家通过调控手段也是不可能解决这个问题的。

（三）根深蒂固的“家庭主义”和社会性别不平等

通过对生活时间的调查显示，护理保险制度对那些承担着护理重症老人的家庭而言，减轻了他们的护理负担。但是因为保险支付规定了上限，同时保险规定了自己缴纳部分，对于低收入家庭来说，依然是家庭承担了大部分的护理工作。护理保险制度中的居家护理，主要护理人因为还是家庭成员，因此它只能算是对家庭护理工作的补充。鉴于此，护理保险所推进的居家护理战略，实际上是与“护理社会化”的最终目标自相矛盾的。实际上，这个制度中存在有“家庭主义”的影响。

事实上，护理工作中的社会性别不平等问题由来已久。虽然参与护理工作的男性人数有所增加，但是家庭内的护理，大部分是由女性承担的。女性在劳动力市场中处于不利的地位，能够获得足以请临时护工的工资，或者个人工作所得足以承担让老人进入护理机构费用的女性基本上没有。与此相对应的是，大多数的女性采取辞职回家，自己成为没有工资的临时护工。

女性护理者，特别是家庭护工，都处于不利的工作地位。她们的工资与其他护工相比非常低。另外，这些人的大多数，是作为丈夫的被抚养者身份的临时工，因此她们自身享受不到健康保险和其他社会服务。女性护理者的低收入，是护理工作的低收入和日本“家庭主义”双方的产物。①

（四）对护理保险的评价

护理保险制度，将国家和市场功能组合在一起，以期达到实现护理社会化的目的。于是它推动可以利用保险支付范围的护理服务，减轻家庭负担的居家护理事业的发展。事实上，通过护理保险制度的实施，日本向老年人提供的护理服务总量增加了，在一定程度上减轻了肩负护理责任的家庭的沉重负担。但是，这个制度没有从根本上改变以“家庭主义”为前提的原有护理结构，无论是在家庭中还是在劳动力市场中，对护理中的男女不平等进行了再生产。护理保险制度中存在着“家庭主义”和男女不平等的因素，是否也可以说是它们支撑了这个制度的实施。

为了解决护理服务中存在的问题，最基本的做法是应该有效控制市场机制中对低收入阶层的影响。在此基础上，应该更加重视公共护理机构的建设，因为机构护理可以减轻家庭护理的负担。在护理保险制度的组成中，虽然在推进居家护理的发展，但是机构护理的需求没有减少，希望入住公共护理机构的候补者的人数没有减少的征兆。虽然大多数的人都希望尽量能在家中生活的时间更长，但是谁也不希望因为自己而牺牲孩子或者家人的生活。

（五）全球化背景下的日本

急速进入老龄化的社会现实，难以再继续维持建立在“家庭主义”基础上的制度，日本

---

① “亲属”及“社区”，几乎没有或者说根本没有发挥作用，这是日本护理保险结构的又一个特征。有关这方面的内容，限于篇幅在本论文中没有给予充分阐述，请参阅 Ochiai Emiko. Care Diamonds and Welfare Regimesin East and Southeast Asian Societies：Bridging Family and Welfare Sociology. The International Journal of Japanese Sociology，18（2009）：60—78.

开始了迟到的改革。日本的经验，无论是成功经验还是失败经验，都有可能为"制度发展滞后国家"所借鉴。但是，日本所走过的道路有其独特性。在其他亚洲国家中，有的已经开始容许雇用外籍劳工做护工，扩大市场在提供从机构护理到居家护理的各种服务中的作用。① 在亚洲各国，社会福利制度的主流是以家庭主义和自由主义相结合的模式。[32] 日本与此相反，采用的是欧洲型的方法，创造出市场和国家作用相结合的被限制的护理市场。

然而，我们是否可以这样认为，日本的女性护工和无报酬的家庭护理者，发挥着与其他国家的外籍护工一样的作用。最根本的问题是，有护理需求的人，可能不具有支付相应服务的能力，无论护工是本国女性还是外籍女性，他们都没有雇用对方的经济实力。我们应该建立不让家庭护理者和护工处于不利社会地位的制度，应该给那些护理需求度高但是没有支付市场服务费用能力的人，给予一定的社会援助，这样才能够对他们的护理达到有效的帮助。

参考文献

[1] Uzuhashi Takafumi. *The Political and Social Economy of Care*, *Research Report* 1, UNRISD, Geneva, 2009.

[2] Campbell John C. *How Policies Change: The Japanese Government and the Aging Society*, Princeton: Princeton University Press, Princeton, 1992.

[3] Goodman Roger and Ito Peng. The East Asian Welfare States: Peripatetic Learning, daptive Change and Nation-Building. In Esping-Andersen, G., ed. *Welfare States in Transition: National Adaptations in Global Economies*. SAGE Publications, Thousand Oaks, Calif, 1997. Ochiai Emiko. The Post-war Japanese Family System in Global Perspective: Familialism, Low Fertility, and Gender Roles. U. S. - Japan Women's Journal, 2007, 29: 3—36.

[4] 国立社会保障·人口问题研究所. 2005 年度社会保障支出费，2005.

[5] 居神浩. 福祉国家动态论的展开－基于社会性别视角的分析. 埋桥孝文：福祉国家比较. 京都：MINERVA 书房，2003.

[6] 厚生劳动省. 护理支出费实际状态调查月报（2007 年 3 月审查部分），2007a.

[7] 厚生统计协会. 图解：通过统计数据了解护理保险（2009 年版），2009.

[8] 厚生统计协会. 图解 通过统计数据了解护理保险（2009 年版），2009.

[9] 厚生劳动省. 2006 年护理服务设施·事务所调查，2006b.

[10] 厚生劳动省. 2006 年护理服务设施·事务所调查，2006b.

[11] Abe Aya. *The Political and Social Economy of Care*. *Research Report* 3, UNRISD, Geneva, 2009.

[12] 国立社会保障·人口问题研究所. 不同规章制度背景下的社会保障支出费用的推移，2009b.

[13] 国立社会保障·人口问题研究所. 人口统计资料集 2009，2009a.

[14] Abe Aya. *The Political and Social Economy of Care*. *Research Report* 3, UNRISD, Geneva, 2009.

[15] 厚生劳动省. 2006 年社会福祉设施等调查，2007b.

[16] Abe Aya. *The Political and Social Economy of Care*. *Research Report* 3, UNRISD, Geneva, 2009.

[17] Uzuhashi Takafumi. *The Political and Social Economy of Care*, *Research Report* 4, UNRISD,

① 请参阅 Lan Pei-Chia. Global Cinderellas, Duke UniversityPress, Durham, 2006.

Geneva，2010.

［18］Abe Aya. *The Political and Social Economy of Care*. *Research Report* 3，UNRISD，Geneva，2009.

［19］厚生劳动省. 2004年国民生活基础调查，2006a.

［20］厚生劳动省. 护理支出实际状态调查月报（2007年3月审查部分），2007a.

［21］厚生劳动省. 2006年护理服务设施·事务所调查，2006b.

［22］厚生劳动省. 2006年社会福祉设施等调查，2007b.

［23］总务省统计局. 社会生活基本统计调查，1991，1996，2001，2006.

［24］继续探索的护理保险. 西日本报纸，2001－3－19，http://www.nishinippon.co.jp/media/news/0103/kaigohoken/kaigohoken.html.

［25］厚生统计协会. 保险和年金的动向2008，2008.

［26］安里和晃. 从外国引进人才的观点. 外国人才进入看护、护理行业的开始——接收国和输出国的对话. 东京：笹川平和财团出版，2009.

［27］财团法人护理劳动安定中心. 2007年度事务所中的护理劳动实际状态调查，2008.

［28］Uzuhashi Takafumi. *The Political and Social Economy of Care*，*Research Report* 4，UNRISD，Geneva，2010.

［29］Uzuhashi Takafumi. *The Political and Social Economy of Care*，*Research Report* 4，UNRISD，Geneva，2010.

［30］财团法人护理劳动安定中心. 2007年度事务所中的护理劳动实际状态调查，2008.

［31］财团法人护理劳动安定中心. 2007年度事务所中的护理劳动实际状态调查，2008.

［32］Ochiai Emiko. Care Diamonds and Welfare Regimes in East and Southeast Asian Societies：Bridging Family and Welfare Sociology，*The International Journal of Japanese Sociology*，2009，18：60－78. Ochiai Emiko and Barbara Molony. *Asia's New Mothers*：*Crafting Gender Roles and Childcare Networks in East and Southeast Asian Societies*. Global Oriental，Folkestone，2008. Asato Wako Familiarization of care and transnational migration in East Asia，*Journal of the Intimate and Public Spheres*：1，Kyoto，2010.

美国医保制度演进中大病风险化解机制研究

黄国武

【摘要】对中低收入者和高风险人群保障不足，是以私人保险为主导的美国医保制度的内在缺陷。从美国大病保障发展历程来看，美国政府主要采取打补丁的方式，通过扩大保障项目和保障人群等措施修补制度的漏洞。但随着医疗费用的快速增长，未参保人群和保障不足的参保人群面临越来越大的大病经济负担，甚至陷入灾难性医疗支出的困境。因此，提高该群体的承受能力和对其保障水平，防止因病破产一直是美国医改的重要内容。但由于医疗改革涉及多元利益的博弈，导致美国医改在近一百多年的时间内成效并不明显。直到奥巴马医改采取政府强势干预的方式，逐渐扩大覆盖面，对中低收入者和弱势群体采取缴费和费用补偿双向倾向的方式提高其应对大病经济风险的能力，并建立绝对值的最大自付限额，化解灾难性医疗支出风险。

【关键词】灾难性医疗支出　大病保障　奥巴马医改　最大支付限额

Research on the Mechanism of Catastrophic Risk Mitigation in the Evolution of the US Health Care System

Huang Guowu

(*School of Public Administration*, *Sichuan University*)

Abstract It is the inherent flaws of the private insurance of health care system of US that the systems protect inadequately the low-income and high-risk groups. From the development process of catastrophic illness security of US, the government adopted the main way of patching, by expanding insurance programs and groups. But with the rapid growth of medical costs, the uninsured population and inadequate protection of insured people face increasing economic burden of illness, even troubled catastrophic health expenditures. Therefore, it is an important part of US health care reform during a hundred years to improve the capacity of these groups. However the reform did not has obviously effect. Until Obamacare, the government takes the strong intervention action to gradually expand coverage for low-income and vulnerable groups, improving their ability to deal with catastrophic economic risks. And the government established the maximum limit to resolve catastrophic health expenditure risks.

Keywords catastrophic health expenditure　catastrophic illness security　obamacare　the limiting of the maximum payment

---

作者简介：黄国武，男，湖南娄底，四川大学公共管理学院讲师，博士。

基金项目：本文是国家社会科学基金一般项目“城乡统筹背景下我国医疗保障制度转型与路径选择研究”（项目编号：13BGL114）的阶段性研究成果。

一、引　　言

美国作为世界上唯一没有实现全民医保的发达国家，许多未参保群体或者保障不足的参保者因为大病而遭受灾难性医疗支出，造成个人和家庭的破产。据统计2001年美国有150万家庭和个人申请破产，比1980年增加了360倍，2007年又比2001上升了50%，其中疾病和医疗费用的账单是造成家庭和个人破产的主要原因。①② 灾难性医疗支出是指在医疗上的累积支出超过了家庭消费中非食品支出的40%，超过这个临界点，家庭的生活质量将严重下降。③④ 因此，美国历届政府都试图建立全民参保和保障充分的制度体系，这样的尝试甚至可以追溯到1912年，西奥多·罗斯福在总统竞选纲领中提出借鉴德国医保模式建立覆盖全体国民的医疗保障体制，但因大选失败而未能实施。到2009年奥巴马医改，在近100多年的时间中，美国进行了多达15次重大医疗改革，⑤ 但大多没有达到改革的目的，即控制医疗费用快速上涨，实现全民医保，解决灾难性医疗支出和因病破产等问题。如1990—1993年美国医疗费用平均增长速度为9.2%，2001—2003年的平均增长速度为8.9%，而同期GDP增长速度分别为5.0%、3.8%，⑥ 医疗费用增长超过经济增长速度，给国民带来巨大的经济负担，尤其是大病患者。本文的大病是以费用作为参照的相对概念，即只要个人自付的医疗费用达到或者超过个人承受能力的临界点都称为大病，其中临界点主要参考灾难性医疗支出标准。因此大病保障也是一个广义的概念，指所有能减轻大病经济负担，化解大病风险的制度集合。

二、美国私人医疗保险制度建立、发展及完善

从主要发达国家卫生投入和灾难性医疗支出发生率来看，美国是医疗卫生资源投入最多，而灾难性医疗支出发生率最高的发达国家，如表1。因此，美国的医疗体系，至少在大病保障方面并不充分。而这与其主体医疗保险制度有关，因此有必要分析美国私人保险的制度安排和内在机理。

（一）美国医疗制度体系现状

目前美国医疗制度体系主要由两大类构成，一类是由营利或者非营利的私人或社会组织承办的私人健康保险，另一类是政府主导和出资的医疗保险计划。前一类为自愿私人保险，主要由有工作关系的雇主提供，也有一小部分由个人直接购买。后一类主要覆盖弱势群体，

---

① David U. Himmelatein，Elizabeth Warren，Deborah Thorne & Steffie Woolhandler. Illness and Injury As Contributors To Bankruptcy. *Health Affairs*，2（2005）：63—64.

② David U. Himmelstein，Deborah Thorne，Elizabeth Warren. Medical Bankruptcy in the United States，2007：Results of a National Study. *The American Journal of Medicine* 122. 8（2009）：741—746.

③ Xu K，Evans D B，Kawabata K，er al. Household Catastrophic Health Expenditure：a Multicountryanalysis. *Lancer*，362（2003）：111—117

④ *Health Financing Strategy for the Asia Pacific Region*（2010—2015）. WHO，2009：39.

⑤ 王虎峰. 医改周期：基于15国百余年医改事件的结构化分析［J］. 经济社会体制比较，2012，7（4）：32—43.

⑥ Micah Hartman，Anne B. Martin，David Lassman et al. National Health Spending in 2013：Growth Slows，Remains in Step with the Overall Economy. *Health Affairs* 12，（2014）：1—11.

表 1　　主要发达国家医疗卫生投入和灾难性医疗支出发生率情况

	加拿大	法国	德国	瑞典	南非	英国	美国
卫生投入占 GDP 比重（%）	10.9	11.7	11.3	9.7	8.9	9.1	17.1
灾难性医疗支出发生率（%）	0.09	0.01	0.03	0.18	0.03	0.04	0.55

数据来源：世界卫生组织网站，http://apps.who.int/gho/data/node.main.75；Ke Xu，David B Evans，Kei Kawabata，et al. Household Catastrophic Health Expenditure：a Multicountry Analysis. The Lancet，2003，362：111—117。

包括低收入家庭、老年人、残疾人、儿童和孕妇等，主要的制度有医疗救助（Mediaid）、医疗保障（Medicare）、儿童健康保险计划（State Children' Health Insurance Program）。[①] 据美国人口调查 2013 报告显示（Current Population Survey 2013）：在 2013 年没有参加任何保险的人约为 4 195 万人，占总人口比重 13.39%；有保险的人约为 27 144 万人，占比 86.61%；其中参加私人保险的人约为 20 106 万人，约占总人口 64.16%，占总参保人数 74.07%；参加政府保险计划的人约 10 758 万人，约占总人口 34.33%，约占总参保人 39.63%；同时参加两种保险的人数，如私人保险和医疗救助为 1 067 万人，参加医疗保障和私人保险为 2 353 万人，参加医疗救助和医疗保障为 512 万人。[②] 各种保险制度之间的交叉重叠也显示美国主体医保制度保障不足问题，因为大多数发达国家虽然也存在多种制度，但国民一般主要依靠一种制度化解大病风险，不需要同时参加多种基本医疗保险。

（二）私人保险制度建立和发展

从 1929 年第一个蓝十字计划实施以来，私人保险逐渐成为了美国医疗保险的主体。二战后，资本主义国家经济发展出现黄金时期，美国劳动力市场供不应求，加之美国政府允许把保费作为免税部分。因此雇主往往通过提供医疗保险这种非现金的方式，来提高员工待遇，增加企业对员工的吸引力。从 1945 年到 1964 年，美国私人医疗保险的覆盖比例从 24%增加到 79%，达到最高点。并且 1964 年有将近 71%的雇员还参加外科手术保险，通过该保险支付医生的手术费用。虽然参保率较高，但是实际保障水平并不高，1964 年保险补偿支付只占全国总医疗费用的 20%，并且总医疗费用只占 GDP 的 5.9%。[③] 随着经济的发展和保险待遇的提高，保费也在不断增加。在 2013 年基于雇佣关系的家庭平均医疗保险保费增加到 16 029 美元，比 2003 年的 9 249 美元增长了 73%；单独一个人的保险保费从 3 481 美元增加到 5 571 美元，增加了 60%。[④] 基于雇佣关系的私人医疗保险，缴费的特点主要由雇主缴费，也有一些需要雇员承担部分保费的保险，如表 2 和表 3。美国健康维持组织作为管理医疗服务的一种形式，在有健康维持组织中签约的医生具有某种意义的守门人的职能，需要初期医疗服务的首诊医生授权才可以进行转诊和接受专科服务。不过也有一些健康维持组织允许患者自己自由选择，但是需要承担一个较高的自付比例。如表 4 是美国某企业的保险待遇情况。

---

① 陈蒙蒙. 美国社会保障制度研究［M］. 南京：江苏人民出版社，2008：162.

② 数据来源：美国人口调查报告 2013 年《Current Population Survey 2013》。

③ Micah Hartman，Anne B. Martin，David Lassman et al. National Health Spending in 2013：Growth Slows，Remains in Step with the Overall Economy. *Health Affairs* 12.（2014）：1—11.

④ Sara R. Collins，David C. Radley，Cathy Schoen et al. *National Trends in the Cost of Employer Health Insurance Coverage*，2003—2013. The Commonwealth Fund 2014，12.

表2　　美国某企业EPO计划2015年缴费情况表　　单位：美元

保险类型	每月保费	雇主每月负担	员工每月负担
员工个人	495.19	495.19	0
员工＋配偶	995.59	745.39	250.2
员工＋小孩	897.99	696.59	201.4
员工＋配偶＋小孩	1 483.53	989.36	494.17

表3　　美国某企业PPO计划2015年缴费情况表　　单位：美元

保险类型	每月保费	雇主每月负担	员工每月负担
员工个人	533.93	495.19	38.74
员工＋配偶	1 067.86	745.39	322.47
员工＋小孩	961.07	696.59	264.48
员工＋配偶＋小孩	1 601.79	989.36	612.43

表4　　美国某企业员工EPO和PPO计划2015年的补偿标准表

医保项目	EPO计划	PPO计划	
	网络内	网络内	网络外
自付费用（美元）	20	20	免赔额＋40%共同保险
共同保险	10%	10%	40%
一般化验/X光检查	共同保险10%	共同保险10%	免赔额＋40%共同保险
MRI/CAT扫描	免赔额＋10%共同保险	免赔额＋10%共同保险	免赔额＋40%共同保险
住院护理/手术治疗	免赔额＋10%共同保险	免赔额＋10%共同保险	免赔额＋40%共同保险
处方药	自付10/25/50	自付10/25/50	只限网络内
免赔额	个人500美元，家庭1 250美元	个人500美元，家庭1 250美元	个人2 000美元，家庭5 000美元
共同保险上限	个人1 500美元，家庭3 750美元	个人1 500美元，家庭3 750美元	个人6 000美元，家庭15 000美元
总自付额上限	个人2 000美元，家庭5 000美元	个人2 000美元，家庭5 000美元	个人8 000美元，家庭20 000美元

注：表1、2、3数据由实地访谈得到；美国商业的医疗保险计划很多，每个计划根据参保人的具体情况设置，因此上表中的计划只是众多计划中的一个，但是在中低收入者的参保计划中具有较强代表性。注：EPO（Exclusive Provider Organization）为专有提供者组织，PPO（Preferred Provider Organization）为优先医疗服务组织。免赔额相等于我们的起付线，共同保险相当于我国的自付比，即1—共同保险等于我国的报销比。网络内与网络外是指在该计划中保险公司通过与医生和医院谈判、签约获得一个优惠的医疗服务价格，经过谈判和签约的医生和医院属于网络名单内，其他属于网络外。

从上述三个表可以看出，虽然员工缴费很少，甚至不用缴费。但是雇主缴费很高，据调研了解参加该计划的雇员月收入约3 000左右美元，雇主缴费约占工资总额的16.5%。补偿水平方面，免赔额高，相当于我国的起付线。并且不少项目在免赔额上还需要支付一个10%共同保险（自付比）。而在网络外看病，则需要支付高达40%的共同保险。缴费多但大病医疗负担较重是美国医疗保险发展面临的重要问题。根据哈佛大学对随机抽取的2 314个破产案例研究显示，62.1%的个人破产是因为医疗支出的原因，其中大部分是中低收入者，四分之三有基本医疗保险。①

① David U. Himmelstein, Deborah Thorne, Elizabeth Warren. Medical Bankruptcy in the United States, 2007: Results of a National Study. *The American Journal of Medicine* 122, 8 (2009): 741－746.

（三）对私人保险制度修补和完善

从上分析可看出美国私人医疗保险制度存在对大病经济风险化解不足的漏洞，更不用说未参保的群体。因此在1965年美国政府为老年人建立社会医疗保障，为穷人建立医疗救助，借此弥补主体制度的漏洞。1965年美国国会又颁布了特殊疾病法律，心脏病、癌症和中风修正案，希望改善这些重大疾病给患者及家庭带来的巨大经济负担。1969年国会表决通过援助遭受尘肺病矿工法案，1969年的联邦煤矿工人健康和安全方案，随后1972年宪法修正案通过尘肺病法案，提高对矿工的保障水平，降低职业病导致的灾难性医疗支出风险。1972年社会保障修正案，使大部分末期肾脏疾病的受害者得到较好的医疗保障。[①] 但是，整体上美国初期的保障水平并不高，并且随着医疗费用快速上涨，这些保障项目无法有效化解国民的大病风险，尤其难以解决严重疾病患者的高额医疗费用负担的问题。因此，大病不仅造成经济问题，如家庭和个人破产，而且还会引发社会道德问题。如当老年夫妇一方失能进入护理院，另一方往往需要耗尽所有的积蓄，甚至变卖资产来支出相关费用，从而陷入贫困；于是健康一方的老人为维护自己的财产或基本生活水平，往往不得不采取离婚的方式，免除自己的责任，避免陷入贫困，也使住在护理院的配偶能够获得医疗救助。[②] 因此，在20世纪70年代，医疗保障尤其是化解灾难性医疗支付风险成为了美国社会一个主要公共政策问题。[③] 以商业保险为主导，社会医疗保障和政府医疗救助为补充的模式，不仅无法实现全覆盖和充分保障，而且不能有效控制医疗费用的快速上涨。美国医疗卫生支出占GDP的比重从1970的7%增加到1984年的10.2%，到2012年的17.9%。但是这个支出的增加并不是简单的由需求和供给相互作用导致，相反，实际显示增加的医疗卫生支出没有使公众获得同样增量的健康受益。[④] 美国医疗费用的过快膨胀成为美国健康医疗保障项目难以克服的内在痼疾，困扰和拖累着美国健康医疗保障项目的进一步发展。[⑤] 国民面临较重的医疗经济负担，甚至遭受灾难性医疗支出，尤其是未参保者和保障不足的参保者。

三、减轻大病经济负担的探索和实践

为了解决国民大病经济负担过重，和灾难性医疗支出问题，美国的政治家提出了许多的改革方案。其中主要的方案有：肯尼迪的综合保险方案、西蒙方案、里根方案等。

（一）肯尼迪方案

肯尼迪方案由参议院爱德华肯尼迪提出，该方案计划给美国人提供广泛的医疗保障，包括预防健康卫生服务和灾难性医疗支出保障。该方案设置统一标准和受益条件，使保费基于

---

① 高芳英．美国医疗体制改革历程探析［J］．世界历史，2014，（4）：75－85．

② Edward C. Norton，Virender Kumar. The Long Run Effect of the Medicare Catastrophic Coverage Act. JSTOR，*INQUIRY* 37，2（2000）：173－187.

③ Clark C. Havighurst，James F. Blumstein，Randall Bovbjerg. Strategies in Underwriting the Costs of Catastrophic Disease. *Law and Contemporary Problems* 40，4（1976）：122－195.

④ Jay L. Zucker. Catastrophic Health Insurance and Cost Containment：Restructuring the Current Health Insurance System. *American Journal of Law & Medicine* 6，1（1980）：83－103.

⑤ 杨冠琼．当代美国社会保障制度［M］．北京：法律出版社，2001：126．

参保人工资而不是健康状况。为鼓励竞争，允许私人保险公司在联邦政府设置的最高保费下，收取相对较低的保费。肯尼迪方案试图通过政府的高强度干预来保障所有国民获得医疗保险，并且通过对医院和医生费用的控制，来遏制医疗成本的上升，进而保证医疗费用负担在国民承受范围内。但是因为政府干预和高昂的成本而受到美国民众的反对，并且缺乏有效的共付比和免赔额约束，使得参保人的成本意识下降。甚至造成医疗服务成为免费产品，造成资源浪费。同时肯尼迪方案没有消除和减少现行制度中过度保障和保障不足的问题，因此也很难得到国民的认可。

（二）西蒙方案

国会议员西蒙在20世纪70年代提出另一个医保改革方案，使医疗保险制度与联邦税收系统相结合。该方案允许个人在支出较多医疗费用后，可以从其个人收入税中得到补贴，从而减轻个人的医疗负担。当医疗支出超过了个人总收入的20%，超过部分可以全部获得税收减免。如果个人税收减免额大于个人应付收入税总额时，超过部分由联邦政府支付给个人。西蒙方案确定了个人总收入的10%作为医疗费用减免的起付标准，在10%～20%之间减免一半医疗费用，20%以上医疗费用全部获得税收补贴。[①] 使他们一半的医疗费用通过减免收入税的方式得到进一步的补偿。西蒙的方案通过医疗费用直接与个人收入挂钩，在税收的补贴下，使医疗费用无法超过灾难性医疗支出的红线。然而通过税收减免的方式，使联邦政府在控制医疗成本上涨的影响力上弱于直接的政府补贴。并且西蒙方案也不能真正解决个人收入较低、纳税较少和储蓄较少甚至没有储蓄人群的医疗负担问题，因为这个方案要求患者先支付医疗费用后得到税收减免的补偿。因此，难以获得广大中低收入者的支持。

（三）里根方案

1988年里根政府推出了里根方案，即医疗灾难性保障法案（Medicare Catastrophic Coverage Act，MCCA），并在众议院（328对72）和参议院（86对11）以压倒性支持数获得了通过。该方案是健康与人类服务部长奥蒂斯·鲍恩为处理老年人和残疾人高额的医疗服务费用的提案。鲍恩的报告包括处理医疗保障制度覆盖人群的长期护理成本和非医疗保障覆盖人群的灾难性医疗成本。里根总统把这个项目称作为帮助老年人和失能美国人免除医疗经济负担的重要保障制度。但是在筹资上与保险模式一样，里根总统坚持受益老年人必须完全自己筹资，并且不管经济状况如何。这个法令也是联邦医疗保障项目自1965年建立以来最大的一次扩大，然而仅仅16个月，1989年11月22日国会就撤销了这个具有里程碑意义的医疗保险项目[②]，成为了美国历史上最主要的失败立法之一[③]。其中一个叫作詹姆斯罗斯福的组织，煽动他的会员反对法案，尤其是有钱的老年人。因为这些老年人75%已经通过私

① Jay L. Zucker. Catastrophic Health Insurance and Cost Containment：Restructuring the Current Health Insurance System. *American Journal of Law & Medicine* 6，1（1980）：83－103.

② Joseph C. Morreale. The Medicare Catastrophic Coverage Act of 1988：Issues of Equity in a Policy Reversal. *Journal of Contemporary Health Law & Policy* 7.（1991）：118－155.

③ Marllyn Moon. The Rise and Fall of the Medicare Catastrophic Coverage Act. National Tax Journal 43，3（1990）：371－381.

人医疗保险或者通过前雇主的退休计划获得了医疗保障。并且具有最高支付能力的最富有者已经得到最好的保障，剩下25%老年人中的三分之一群体已经通过穷人的医疗救助项目得到了保障。因此，越来越多的高收入老年人表达了强烈的不满和反对，并推动法案的废除。[①] 虽然大部分MCCA条款一年以后被撤销，但仍有部分化解老年人因病致贫的条款得到保留。如MCCA法律为减少结婚老人夫妇中一方进入护理院而出现家庭整体因病致贫风险，允许住在社区中的另一方在财务上保持独立，使进入护理院生活缺乏自理能力的配偶有资格获得医疗救助，这样可以保证住在社区的另一方能维持正常生活水平而不至于陷入困境。[②] 同时该方案也对老人的医疗保障进行了一些改革，在住院保险受益方面进行了调整。首先，医疗保障支付严重疾病的住院患者在每年560美元免赔额之上的所有成本，参保者只需要支付一个免赔额（起付线）。其次，在技术熟练护理设施上的限制期限从每一个治疗期100天变为每年150天。最后，个人支付的共同保险费用只能是每年住院的前8天，平均每天20%的成本（在1989年大概是25.5美元）。补充医疗保险，要求参保者支付75美元一年的免赔额和在免赔额以上合理费用的20%。从1990年1月开始，补充医疗保险的受益开始扩大，每一个参保人共付责任被封顶，在1990年个人责任的最大限额为1 370美元。[③]

除了以上具有鲜明特点的改革方案外，美国政府总共推动15次的医疗改革。但是并没能有效解决覆盖面和控制医疗费用的主要问题，尤其是解决大病对中低收入者负担过重的问题。除了政治和文化原因，公众对医疗改革的认识不全面也是影响改革的重要原因，尤其是公众往往高估了提高大病保障水平的成本。美国的地方医疗改革实践显示，政府提供的灾难性保险在财政投入和管理运行成本上并不像预计的那么高。例如：根据美国国家医疗服务使用和费用的调研（The National Medical Care Utilization and Expenditure Survey）显示那些建立儿童灾难性医疗保险计划的州，项目成本低，并且支付风险管理容易。根据超过10年的统计数据分析，1977年明尼苏达州平均每一个州居民只需要1.38美元，1975年罗德岛州需要2.15美元。总体上这些项目支出相对平稳，成本并不高[④]。因此，外界过分夸大消除灾难性医疗支出的成本，在一定程度上阻碍大病保障水平的提高。

四、减轻大病高风险人群的重要制度设计和改革

老年人作为大病风险较高，承受能力较弱的人群，一直是世界各国关注的重点，美国也不例外，1965年建立了专门针对老年人的医疗保障计划。美国的医疗保障计划包括四部分，最初包括两个部分：住院保险（Part A）和补充医疗保险（Part B），住院保险部分主要包括住院的医疗费用补偿，而补充医疗保险部分补偿大部分医生服务，门诊和持续的医疗设施服务。但是建立之初并没有门诊处方药和个人现金支付的限额。直到2006年由于这些问题

① David P. Fan and Lois Norem. The Media and the Fate of the Medicare Catastrophic Extension Act. *Journal of Health Politics* 17，1（1992）：39—70.

② Edward C. Norton，Virender Kumar. The Long Run Effect of the Medicare Catastrophic Coverage Act. *JSTOR*，*INQUIRY* 37，2（2000）：173—187.

③ S Christensen，R Kasten. Covering Catastrophic Expenses under Medicare. *Health Affairs* 1，5（1988）：79—93.

④ Am Acad Pediatrics Health Care Financing for the Child with Catastrophic Costs. *Pediatrics* 80，5（1987）：752—757.

导致个人医疗负担过重才被关注和重视，进而扩展了保障的范围和项目。医疗保障资金主要由工资税、一般由财政收入和受益者缴费构成。住院保险是真正的社会保险项目，强制征收医疗保障税。在1966年医疗保障的收入税是0.35%，雇主和雇员都要缴纳，到1986年增加到1.45%；2013年奥巴马医改对高收入者再征收一个额外的0.9%，高收入是指个人年收入超过20万美元或一个家庭年收入超过25万美元。补充医疗保险是自愿缴费，参加住院保险的受益人有资格参加补充医疗保险，需要每月缴纳一定的保险费，并直接从社会保障账户中扣除。但是个人缴纳的保费只占到补充医疗保险成本的25%，剩下的部分需要联邦一般性财政收入的补贴。住院保险和补充医疗保险都要求受益人成本分担，例如住院保险第一天住院属于保险免赔（即起付线），以及超过60天后的费用需要承担共同保险（医疗费用自付比例）；补充医疗保险有年度免赔额以及在大部分服务中需要参保人承担20%的共同保险。到2013年奥巴马医改，住院保险的免赔额调整到每次住院的1 184美元，在61天到90天个人支付为每天296美元，超过90天后个人每天需要自付592美元。专业护理设施21天到100天每日个人自付144.5美元，补充医疗保险保费是每月104.9美元，年度免赔额为147美元，从2007年开始保费与收入相关，高收入月保费达到335.7美元（高收入是指年收入21.4万美元）①。私人医疗保障优势计划（Part C）主要是为了控制医疗费用，实行有管理的服务，即通过协议提供医疗服务，控制价格。2012年参保人1 310万人，占医疗保障受益人的27%。2003年通过法律确定下来处方药保障（Part D）；处方药保障保费成本获得联邦一般财政收入75%的补贴。美国正是通过这种“打补丁”的方式不断完善医疗保障的广度和深度，逐渐减轻覆盖人群的大病经济负担。为防止老年人陷入灾难性医疗支出困境，美国医疗保障还建立年度个人自付最高限额，即在一个年度内被保险人需要支付的免赔额和共付比的最大总额，超过该总额的部分由保险基金承担。当然这个计划中也设置了避免保险公司承担无限经济责任的机制，如一生最大支付限额，即保险公司需要支付的被保险一生中医疗服务的最大限额，超过该限额后，保险公司不再进行补偿。虽然美国的医疗保障制度的建立和发展，在一定程度上加快了美国医疗费用的增长速度。但是该计划有针对性的保障大病高风险人群，因此具有较强的公平性和合理性，成为美国医疗保险制度的重要“补丁”。

五、奥巴马医改：夹心层的医疗保障和大病风险化解

随着美国医疗费用的快速上涨，处于商业保险、医疗保障和医疗救助之间的夹心层和商业保险保障不足的中低收入群体，面临越来越大的大病经济风险。奥巴马医改正是满足这部分人群对大病保障的需求，通过政府补贴的方式使大约1 600万人购买更加充足的私人保险，而另外1 600万人通过降低医疗救助的资格标准获得医疗救助。根据联邦贫困线②确定缴费标准：家庭收入在联邦贫困线100%～133%范围，个人缴纳的参保费为收入的2%；在133%～150%范围，保费为收入的3%～4%；在150%～200%范围，保费为收入的4%～6.3%；在200%～250%范围，保费为收入的6.3%～8.05%，在250%～300%范围，保费

---

① Cerald F. Kominski. *Changing the U. S. Health Care System：Key Issues in Health Services Policy and Management*（4th *EDN*）. Gerald F. Kominski，Jeanne T. Black，Thomas H. Rice. Medicare Reform. San Francisco，Jossey-Bass，2013：657.

② 2013年美国移民局在I—864P中公布的贫困线标准，两个人年收入贫困线标准为19 387美元

为收入的 8.05%～9.5%，在 300%～400%范围，为收入的保费 9.5%。[①] 为防止逆向选择和有能力参保而逃避参保责任的人，进行年度递增的处罚机制。即随着改革的推进，处罚力度不断增加：对于法律规定应该参保的人，如果没有参保，在 2014 年成年人每人处罚 95 美元，最多处罚 285 美元或者收入的 1%；到 2015 年成年人每人处罚 325 美元，最多处罚 975 美元，或收入的 2%；2016 年成年人每人处罚 695 美元，最多处罚 2 085 美元，或收入的 2.5%。在保障水平上，为了防止个人或家庭陷入灾难医疗支出困境。首先，奥巴马医改计划中取消了终身保险赔付限额，和年度保险赔付限额。并且要求保险公司提供的保险计划，至少具有保险精算价值（Actuarial Value）的 70%或者 80%。其次，设置年度个人现金支付最大限额，2013 年的限额为每人 6 250 美元，家庭为 12 500 美元，并且根据每年的通货膨胀情况进行弹性调整。最后，向弱者倾向的制度设计，如在联邦贫困线 100%～149%的家庭，保险的赔付比为 94%；在 150%～199%赔付比为 87%；在 200%～250%赔付比为 73%。同时，对保险公司的免赔额有严格的限制，一个人不能超过 2 000 美元，家庭不能超过 4 000 美元。[②]

由于奥巴马医改主要针对夹心层人群，即收入中等偏下者——既不能享受穷人的医疗救助，也没有参加私人保险或者参加了私人保险但保障不足的人群。因此在缴费上以联邦的贫困线作为参考依据，根据收入与贫困线之间的关系，建立向弱者倾斜的缴费机制，收入少缴费比例低，收入多缴费比例高。而在待遇上刚好相反，政府强制规定，保险公司对收入低者提供更高的补偿水平，收入越低补偿比越高。缴费和补偿向低收入双重倾向的方式，最大限度的减轻了低收入者的大病医疗负担，降低了家庭灾难性医疗支出的风险。当然奥巴马医改能够建立缴费和收入挂钩的筹资机制，与其成熟、精细的税收制度密切相关。但是，即使在税收制度非常先进的美国，运行过程中也不可避免出现一些问题。如 2014 年在联邦和各州医保法规定用政府退税补贴买保险的美国民众中，有 52%的参保者收入被低估，有三分之一的参保者收入被高估[③]。

奥巴马医改的影响，美国全国医疗卫生总费用增长速度逐渐缓和，增长速度从 2007 年的 6.3%，下降到 2013 年的 3.8%。[④] 随着美国经济的强势复苏，医疗卫生总支出占 GDP 的比重增长速度甚至出现下降的趋势，如表 5。奥巴马医改目前还存在较大争论：虽然政治的对立逐渐减弱，但是仍然有较大影响，特别是在共和党主政的南部和西部地区，以及国会。但是奥巴马医改将成为美国医疗体系自 1965 年推行老人医疗保障制度和穷人医疗救助以来最重要和影响最深远的改革，也将改变美国作为唯一没有实现医疗保险全民覆盖的发达国家的尴尬局面。

---

① 数据来源：美国政府健康保障网站 https://www.healthcare.gov/

② Cerald F. Kominski. Changing the U. S. Health Care System: Key Issues in Health Services Policy and Management (4th EDN). Gerald F. Kominski. *The Patient Protection and Affordable Care Act of* 2010. San Francisco: Jossey-Bass, 2013: 3—31.

③ 数据来源：美国逾半数民众收入被低估，需要退换医保补贴［DB/OL］. 中国新闻网，2015 年 02 月 26 日 http://www.chinanews.com/gj/2015/02-26/7081552.shtml

④ Micah Hartman, Anne B. Martin, David Lassman et al. National Health Spending in 2013: Growth Slows, Remains in step with the Overall Economy. *Health Affairs*, 12 (2014): 1—11.

表5　　2004—2013年十年间美国医疗卫生支出占GDP比重情况　　单位：%

2004	2005	2006	2007	2008	2009	2010	2011	2012	2013
15.7	15.8	15.9	16.1	16.5	17.7	17.7	17.7	17.9	17.1

数据来源：WHO网站，http://apps.who.int/gho/data/node.country.country-USA

小　结

美国医保制度演进中大病风险化解机制的特点：

第一，整体制度结构上，属于板块交叉型。主体以私人保险为主，政府主导的社会救助和老人医疗保障为补充。但是这三个主要保险之间还存在相互之间的重叠，即存在同时参加医疗保障和私人保险，或者既享受私人保险又获得社会救助等多种组合情况。这说明三种保障制度对部分群体的大病保障并不充分，需要多种制度相互补充，提高其大病承受能力。多种制度之间的有效衔接程度影响到资源配置的效率和效果，从实践效果来看即使是美国这样管理和技术非常先进的国家，也难以保障制度无缝衔接和各种资源的高效整合。

第二，从大病保障发展历程来看，美国大病保障属于“打补丁”式发展方式。由于私人医疗保险的逆向选择和道德风险，不可避免的导致部分人群得不到充分的保障，尤其是中低收入者和高风险人群。这部分人群医疗支出较多，而经济承受能力较弱，容易陷入家庭灾难性医疗支出的困境。因此，需要不断增加新的制度来弥补私人医疗保险的漏洞。而这是打补丁方式建立的制度体系，难以有效控制医疗费用的快速上涨，从而造成了美国医疗卫生投入全球最多，而整体效率不高的重要原因（世界卫生组织2000年的报告显示，美国医疗卫生的整体绩效排名为37位）。

第三，从化解大病经济风险，消除灾难性医疗支出的模式上看，美国采用个人或家庭最大支付限额的模式（即自付封顶），最大支付限额又以绝对数为标准。从国际实践看最大支付限额主要采取三种标准：一种相对比限额，即自付最大限额与个人或家庭的收入完全挂钩，如德国，一般最大限额为家庭收入的2%，而慢性病患为家庭收入的1%；一种是绝对数限额，如美国，奥巴马医改中规定2013年的自付最大限额，个人为6 250美元，家庭为12 500美元；还有一种混合方式，即根据收入大致分为三四个级别，每个级别对应不同的最高限额计算办法，其中既有绝对值也有相对比限额，如日本，高收入者的最大限额为150 000日元+（医疗费用－500 000日元）×1%，一般收入者最大限额为80 100日元+（医疗费用－267 000日元）×1%，低收入者最大限额为35 400日元。设置绝对值最大限额，操作简单，但要求参保群体收入差距较小，奥巴马医改中扩大覆盖的人群具有这样的特点。

第四，减轻国民的大病经济负担，化解灾难性医疗支出，是制度发展的内在要求。随着经济、社会发展，人们希望把对疾病的无限经济责任控制在有限可承受范围内。尤其健康作为其他基本人权实现的基础保障，国民迫切希望通过制度安排来消除因为经济能力而放弃疾病治疗的现象，防止因病致贫、因病破产问题的出现。因此，完善医疗卫生体制，提高大病保障能力，成为历届美国政府的重要议题，在20世纪70年代甚至成为主要的政治改革任务。但是因为医疗改革涉及到多个利益群体，这种多元利益博弈的格局，也造成了医疗改革过程的曲折和反复。利益受损群体甚至会通过夸大改革成本来阻碍改革的进程。

第五，对中低收入者的双向倾向。按照灾难性医疗支出的定义可以看出，在遭受同种大病的情况下，医疗费用占穷人家庭收入的比重远大于富人；中低收入者承受大病的能力较弱，遭受灾难性医疗支出的风险较大。因此，奥巴马医改并不是简单按照权利义务均衡的原则，而是实行双向倾向政策，来保障中低收入者。即收入越低缴费越少，缴费越少保障水平越高，极大限度的提高中低收入者和弱势群体的大病承受能力，进而化解其灾难性医疗支出风险。

参考文献

[1] Am Acad. Pediatrics Health Care financing for the Child with Catastrophic Costs. *Pediatrics* 80，5 (1987).

[2] Cerald F. Kominski. *Changing the U. S. Health Care System*：*Key Issues in Health Services Policy and Management* (*4th EDN*). Gerald F. Kominski，Jeanne T. Black，Thomas H. Rice. San Francisco：Jossey-Bass，2013.

[3] Clark C. Havighurst，James F. Blumstein，Randall Bovbjerg. Strategies in Underwriting the Costs of Catastrophic Disease. *Law and Contemporary Problems* 40，4 (1976).

[4] David U. Himmelatein，Elizabeth Warren，Deborah Thorne & Steffie Woolhandler. Illness And Injury As Contributors To Bankruptcy. *Health Affairs*，2 (2005).

[5] Edward C. Norton，Virender Kumar. The Long Run Effect of the Medicare Catastrophic Coverage Act. *JSTOR*，*INQUIRY* 37. 2 (2000).

[6] Jay L. Zucker. Catastrophic Health Insurance and Cost Containment：Restructuring the Current Health Insurance System. *American Journal of Law & Medicine* 6. 1 (1980).

[7] Joseph C. Morreale. The Medicare Catastrophic Coverage Act of 1988：Issues of Equity in a Policy Reversal. *Journal of Contemporary Health Law & Policy*，7 (1991).

[8] WHO. *Health Financing Strategy for the Asia Pacific Region* (2010—2015)，2009.

[9] Sara R. Collins，David C. Radley，Cathy Schoen et al. *National Trends in the Cost of Employer Health Insurance Coverage*，2003—2013. The Commonwealth Tund，12 (2014).

[10] Marllyn Moon. The Rise and Fall of the Medicare Catastrophic Coverage Act. *National Tax Journal* 43，3 (1990).

[11] Micah Hartman，Anne B. Martin，David Lassman et al. National Health Spending in 2013：Growth Slows，Remains in Step with the Overall Economy. *Health Affairs*，12 (2014).

[12] S Christensen，R Kasten. Covering Catastrophic Expenses under Medicare. *Health Affairs* 1，5 (1988).

[13] Xu K，Evans D B，Kawabata K，er al. Household Catastrophic Health Expenditure：a Multicountry Analysis. *Lancet*，362 (2003).

[14] 陈蒙蒙. 美国社会保障制度研究 [M]. 南京：江苏人民出版社，2008：162.

[15] 王虎峰. 医改周期：基于15国百余年医改事件的结构化分析 [J]. 经济社会体制比较，2012，7 (4)：32—43.

[16] 高芳英. 美国医疗体制改革历程探析 [J]. 世界历史，2014，(4)：75—85.

[17] 杨冠琼. 当代美国社会保障制度 [M]. 北京：法律出版社，2001：126.

中国地区间财政医疗卫生支出差距的度量与分解：1997—2013 年

刘苓玲　徐　雷

【摘要】借助 1997—2013 年中国地区间财政医疗卫生支出的数据，运用不平衡指数、加权离差系数方法测算财政医疗卫生支出的空间非均衡分布特征，并采用泰尔指数方法对地区间财政医疗卫生支出差距的演变轨迹进行分析，进而揭示出财政医疗卫生支出在地区之间和地区内部差距的变化过程。从测度结果来看：中国地区间财政医疗卫生资源配置不断优化，财政医疗卫生支出的总体差距主要源自各地区的内部差距，而区域内部差距主要由东部地区的内部差距引起。因此政府在继续加大对中、西部地区医疗卫生事业发展财政资金扶持力度的同时，为更好地促进地区间财政医疗卫生支出均衡发展，当下更应着力于缩小东部地区省际财政医疗卫生支出差距。

【关键词】财政医疗卫生支出　地区差距　Theil 指数

Measurement and Decomposition of the Regional Gap in China's Regional Fiscal Health Expenditure：1997—2013

Liu Lingling　Xu Lei

(*Labor and Economic Research Center*，*Southwest University of Political Science and Law*，*Chongqing*，*401120*)

Abstract This paper is about China's fiscal spending on the health from 1997 to 2013，using of unbalanced index，weighted deviation coefficient method to measure and draw the outline of the fiscal health expenditure unbalanced space distribution. and make use of the theil index to analyze the process of the changes in China's regional health expenditures，regional disparities and regional and intra-regional disparities，to reveal the difference in the process. According to the measuring result：China's regional financial health resource allocation optimization，the overall gap mainly derived from regional internal gap，the gap in the region is mainly caused by the gap inside of the eastern region. Therefore，to promote fiscal health expenditure balanced between regions，government need to improve the fiscal health spending in the central and western areas constantly. While nothing is more important right now than focus on narrowing the fiscal health expenditure gap in the eastern provincial.

Keywords the fiscal health expenditure　regional disparity　Theil index

---

作者简介：刘苓玲，女，重庆市人，经济学博士，西南政法大学经济学院教授，劳动经济研究中心主任，研究方向：养老保险与社会保障；徐雷，博士研究生。

一、问题的提出

多年来中国由日益深化的经济体制改革所带来的经济社会发展取得了举世瞩目的成就，但是，由医疗卫生等公共服务水平来衡量的民生状况却也令人担忧。这种国富与民生关系的失衡，是当前中国经济社会发展过程中的显著特征。根据 2011 年中国社会状况综合调查（CSS）显示（见图 1）：在所调查内容中，诸如“看病难、看病贵”等事关城乡居民切身利益的问题受到了全社会广泛关注，并且近年来居民卫生医疗福利状况一直是全社会关注的重点民生问题。当前的情形表明：民生诉求在国家发展进程的全面升级，已经构成了中国现阶段面临的最大挑战，进而又决定了保障和改善民生正在成为国家发展的核心使命（郑功成，2011）[1]。与此同时，中央与地方各级政府多年来也一再强调要加大医疗卫生的财政投入力度。例如早在 1997 年 1 月颁布的《中共中央、国务院关于卫生改革与发展的决定》就提出了“中央和地方政府对卫生事业的投入，要随着经济的发展逐年增加，增加幅度不低于财政支出的增长幅度。”这一要求。同时，在 2009 年 7 月财政部、发展改革委、人力资源和社会保障部、民政部、卫生部联合出台的《关于完善政府卫生投入政策的意见》中进一步指出，“随着经济发展和人民群众医疗卫生需求水平的不断提高，中央和地方政府都要增加卫生投入，政府卫生投入增长幅度要高于经常性财政支出增长幅度，使政府卫生投入占经常性财政支出和卫生总费用的比重逐步提高，有效减轻居民基本医疗卫生费用负担。”李克强总理在 2015 年两会所做的政府工作报告中提出，“健康是群众的基本需求，我们要不断提高医疗卫生水平，打造健康中国”。国家在改善民生方面的宏观政策有助于激励各级政府更好地增进和保障民生支出，而与此同时，想要提高财政医疗卫生支出首先有必要了解财政医疗卫生支出是否存在地区差异？是否应当执行差异化的财政医疗卫生支出政策？本文正是基于该出发点，借助 1997—2013 年的相关经验数据，主要运用泰尔（Theil）指数方法对中国地区间财政医疗卫生支出差距进行度量与分解，以期为更好地实现“健康中国 2020”战略，促进医疗卫生资源配置合理化提出相应对策建议。

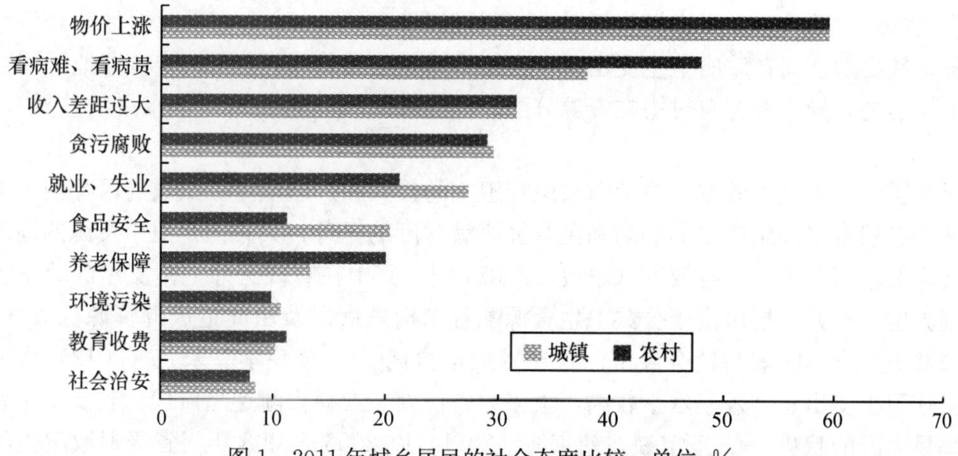

图 1　2011 年城乡居民的社会态度比较　单位：%

注：根据《2011 年中国民生问题及城市化问题调查》的数据经整理得到。

二、文献综述

随着市场经济体制改革的推进，中国政府的健康制度理念一度从主要依靠政府投入转向强调个人责任，医疗卫生服务市场化趋势明显。而近年来随着国内学者对中国财政医疗卫生问题的认识不断深化，在围绕着财政医疗卫生支出方面展开了多角度的研究和争论，不断促使政府健康保障制度改革理念朝着注重公平与效率相结合的发展道路转变。而在此基础上也形成了诸多富有见地的共识和有借鉴意义的结论。例如在财政医疗卫生支出地区间差距的度量方面，张奇林、杨亮（2012）利用区位基尼系数方法对财政医疗卫生支出在各地区分布的不均衡状况进行测度，指出财政卫生支出分布的空间差异程度在提高，相似省份空间集聚和地方化趋势在加强[2]。黄小平、刘海（2013）同样运用基尼系数方法考察中国1997—2008年间财政卫生支出的公平性，指出财政卫生支出表现出显著的地区差异性，东部最不公平，西部次之[3]。王俊（2007）也认为中国政府卫生支出规模表现出显著的地区差异，并且地区不平衡是中国政府卫生支出规模的一个主要特点[4]。顾昕（2010）却认为在2009年官方正式发布新医改方案后，政府卫生预算投入更多地向中西部（农村地区）转移，这有助于加快地区间基本医疗卫生服务均等化进程，提高公共服务的整体横向公平性[5]。

而在追溯医疗卫生财政支出地区间差距的成因方面，刘军民（2005）指出中国政府长期把公共卫生支出视为福利性消费，而没有将其视作人力资本投资。因此伴随着财政分权和卫生事业分权的双重推进，财政支出的职责更多地转向地方层次，从而导致地区间医疗卫生差距不断扩大[6]。王绍光（2005）也认为财政分权削弱了政府的财政汲取能力，使地区间医疗卫生支出的公平性受到极大损害[7]。因此财政分权是造成目前财政卫生支出不足的重要制度性原因，而且财政分权重塑了地方政府行为，各级政府为增长竞争而忽视了对公共卫生的供给（刘正华、吕宗耀，2014）[8]。何长江（2011）采用2000—2010年的面板数据，实证分析地方财政卫生支出的影响因素。结果证实财政分权对财政卫生支出的影响甚微，而经济发展水平却与财政卫生支出有着显著正相关关系[9]。具体表现为中国区域经济发展存在着巨大的不平衡，各地财政收入水平也极为不平衡（刘民权等人，2007）[10]，因此地区间经济结构上的差异，使得地区间在政府卫生支出上存在能力差异（乔俊峰，2008）[11]，即地区间财政医疗卫生支出的差异主要源自过去在资源分配方面的政策倾向和地区经济水平的差异（俞卫，2009）[12]。

财政医疗卫生支出效率反映了财政医疗卫生的投入和产出质量，而政府医疗卫生支出的增长并不必然带来健康产出的提高和民众健康满意度的提升，其原因是卫生资源的地区不平衡将会降低政府卫生支出有效性（王俊，2007）[13]。其中在财政医疗卫生支出的效率测度方面，刘叔申（2007）指出由于公共卫生资源配置结构失衡以及由此造成的资源低效率使用，中国公共卫生支出绩效与社会经济的快速发展不协调[14]。金荣学、宋弦（2012）认为中国财政医疗卫生支出总体效率水平较高，大多数省份处于规模报酬递增阶段，且支出全要素生产效率呈上升的趋势[15]。王宝顺，刘京焕（2011）以2005—2008年间省级财政卫生的投入与产出数据为样本，运用数据包络分析（DEA）方法测算地方财政卫生支出的效率值，指出中国地方财政卫生财政支出存在着24%的投入浪费[16]。

在促进地区间财政医疗卫生支出的公平与效率方面，张仲芳（2008）认为医疗卫生的公共筹资力度不足，卫生筹资的公平性较差是造成中国医疗卫生改革困境和产生“看病难、看病贵”问题的重要原因。因此应加大政府卫生投入，强化政府在卫生筹资中的主导作用[17]。张占斌（2009）认为多数人的公共卫生服务严重不足，而少数人的公共卫生服务资源又严重浪费，这是中国公共卫生服务面临的两大主要难题，其原因不仅是公共卫生投入总量不足，而且在公共卫生不足的投入中又存在着结构性的不合理[18]。因此优化政府医疗卫生支出结构，改善医疗卫生资源配置的不公平，是财政医疗卫生改革的重点内容所在（赵建国、苗莉，2008）[19]。

综上所述，学者们从诸多角度对中国财政医疗卫生支出进行了分析，也对地区间医疗卫生财政支出差距的成因等方面进行了详细探讨。但目前地区间医疗卫生财政支出差距到底有多大？到底是区域间差距还是区域内差距造成我国财政医疗卫生支出的不平等？两者的作用中哪方面占据了主导地位？这也是我们应当予以关注的。本文采用 1997—2013 年的完整数据，对中国地区间财政医疗卫生支出差距进行分析，试图描绘出分税制以来，中国地区间医疗卫生财政支出差距的时空变化与演进逻辑。

三、地区间财政医疗卫生支出差距的度量

（一）中央与地方财政分配格局：1997—2013 年

中国的财政分权可以追溯到 1994 年的分税制财政体制改革，中央向地方政府放权让利，给予了地方政府强大的激励去发展所在辖区经济。二十多年来，基于整体与区域经济发展水平的中央与地方政府的财政分配格局也发生了巨大改变。其中在 1997—2013 年间，中央财政收入平均占据全国财政总收入的 51.7%，其财政支出平均占据全国财政总支出的 24.6%（见表 1）。这在一改往日（分税制改革前）中央财政收支缺口的同时，也使得中央财政可以更加自由地根据顶层设计的国家发展战略有的放矢。但是，伴随着公共事务责权和财政支出责任也由中央向地方政府转移，地方政府财政支出占全国财政支出的比重也是不断增强，其中地方财政支出比例由 1997 年的 72.6%上升至 2013 年的 85.4%。由于经济发展的需要以及对社会公共服务需求具有不断上升的趋势，地方财政自给率①远低于中央财政自给率。中央财政自给率由 1997 年的 166.9%上升至 2013 年的 294.1%，与此形成鲜明对比的是，1997—2013 年间地方财政自给率的平均值仅为 59.1%。分税制改革深刻地改变着中央政府与地方政府对财政资源再配置的权力结构，地方政府在被赋予发展地方经济自主权的同时，也日益成为财政支出（公共服务）的主要提供者。例如在 2007—2013 年间，地方财政承担了全国财政医疗卫生总支出的 98.6%。由此可见，中国的财政医疗卫生支出责任基本上由地区政府财政承担。在这种情形下，财政医疗卫生支出也呈现出日益明显的地方化特点。

（二）财政医疗卫生支出的空间非均衡分布特征

如同经济发展存在着地区差异一样，中国的财政医疗卫生支出也有着明显的区域性差异。接下来采取目前广泛运用的区域比较方法，将中国大陆划分为东部、中部和西部三个地

① 财政自给率＝本级财政收入/本级财政支出。

表 1　　中央与地方财政分配格局　　单位：%

年份	财政收入		财政支出		财政自给率		财政医疗卫生支出	
	中央	地方	中央	地方	中央	地方	中央	地方
1997	48.86	51.14	27.43	72.57	166.91	66.02	—	—
1998	49.53	50.47	28.95	71.05	156.51	64.96	—	—
1999	51.11	48.89	31.49	68.51	140.87	61.92	—	—
2000	52.18	47.82	34.75	65.25	126.62	61.79	—	—
2001	52.38	47.62	30.51	69.49	148.80	59.41	—	—
2002	54.96	45.04	30.71	69.29	153.41	55.72	—	—
2003	54.64	45.36	30.10	69.90	159.91	57.17	—	—
2004	54.94	45.06	27.71	72.29	183.72	57.75	—	—
2005	52.29	47.71	25.86	74.14	188.57	60.03	—	—
2006	52.78	47.22	24.72	75.28	204.74	60.15	—	—
2007	54.07	45.93	22.98	77.02	242.52	61.48	1.72	98.28
2008	53.29	46.71	21.32	78.68	244.91	58.17	1.70	98.30
2009	52.42	47.58	19.99	80.01	235.42	53.41	1.59	98.41
2010	51.13	48.87	17.79	82.21	265.72	54.97	1.53	98.47
2011	49.41	50.59	15.12	84.88	310.81	56.66	1.11	98.89
2012	47.91	52.09	14.90	85.10	299.37	56.98	1.03	98.97
2013	46.59	53.41	14.60	85.40	294.06	57.63	0.93	99.07

注：根据历年《中国统计年鉴》的数据经整理得到。由于无法获得 1997 年以前各地区的财政医疗卫生支出数据，因此将时间范围确定为 1997—2013 年；又因为 2007 年之前中央与地方财政各自的“文教、科学、卫生事业费支出”项目不作区分，因此“医疗卫生支出”项目从 2007 年开始统计。

区①。就分区域来看，东部、中部与西部地区在财政医疗卫生投入方面明显呈“东高中低”的基本格局（见表 2），由高到低依次排序为“东部＞西部＞中部”。从地区间财政医疗卫生支出占全国财政医疗卫生支出的比重来看②，在 1997—2013 年间，东部地区财政医疗卫生支出占全国财政医疗卫生支出份额的平均值为 48.6%，但近年来也呈现出不断下降的趋势，已从 1997 年的 52.4%下降到 2013 年的 41.5%，相应的中、西部地区财政医疗卫生支出占全国财政医疗卫生支出的份额不断上升，其中西部地区财政医疗卫生支出占全国财政医疗卫生支出的份额从 1997 年的 24.5%上升至 2013 年的 29.8%。从人均财政医疗卫生支出来看，地区间的差异也十分明显，在 1997—2006 年间，人均财政医疗卫生支出由高到低依次排序为“东部＞西部＞中部”，而在 2007—2013 年间该顺序则演变为“西部＞东部＞中部”。其

① 东部地区包括 11 个省（市），即北京、天津、河北、辽宁、上海、江苏、浙江、福建、山东、广东、海南；中部地区包括 8 个省，即山西、吉林、黑龙江、安徽、江西、河南、湖北、湖南；西部地区包括 12 个省（市、自治区），即内蒙古、广西、重庆、四川、贵州、云南、陕西、甘肃、青海、宁夏、新疆、西藏。

② 在此需要说明的是，文中所指的全国财政医疗卫生支出并不包含中央财政在医疗卫生方面的转移支付，由于《中国统计年鉴》没有交代财政转移支付的地区流向，况且中央财政在医疗卫生方面的转移支付规模也较小。因此为方便起见，本文将地方财政医疗卫生支出总和视作全国财政医疗卫生支出总额。

中东部地区人均财政医疗卫生支出年均增长率为 17.8%，中、西部地区年均增长率更是高达 22%以上。近些年来随着中国区域协调发展战略的不断深化，中央财政政策对中、西部地区较大的倾斜力度也是有目共睹，同时中、西部地方政府也逐渐加大了在民生（医疗卫生）领域的投入。财政医疗卫生支出占地方财政支出的比重反映了地方政府对医疗卫生事业发展的重视程度。总体来看，1997 年以来，我国各地区财政医疗卫生支出占其财政支出的比例总体水平不高。如东部地区由 1997 年的 6%下降到 2005 年的 4.1%，再逐渐上升至 2013 的 6.5%，中、西部地区也呈现出大致相同的变化态势，即三大地区的财政医疗卫生支出占其财政支出的比重均呈现为“U”形曲线。但从分区域比较来看，1997—2004 年间东部地区这一指标值明显高于中、西部地区，从 2005 年开始，西部地区开始超越东部地区，这期间中部地区明显落后，但从 2007 年开始，中部地区开始逐渐赶超东、西部地区，成为财政医疗卫生支出占其财政支出比重最高的地区。

表 2　　财政医疗卫生支出的空间分布状况

年份	财政医疗卫生支出（亿元）			人均财政医疗卫生支出（元）			财政医疗卫生支出/财政支出（%）		
	东部	中部	西部	东部	中部	西部	东部	中部	西部
1997	200.68	88.26	93.94	43.86	21.33	26.70	6.00	5.42	5.91
1998	215.74	90.18	100.30	46.84	21.63	28.23	5.51	4.72	5.43
1999	231.39	98.39	108.71	49.88	23.44	30.33	5.10	4.30	5.02
2000	259.14	103.73	119.52	54.34	24.59	33.02	4.91	4.03	4.60
2001	291.59	119.71	146.23	60.85	28.22	40.12	4.48	3.73	4.27
2002	323.34	131.27	163.17	67.04	30.82	44.47	4.31	3.55	4.00
2003	400.85	162.94	192.19	82.44	38.04	52.05	4.57	3.96	4.42
2004	440.10	182.55	209.60	89.36	42.42	56.46	4.22	3.63	4.08
2005	525.34	221.17	269.04	103.80	52.99	74.78	4.11	3.61	4.30
2006	657.88	303.35	334.77	128.55	72.58	92.59	4.38	3.89	4.39
2007	918.02	499.52	538.20	177.31	119.37	148.27	4.91	5.11	5.46
2008	1 239.35	711.63	759.28	237.06	169.34	207.89	5.41	5.65	5.52
2009	1 632.58	1 152.45	1 145.67	309.42	273.29	311.92	5.91	7.28	6.52
2010	1 985.25	1 323.97	1 421.41	360.70	313.17	394.08	5.95	6.93	6.64
2011	2 623.42	1 813.36	1 921.42	473.15	427.94	530.46	6.37	7.50	7.01
2012	2 980.64	2 040.71	2 149.47	533.69	480.04	590.07	6.39	7.22	6.66
2013	3 405.82	2 354.60	2 442.77	605.92	551.80	666.75	6.48	7.45	6.87

注：根据历年《中国统计年鉴》的数据经整理得到。

（三）财政医疗卫生支出的地区差距及其变动趋势

为测度财政医疗卫生支出的总量、人均财政医疗卫生支出的地区差距的总体水平及其变动趋势，接下来借助不平衡指数（I）和加权离差系数（V_t）进行比较分析。不平衡指数表示地区间财政医疗卫生支出的不平衡程度，即 $I=\sqrt{\sum_{i=1}^{n}(y_i-x_i)^2/2n}$。其中，$i$ 代表某省（市、自治区），y_i表示 i 省（市、自治区）的财政医疗卫生支出占全国财政医疗卫生支出的比重，x_i表示各省（市、自治区）GDP占全国GDP的比重；加权离差系数表示人均财政医疗卫生支出的加权离差系数，即 $V_t=\frac{1}{u}\sqrt{\sum_{i=1}^{n}(z_i-u)^2p_i}$。其中，$z_i$表示各省（市、自治区）财政医疗卫生支出/地区总人口，u 表示全国财政医疗卫生支出/全国总人口，p_i是第 i 省（市、自治区）人口占全国总人口的比重。可见加权离差系数的大小主要取决于地区人均财政医疗卫生支出与全国人均财政医疗卫生支出之间的差距以及地区内省份人口比重。在1997—2013年间，东部、中部与西部地区的财政医疗卫生支出和人均医疗卫生支出的地区差距变化均呈现出阶段性特征（见表3）。其中全国财政医疗卫生支出的不平衡指数大致以2009年的1.17%为分界线，之前为上升阶段，之后为下降阶段，即呈现为“倒U”形态。而2009年国务院审议通过《中共中央国务院关于深化医药卫生体制改革的意见》（中发[2009] 6号），标志着中国正式启动新一轮的医疗卫生体制改革。这在一定程度上表明，新一轮的医疗卫生体制改革促使财政医疗卫生支出的地区差距总体上呈日益缩小的态势。目前中国地区间公共医疗卫生资源配置不断优化，朝着更加均衡的方向发展。分区域来看，东部地区财政医疗卫生支出的不平衡指数明显偏高，东部地区不平衡指数的最大值（1.71）远高于同期全国不平衡指数的最大值（1.17），表明东部地区省际的经济发展水平、财政医疗卫生支出规模存在着较大差异，但从2010年起，东部地区的不平衡程度也呈稳定下降趋势。中部地区财政医疗卫生支出的不平衡指数最小，其原因与中部地区所包括较少的省份（仅8个）且大多具有相似的经济发展水平不无关系。西部地区的不平衡指数的上升与下降交替出现，但波动幅度总体不大。与不平衡指数相比，人均财政医疗卫生支出的加权离差系数具有更加明显的特征，东部地区从2000年开始其加权离差系数值便呈现出下降的态势，而中、西部地区则是从2005年前后呈现出显著下降趋势。

表3　财政医疗卫生支出的区域比较

年份	不平衡指数				加权离差系数			
	全国	东部	中部	西部	全国	东部	中部	西部
1997	0.738	0.930	0.581	0.624	6.794	6.103	2.183	2.039
1998	0.768	1.015	0.597	0.584	7.290	6.647	2.280	1.939
1999	0.827	1.126	0.568	0.626	7.637	7.005	2.270	2.028
2000	0.897	1.234	0.605	0.662	7.747	7.097	2.334	2.050
2001	0.843	1.118	0.544	0.701	7.506	6.796	2.394	2.101
2002	0.820	1.054	0.497	0.746	7.126	6.330	2.406	2.220
2003	0.828	1.139	0.431	0.676	7.201	6.451	2.418	2.093
2004	0.855	1.205	0.396	0.672	7.298	6.596	2.262	2.153
2005	0.955	1.341	0.422	0.769	6.774	6.128	2.166	1.908
2006	0.964	1.418	0.283	0.712	6.576	6.046	1.841	1.818

续表

年份	不平衡指数				加权离差系数			
	全国	东部	中部	西部	全国	东部	中部	西部
2007	1.062	1.581	0.356	0.733	5.828	5.287	1.425	1.997
2008	1.040	1.532	0.379	0.740	4.936	4.574	1.210	1.405
2009	1.170	1.712	0.586	0.786	3.662	3.260	0.991	1.343
2010	1.082	1.561	0.421	0.819	3.134	2.650	0.846	1.443
2011	1.001	1.402	0.458	0.804	2.517	2.119	0.714	1.155
2012	0.929	1.278	0.484	0.760	2.387	2.007	0.693	1.092
2013	0.921	1.280	0.494	0.725	2.177	1.806	0.638	1.034

四、财政医疗卫生支出区域差距的结构分解

泰尔指数是从信息量和熵的概念出发考察个体之间的差异性，与之前文献综述中的其他度量方法相比，泰尔指数是唯一满足可分解性的一类不平等测度指标，即可将财政医疗卫生支出差距分解为地区内差距和地区间差距，进而能够观察和解释地区内和地区间差距的变动方向和变动幅度。泰尔指数的计算公式为：

$$T_E = \sum_{i=1}^{n} \frac{n_i}{n_E} \times Ln\left(\frac{n_i}{n_E} \Big/ \frac{X_i}{X_E}\right) \tag{1}$$

$$T_M = \sum_{i=1}^{n} \frac{n_i}{n_M} \times Ln\left(\frac{n_i}{n_M} \Big/ \frac{X_i}{X_M}\right) \tag{2}$$

$$T_W = \sum_{i=1}^{n} \frac{n_i}{n_W} \times Ln\left(\frac{n_i}{n_W} \Big/ \frac{X_i}{X_W}\right) \tag{3}$$

$$T_1 = n_E \times Ln(n_E / X_E) + n_M \times Ln(n_M / X_M) + n_W \times Ln(n_W / X_W) \tag{4}$$

$$T_2 = n_E \times T_E + n_M \times T_M + n_W \times T_W \tag{5}$$

$$T = T_1 + T_2 \tag{6}$$

n_i为第 i 省（市、自治区）的人口占全国人口的比例，n_E、n_M和n_W分别代表东部、中部和西部地区的人口占全国人口的比例，X_i为第 i 省（市、自治区）的财政医疗卫生支出占全国财政医疗卫生支出的比例，X_E、X_M和X_W分别代表东部、中部和西部地区的财政医疗卫生支出占全国财政医疗卫生支出的比例。T_1表示区域间的差距、T_2表示区域内的差距。

泰尔指数表明所考查范围内地区财政医疗卫生支出差异性的大小，利用泰尔指数的时间序列可以清楚地看到差异变化的动态过程（见表 4）。在 1997—2013 年间，衡量财政医疗卫生支出总体差距的泰尔指数（T）在 2000 年上升至 0.147 72（最高值），之后便呈稳定下降趋势，也呈现为典型的“倒 U”形态。总体差距（T）值的显著下降反映了财政医疗卫生支出的地区差距逐渐改善。比较三大地区的泰尔指数，发现各地区的泰尔指数的最大值基本出现在 2000 年附近，之后便呈现出下降态势。其中中部地区的泰尔指数不仅在三个地区中数值是最低的，而且也最为平稳，说明中部地区省际的财政医疗卫生支出最为公平。而东部地区的泰尔指数最高，这也从侧面反映出东部地区省际的财政医疗卫生支出差距相对较大。综

合比较来看，不平衡指数、加权离差系数与泰尔指数在变化趋势上基本同步，具有较好的一致性，因此三个指标在测算地区财政医疗卫生支出差距演变轨迹时是可以相互补充和印证。同时有必要说明的是，中国目前的财政医疗卫生政策是一种有明确区域指向的差别化政策，在这样的背景下，中、西部地区逐渐成为了政策“洼地”。近年来地区间卫生资源配置结构的改善和优化，使得区域间不平衡的财政医疗卫生支出朝着更加均衡的方向发展。

表4　　财政医疗卫生支出地区差距（Theil）指数

年份	东部地区内部差距	中部地区内部差距	西部地区内部差距	区域间差距（T_1）	区域内差距（T_2）	总体差距（T）
1997	0.120 19	0.040 14	0.062 40	0.049 32	0.076 49	0.125 81
1998	0.137 46	0.039 94	0.053 77	0.055 48	0.080 36	0.135 84
1999	0.150 43	0.042 93	0.057 64	0.053 12	0.087 32	0.140 44
2000	0.156 00	0.041 07	0.060 52	0.057 59	0.090 13	0.147 72
2001	0.153 87	0.050 13	0.062 32	0.051 97	0.092 85	0.144 82
2002	0.140 99	0.047 53	0.068 15	0.052 89	0.088 81	0.141 70
2003	0.134 86	0.053 63	0.064 61	0.053 83	0.087 55	0.141 38
2004	0.142 93	0.039 03	0.064 68	0.050 56	0.085 93	0.136 49
2005	0.131 59	0.034 94	0.049 58	0.039 35	0.077 16	0.116 51
2006	0.132 39	0.025 11	0.048 47	0.029 40	0.074 17	0.103 57
2007	0.123 53	0.015 36	0.042 91	0.013 71	0.066 16	0.079 87
2008	0.101 90	0.008 84	0.024 94	0.009 91	0.050 52	0.060 43
2009	0.075 01	0.012 35	0.022 72	0.001 75	0.040 35	0.042 10
2010	0.052 86	0.005 34	0.018 49	0.003 97	0.028 50	0.032 47
2011	0.036 24	0.003 92	0.010 69	0.003 37	0.019 12	0.022 49
2012	0.032 37	0.003 29	0.009 80	0.003 11	0.017 10	0.020 21
2013	0.027 65	0.002 96	0.009 01	0.002 61	0.014 84	0.017 45

为了比较分析三大地区之间以及地区内部财政医疗卫生支出差距对全国财政医疗卫生支出的影响，进一步用贡献率的大小来反映区域内部以及区域之间差距对总体差距的影响程度。由公式（5）可知，$\frac{T_1}{T}$表示区域间差距对总体差距的贡献率，$\frac{T_2}{T}$表示区域内差距对总体差距的贡献率，$n_E \times \frac{T_E}{T}$、$n_M \times \frac{T_M}{T}$、$n_W \times \frac{T_W}{T}$分别表示东部、中部和西部地区内部省际的差距对总体差距的贡献率，计算结果如表5所示。

从表5中可以看出，造成财政医疗卫生支出地区差距的因素是区域内和区域间共同作用的结果。其中在1997—2013年间，财政医疗卫生支出总体差距贡献率中区域内差距的均值

表5　　财政医疗卫生支出的区域内（间）差异对总体差异的贡献率

年份	东部贡献率	中部贡献率	西部贡献率	区域间贡献率	区域内贡献率
1997	0.357 36	0.107 93	0.142 67	0.392 02	0.607 98
1998	0.378 10	0.099 42	0.114 08	0.408 42	0.591 58
1999	0.400 05	0.103 30	0.118 44	0.378 24	0.621 76
2000	0.399 47	0.093 03	0.117 63	0.389 86	0.610 14
2001	0.401 61	0.115 80	0.123 71	0.358 86	0.641 14
2002	0.376 33	0.112 05	0.138 38	0.373 25	0.626 75
2003	0.361 28	0.126 56	0.131 44	0.380 75	0.619 25
2004	0.398 52	0.095 09	0.135 95	0.370 43	0.629 57
2005	0.445 43	0.097 54	0.119 30	0.337 74	0.662 26
2006	0.506 60	0.078 47	0.131 04	0.283 87	0.716 13
2007	0.616 35	0.061 94	0.150 10	0.171 65	0.828 35
2008	0.673 84	0.046 99	0.115 21	0.163 99	0.836 01
2009	0.714 01	0.093 96	0.150 55	0.041 57	0.958 43
2010	0.671 75	0.052 13	0.153 99	0.122 27	0.877 73
2011	0.666 54	0.055 10	0.128 45	0.149 84	0.850 16
2012	0.663 66	0.051 34	0.131 05	0.153 88	0.846 12
2013	0.657 22	0.053 41	0.139 59	0.149 57	0.850 43

为72.8%左右①，近年来区域间差距则下降至15%左右的水平，因此总体差距主要源于区域内差距。从区域内差距来看，中、西部地区之间的差距相对较小，东部地区财政医疗卫生支出的内部差距是区域内差距的主要来源。故其内部差距必将对全国总体差距构成更大的影响。结合1997—2013年的数据来看，东部地区区域内差距对总体差距的贡献最大，即东部地区省际的财政医疗卫生支出更加失衡，东部地区内部差距对总体差距的贡献率的均值高达51.1%，中、西部地区的贡献率分别为8.5%和13.2%。因此东部地区内部差距是导致区域内差距的主要影响因素，也是引起全国财政医疗卫生支出地区差距的主要来源。以2013年为例，北京市人口占东部地区人口总数的3.8%，但其财政医疗卫生支出占东部地区财政医疗卫生总支出的8.1%；而广东省人口占东部地区人口总数的18.9%，但其财政医疗卫生支出占东部地区财政医疗卫生总支出的16.7%，可见东部地区省际财政医疗卫生支出与地区人口比重严重失衡。同时，东部地区财政医疗卫生支出占全国财政医疗卫生支出的份额高达40%，因此东部地区内部差距对全国总体差距具有更大的影响力。而中部地区省际的财政医疗卫生支出水平相对均衡，其内部差距对总体差距的贡献率大致在4.7%～12.7%。西部地区内部差距对总体差距的贡献率大致在11.4%～15.4%，由于西部地区经济发展相对落后

① 从表5来看，2009年相关指标的数值出现了较大的波动。核对数据后发现，2009年首先是三大地区的内部差距出现了一次较大的波动（见表4），地区间的人口比重、财政医疗卫生支出比重较之前年份均出现了相对较大的变化，双重因素的叠加效应使得2009年的相关指标值出现异常。

于中部地区，而地方财力也相对不足，但西部地区各省份间的财政医疗卫生支出仍保持了较高的公平性。无论是从之前的不平衡指数、加权离差系数还是从泰尔指数的比较来看，东部地区省际的差距都远远高于中、西部地区。因此，财政分权化、财政医疗卫生支出的地区化，固然有利于各省因地制宜，根据其自身情况从政策上对财政医疗卫生支出进行调节，但同样也有恶化财政医疗卫生支出公平性的可能。其原因是地方政府的财政支出偏好相异，提供财政医疗卫生的能力不一，尽管地区间的财政医疗卫生支出差距呈缩小趋势，但仍不利于区域内医疗卫生资源配置的公平性和均衡性。

五、结论及对策建议

财政医疗卫生支出攸关民生，是公众生活的基本保障。从整体来看，近些年来中国医疗卫生事业发展取得了显著成效，财政医疗卫生资源分配更加趋于公平化。财政医疗卫生支出地区间的差距也明显缩小，地区内差距也有所缓解。但不容讳言，目前的财政医疗卫生事业与经济发展仍不相适应，与人民过上更美好生活的期盼还有不小的差距。例如从区域间的比较来看，地区间财政医疗卫生资源分配不平衡还很明显，地区间财政医疗卫生支出均等化程度还有待改善。当下人口老龄化、城镇化发展均对财政医疗卫生支出提出了更高的要求，为更好地对地区间财政医疗卫生资源进行分配，需要从以下两个方面着手：

首先，优化经济增长空间格局，促进地区间经济的协同发展。财政医疗卫生支出的非均衡有一定的必然性，而追求财政医疗卫生支出的均衡发展本质上仍然要依靠经济的均衡发展，因此提高财政医疗卫生支出的前提是实现经济的高水平发展。而东部地区省际较大的财政医疗卫生差距也是由于区域内部经济发展水平较大的差距造成地方政府可支配的财力规模不一的真实表现。相信在民生财政的导向下，经济的协同发展有助于进一步发挥政府在提高公共医疗卫生支出区域均等化水平中的作用。

其次，加大财政医疗卫生支出，强化医疗卫生投入的政府责任。以2013年《国际统计年鉴》为参照，纵观2010年全球视野下医疗支出占国内生产总值的比重，全世界平均值为10.6%，高收入国家为12.6%，中等收入国家为5.8%，低收入国家为5.3%。中国的医疗支出规模无须向发达国家看齐，但5.2%的水平也明显偏低。目前中国财政医疗卫生支出仍然存在着“总量不足、结构失衡”的问题，地方政府对财政医疗卫生支出的态度也可以用“重视不够、投入不足、有效制度供给欠缺”这三个词来概括。因此现阶段我们在积极改善地区间医疗卫生支出差距的同时，也应努力调整优化财政支出结构，改善民生共筑中国梦。

参考文献

[1] 郑功成. 国家发展的核心使命：保障和改善民生 [J]. 行政管理改革，2011，(8).

[2] 张奇林，杨亮. 政府卫生支出的差异性评估：基于省际区域和城乡的实证研究 [J]. 社会保障研究，2012，(5).

[3] 黄小平，刘海. 基于基尼系数的财政卫生支出的区域差异分析 [J]. 统计与决策，2013，(7).

[4] [13] 王俊. 中国政府卫生支出规模研究——三个误区及经验证据 [J]. 管理世界，2007，(2).

[5] 顾昕，公共财政转型与政府卫生筹资责任的回归 [J]. 中国社会科学，2010，(2).

[6] 刘军民. 公共财政下政府卫生支出及管理机制研究 [J]. 经济研究参考，2005，(94).

[7] 王绍光. 政策导向、汲取能力与卫生公平 [J]. 中国社会科学，2005，(6).

[8] 刘正华，吕宗耀. 财政分权与公共卫生支出：来自我国省级层面的经验证据 [J]. 中国卫生经济，2014，33 (10).

[9] 何长江. 政府公共卫生支出行为影响因素的实证分析 [J]. 财经科学，2011，(4).

[10] 刘民权，李晓飞，俞建拖. 我国政府卫生支出及其公平性探讨 [J]. 南京大学学报（哲学·人文科学·社会科学），2007，(3).

[11] 乔俊峰. 财政分权、卫生支出比重与政府激励 [J]. 改革，2008，(9).

[12] 俞卫. 医疗卫生服务均等化与地区经济发展 [J]. 中国卫生政策研究，2009，2 (6).

[14] 刘叔申. 我国公共卫生支出的绩效评价 [J]. 财贸经济，2007，(6).

[15] 金荣学，宋弦. 新医改背景下的我国公共医疗卫生支出绩效分析——基于 DEA 和 Mulmquist 生产率指数的实证 [J]. 财政研究，2012，(2).

[16] 王宝顺，刘京焕. 中国地方公共卫生财政支出效率研究——基于 DEA-Malmquist 指数的实证分析 [J]. 经济经纬，2011，(6).

[17] 张仲芳. 政府卫生支出水准与筹资能力的国际比较 [J]. 改革，2008，(2).

[18] 赵建国，苗莉. 中国医疗卫生支出公平性的实证分析 [J]. 财政研究，2008，(7).

[19] 张占斌. 中国公共卫生政府投入及国际比较分析 [J]. 学习论坛，2009，25 (3).

老年照料服务体系发展国际经验及启示

刘柏惠

【摘要】我国人口和家庭结构的迅速变迁使得传统的家庭养老功能加速萎缩，老年照料服务体系建设需求极为迫切。本文在总结发达国家老年照料服务体系建设历程和发展趋势的基础上，以老龄化最为严重的日本和进入老龄化时间较长的美国为研究对象，着重从发展背景、基本框架、资格评判标准、筹资机制和特色制度等方面，分析这两个国家老年照料服务体系发展的经验和特色。在纵向分析和横向对比基础上得出的相关建议，能够为我国老年照料服务体系建设提供借鉴，避免走西方国家反复发展的老路。

【关键词】老龄化　老年照料　养老保障　国际经验

International Experience and Enlightenment of Elderly Care Service System Development

Liu Baihui

(*National Academy of Economic Strategy*, *Chinese Academy of Social Sciences*, *Beijing*, *China*)

Abstract The repaid transition of population and family structure accelerated the shrinking of traditional family endowment function, and the construction of elderly care service system is in urgent need. On the basis of summarizing the construction process and development tendency of elderly care service system of developed countries, this paper takes Japan and America, which are the most elderly country and having a long aging history respectively, as examples to analyze the features of their elderly care service system from the points of background, framework, eligibility criteria, funding mechanism, and characteristics. Suggestions from the aspects of vertical analysis and lateral contrast can provide references for us to accelerate development process, and avoid a zigzag road.

Keywords aging　elderly care　elderly security　international experience

一、老年照料服务体系发展的国际趋势

作为社会保障制度的组成部分，老年照料服务体系在世界范围内的发展深受福利主义思想演变的影响。福利主义思想产生于19世纪中期前后，但直到第二次世界大战后，西方国家开始为战争中备受创伤的人民和社会承担更多的社会福利义务，福利主义才在实践层面得到空前发展。英国通过1942年发布的《社会保险和相关服务》报告，以及1946年出台的《国民保险法》，成为“从摇篮到坟墓”都有保障的首个福利国家。此后近30年时间中，无

作者简介：刘柏惠，经济学博士，中国社会科学院财经战略研究院助理研究员，研究方向为社会保障理论与政策、人口老龄化与财政政策选择。

基金项目：国家自然科学基金青年项目“最低工资与城镇减贫：影响机制与实际效果的微观检验”（项目编号：71403289），教育部人文社会科学研究项目“政府购买公共服务中的激励问题研究”（项目编号：14YJCZH050）。

论从覆盖人群还是保障水平看，世界主要国家的社会福利制度建设都取得了巨大进展。至20世纪70年代，石油危机标志着战后经济发展黄金时代的终结，工业社会进入后现代时期，世界人口、社会、经济形势发生了重要变化。各国在应对经济滞胀难题的同时，还要面对人口老龄化、家庭核心化、失业加剧等问题，福利支出增加和经济增长趋缓之间的矛盾成为社会政策制定中要解决的焦点问题。国家福利被指责是导致高成本的根源，福利国家发展面临多重困境（P. Taylor-Gooby et al.，2004）。在这样的背景下，人们开始反思福利国家制度，新的福利国家改革理论不断问世，其中影响最为深远的是多元福利主义（Welfare Pluralism）。这一理论主张用来自三方或四方（家庭、市场、国家、志愿者组织）的力量达到福利来源的平衡性和稳定性，形成互动关系。其拥护者认为，福利国家的危机是过分强调国家作用的结果，福利责任不应该完全由国家或社会来承担，其他的个人、家庭、社会组织等也应该加入到福利提供中来，实现福利来源的多元化。在这一理论的影响下，西方国家的福利制度开始向多元化和混合福利发展，表现为保障规模、筹资渠道、服务供给标准的多样化，由多部门共同完成。

与以上福利主义的理论和实践发展相适应，世界老年照料服务经历了逐渐脱离家庭，实现大规模社会化，而后又重新回归社区和家庭的变化历程。在20世纪60年代，“就地老化（Ageing in Place）”的理念逐渐兴起，倡导老年照料“去机构化”回归社区和家庭，一些国家着手发展社区或居家式照料。至20世纪80年代，“就地老化”的老年照料制度得到广泛推广，并在90年代成为世界上许多国家的老年照料政策目标（JC Baldock，1998）。进入21世纪，新的挑战又层出不穷地出现。例如，出生率下降导致子女数量减少，在一些国家还要加入公共政策的影响，如我国的计划生育政策；越来越多的妇女进入劳动力市场。为应对这些挑战，各国的老年照料服务在原有制度基础上又进行了微调，将对家庭的转移支付和直接服务供给相结合，引入资助措施培育家庭网络提供服务，并逐渐在竞争基础上建立新的社会照料市场（D. Lakdawalla & T. Philipson，2002；E. Pavolini & C. Ranci，2008）。

在我国，得益于悠久的家庭养老传统，在一个相当长的时期中，老年人的照料主要由家庭承担。但由于20世纪70年代末开始实施的独生子女政策降低了能够照料老人的子女数量，经济发展水平和老龄化程度的不匹配加重了家庭和社会照料老人的负担，导致在家庭照料遭到极大挑战的同时，社会化照料仍处于条块分割的不完善状态，老年照料供需间的数量和结构性矛盾正在更加突出地表现出来。在这种形势下，广泛吸收来自西方国家的经验和教训，能够避免在老年照料服务体系建设过程中走反复发展的老路，尽快明确适合我国国情的老年照料途径。本文选取人口老龄化程度最为严重的日本，以及较早进入老龄化社会的美国为研究对象，通过对其老年照料服务体系的分析，寻求对我国老年照料事业发展思路和具体制度安排的启示。

二、日本的老年照料服务体系分析

（一）发展背景和基本框架

在20世纪90年代以前，日本政府提供的老年照料服务只覆盖低收入且没有家庭支持的老年人，资金主要来源于税收。除此之外，其他的机构照料和家庭照料资源极为有限，并且要收取一定比例的费用。与此形成强烈反差的是，为病弱老人提供的医院护理服务是完全免费的。医院由此成了老年人接受护理和照料的首选，有照料需求的老年人长年占用医院的床位，造成医疗资源的极度紧张。三分之一的老年病人在医院停留长达一年甚至更长的时间，这与美国65岁以上老人平均住院天数（5天）形成了鲜明对比（J. C. Campbell & N. Ikegami，2000）。这种服务供给中的结构性失调阻碍了整个照料服务体系的持续发展。至20世纪80年代后期，随着老龄人口的快速增加，对医院的过度利用和照料服务的普遍缺乏已经成为严重的社会问题。在这种情况下，日本政府于1989年推出了“黄金计划”，试图在原有的以税收为基础的社会保险体系内扩大照料服务。随后，又在1994年推出了进一步加强长期照料服务的“新黄金计划”。

但是，随着日本人均预期寿命不断延长、生育率不断降低，以及限制性移民政策的出台，老年照料遭遇了更为严峻的挑战。另外，越来越多的妇女参与到劳动力市场中，非正式照料的潜在提供者急剧减少，对社会照料服务发展形成了更大压力。在长期的经济衰退背景下，面对老年人不断上涨的医疗和护理费用，日本不得不于2000年5月1日起进行新一轮的改革，将长期护理保险作为社会保障制度改革的一部分推行开来（M. Eto，2001）。改革的主要理念是多方共同承担老年照料责任，服务主体多元化。改革的目标大致有五个（O. S. Mitchell et al.，2004）：增强老年人的独立性；平衡家庭照料负担；使保费支出与收益相匹配；将医疗服务与长期照料服务结合，提供综合性的照料服务；减少住院老人数量。

改革之后，每一个65岁以上老人，或者是40岁以上因年龄相关疾病导致失能（如帕金森氏病）的人，都可以享受到长期护理保险所覆盖的服务。这包括机构照料、居家照料、日托和喘息服务、家庭康复器械等多方面的照料服务，均以服务（非现金）的方式给付。完备的需求评定系统将失能人群划分为7个需求等级，通过这些等级来确定应该提供的服务数量和每项服务的收费，经过等级评定的老年人可以根据自己的喜好选择服务的形式和提供者。服务的价格由政府部门制定，全国采取“同服务同价格”的做法。

日本的长期护理保险实行现收现付制，由个人缴费和一般性税收共同完成筹资责任。享受照料服务的老年人承担所需费用的10%，剩余部分来自于长期护理保险账户。账户的一半资金来自于保费，自四十岁起征，个人和企业完成；另一半来自于中央和地方的税收收入。

虽然日本的保险制度基于德国模式建立，但在管理方式方面，加入了北欧以社区为基础进行管理的特色。市级政府作为保险提供者制定保险费率，负责保险融资，管理和监督服务的提供[①]。服务提供机构可以是营利性，也可以是非营利性的，它们在市场上公平地进行竞争。

日本老年照料服务体系的整体运作机制可以归结为下图1（T. Tsutsui and N. Muramatsu，2005）。

（二）进入照料体系的资格评判标准

受先前制度弊端的影响，日本长期护理保险制度建设过程中尤为重视建立透明、统一的

① 日本全国共分为47个管辖区：1都、1道、2府和43县，这一层的行政划分被统称为都、道、府、县，与我国的省及直辖市的行政区划等级类似。市是县以下的行政区划，覆盖范围相对较小。

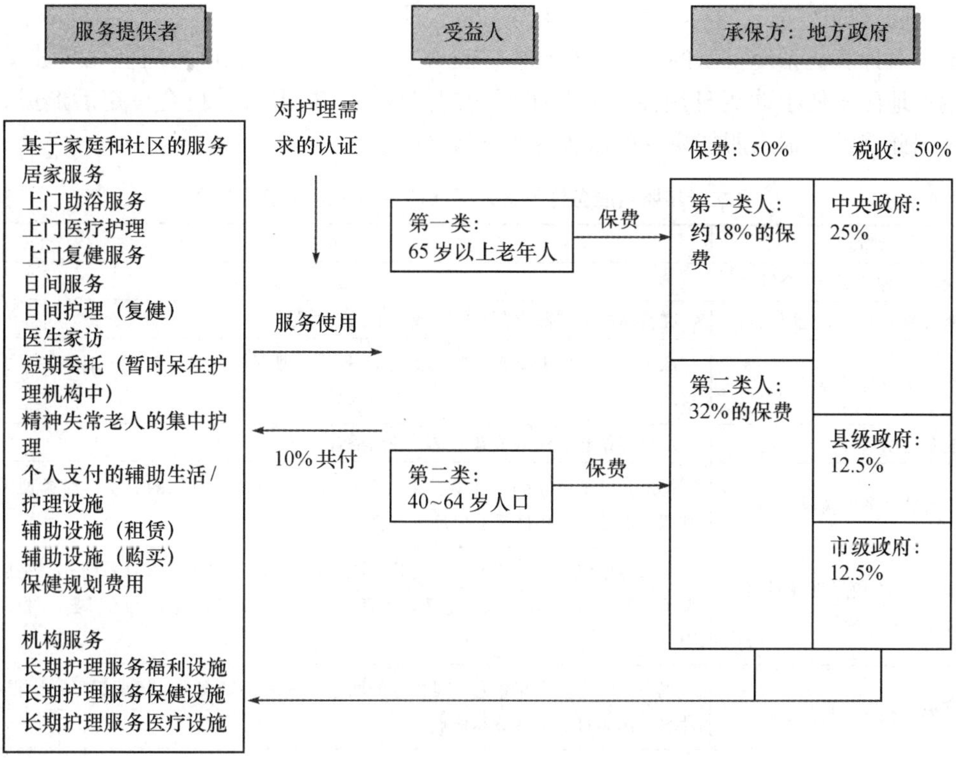

图1　日本的老年照料服务体系框架

进入资格标准，收入、资产、家庭能够提供的照料都被排除在考虑范围之外。

在引入长期护理保险前，地方政府根据每个申请人的收入和家庭情况确定是否为其提供服务。在一些地方政府，还成立了由健康和社会服务方面的专家组成的独立机构来判定申请人是否有资格享受服务。但是每个专家依靠主观判断得出的结论会存在差异，形成不公平的结果（J. C. Campbell & N. Ikegami，2003）。引入长期护理保险后，日本着力在全国范围内建立对每个人客观、公正、标准的需求评估体系，由于这项社会福利计划规模巨大，涉及到全国280万老年人口和3 000个地方政府，单纯依靠专家完成需求评估变得不再现实。

日本目前使用的评估系统是在对长期护理机构专业服务提供者的实践研究基础上制定出来的。这项大规模的研究在1995年展开，在全国被评定为优秀的护理机构中选定51家，由受过专门培训的专家对机构中的服务提供者进行为期两天每天24小时的跟踪，对他们的行为进行具体到分钟的详细记录，最后共得到2 376个护理人员向3 800位老人提供的约1 000万分钟服务的数据资料。基于这些数据资料，通过三个回归模型，得到老人服务使用量与精神和身体状况的对应关系（T. Tsutsui & N. Muramatsu，2005）。

评估工作从老人或其服务提供者（家人或专业人员）向地方政府提出申请开始，分为两个步骤。第一步，由受过培训的政府工作人员到老人家中使用问卷进行初步评估（表1）。考察的内容包括身体和精神状况（73条），以及对医疗的需求（12条），将结果输入计算机系统后得出老人的标准分，确定老人需要的照料等级，以及在九类照料服务中需要的时间。第二步，由护理需要认证委员会对初步评估结果进行核定，确定其是否合理。委员会成员包括由政府聘请的医生、护士，以及其他健康和社会服务方面的专家，会综合考虑申请人的具体情况，对计算机系统得出的结果进行调整。比如，申请人虽然能够自理但处于波动状态，住在偏远地区不便于购买日用品，或与酗酒的配偶居住等情况。委员会审定后形成最终结果，并据此确定申请人所能享受的服务等级（表2）。

表1　日本老年照料服务体系进入标准初步评估问卷涉及条目

维度	项目
A. 身体和精神状况（7个维度）	
1. 瘫痪或关节活动受限（11）	在身体的不同部位存在瘫痪或关节活动受限
2. 运动和平衡（7）	床上翻身、床上坐起、脚着地保持坐姿、脚不着地保持坐姿、双脚站立、步行、移动
3. 复杂运动（4）	由坐姿站起、保持单脚站立、进出浴缸、洗浴
4. 需特殊服务的情况（9）	褥疮及其他皮肤病、吞咽、将一手臂放于胸前、对排尿的意识、对排便的意识、排尿后的处理、排便后的处理、进食
5. 日常活动和工具性日常活动帮助（13）	个人卫生保健（口腔卫生、洗脸、洗头、修剪指甲），穿衣（系纽扣、穿脱外套、裤子、袜子），打扫房间，吃药，管理财物，对体验有严重的记忆问题，对环境无意识
6. 交流和认知（10）	视力，听力，交流意愿，对指令的回应，理解每日安排，短期记忆，记得自己的姓名、出生日期、季节和地点
7. 行为问题（19）	经常性感觉被迫害、编造故事，视力或听力上的幻觉，情绪不稳定，黑夜白天颠倒，口头或身体暴力，重复动作或大声喊叫，抗拒帮助或护理，神志恍惚，不安，焦躁，需要照看，收拾物品不合理，无法掌控火，破坏性行为，不卫生行为，食用不能吃的东西，性行为存在问题
B. 使用的医疗方法	
过去两周内使用的医疗方法（12）	静脉注射、静脉高能输液，透析，造口护理，氧气治疗，人工呼吸机，气管造口护理，疼痛护理，胃管喂食，监控（血压、心率、氧饱和度，等），失禁护理等

表2　日本长期护理保险服务提供标准

等级	每日服务时间（分钟）	每月长期护理保险覆盖的最大家庭和社区服务支出（$）	每月覆盖的机构服务支出（$）
无资格	≤25	0	无资格
需要支持	<30	578	无资格
等级1	<50	1 550	2 299
等级2	<70	1 821	2 607
等级3	<90	2 500	3 275
等级4	<110	2 860	3 558
等级5	≥110	3 349	3 813

（三）对日本老年护理保险的评估

学者们利用日本微观调查数据对日本长期护理保险计划实施效果进行了评估。他们用照料所花费的成本来衡量照料老人给家庭带来的效用损失，结果显示，当一个家庭中存在需要长期照料的老人时，扣除照料成本之后家庭消费下降的速度相对于新政策实施前明显降低，表明新政策达到了提升福利水平的效果（Y. Iwamoto et al.，2010）。

另外，有学者对日本老年照料服务体系中家庭和社区服务对机构护理服务需求的影响进行了分析。结果显示，家庭和社区服务使用者对机构照料的需求概率较低，在各种类型的服务中，喘息服务和辅助设施租赁服务的使用者对机构照料的需求概率也偏低。从而得出的结论是，完善基于家庭和社区的服务对于鼓励老年人尽量留在家中接受照料是有利的，而这也是建立长期护理保险体系的主要目标（N. Tomita et al.，2010）。

三、美国的老年照料服务体系分析

（一）筹资机制

美国对老年照料服务的筹资倾向于微观化，绝大部分的资金由个人解决，这包括个人现金支付和私人保险等形式。剩余的部分由联邦政府和各州政府公共财政负担，通过国家老年医疗保险（Medicare）或医疗补助计划（Medicaid）的形式实现（M. Booth & V. Mor，2007）。由此来看，美国老年照料服务资金来源于四个渠道。

1. 个人现金支付

个人要为获得照料服务而支付现金，这一行为大多发生在达到医疗补助计划（Medicaid）偿付标准之前的过程中，大约占老年照料总费用的28%。

2. 私人长期护理保险

美国的私人长期护理保险发展并不理想，原因是多方面的。最为重要的两个原因体现在：其一，私人保险计划通常保费较高、保险方案过于复杂，对于普通人来说难以承受；其二，人们普遍认为政府应该为他们的照料服务买单，缺乏自我保障的积极性（E. A. Miller & V. Mor，2006）。

3. 国家老年医疗保险（Medicare）

这是联邦层级的保险项目，为65岁以上的老人或永久残疾的人提供资助。对于失能老人来说，主要覆盖他们使用护理院服务时所发生的费用，或在短期内使用康复设施所需要的资金。国家老年医疗保险为需要照料的老人提供21天的免费服务，超过这一期限后，老人就要支付一个共付额。在护理院居住超过100天之后发生的费用将全部由老人支付。但是，如果老人因自付照料费用，而使资产消耗到了使用医疗补助计划的标准，就可以享受由医疗补助计划提供的资助。

4. 医疗补助计划（Medicaid）

这一项目为低收入的怀孕妇女、儿童及其家庭、残障人群、老人等提供资金支持。与国家老年医疗保险不同，医疗补助计划不是一种权益，而是在达到一定的标准之后才能享受资助，这一标准主要体现在资产水平和支付能力上。联邦政府制定通用的资格标准，各州再根据自身情况发展出实际施行的标准。医疗补助计划所需资金由联邦政府和州政府共同负担，其中联邦政府承担57%，州政府承担43%（Centers for Medicare and Medicaid Services）。虽然医疗补助计划瞄准的目标人群极为广泛，但在2006年，耗费在老年人上的费用达到了项目全部支出的66%，是其最主要的组成部分。可以说，在扶持失能老年人方面，这一项目在本部分所列的四种筹资方式中发挥着最为重要的作用。

（二）服务提供者

美国的老年照料服务提供有三个层次，分别为家庭、社区和护理机构，各个层次的供给主体以及与之对应的服务种类都有鲜明的特点。

1. 家庭非正式照料服务（Providers of Long-Term Care）

提供此类服务的一般为老人最基本和最初级的关系人，他们花费时间与精力根据老人的需要提供帮助和照顾，而不需要老人支付报酬。美国有超过6 500万的非正式照料服务提供者，服务的对象包括患慢性疾病、失能或年老的家人。照料服务提供者中约有66%为女性，72%的人需要照料的是年老的父母或祖父母。典型的照料服务提供者是49岁以上的妇女，她们为独居的69岁以上的母亲提供照料。这些照料者平均每周的照料时间是20小时，13%的人要提供超过40小时的照料。这些非正式照料提供者每年约为联邦政府节省3 750亿美元的照料支出。

2. 以家庭和社区为基础的照料（Home and Community-Based Care）

在这类照料服务中，老人在家庭、社区的公寓、老人之家接受照料，由服务人员提供上门或者集中的服务，相对于机构照料来说成本较低，受到老年人的普遍欢迎。这类照顾的实现形式有多种，例如独立生活公寓（Independent Living Apartments）、老年之家（Adults Homes）、强化住宅（Enriched Housing）、类似家庭的住家（Family-type Homes）、协助生活方案（Assistd Living Program）、继续照料退休社区（Continuing Care Retirement Communities）等。

3. 护理机构（Nursing Home Care）

这是成本最高的一种老年照料模式，由专业护工为需要照料的重度失能老人提供全天候24小时的持续照料。护理机构的种类非常多，服务品质也因付费标准、各地法律规范，以及社会文化背景的不同而有所差异。

（三）照料体系中的特色制度

1. 监察仲裁人制度（Long-Term Care Ombudsmen）

长期照料监察仲裁人为需要照料的老人寻找适合的照料方式和照料机构，为其充当代言人的角色。他们一般接受过专业的训练，能有效处理老人的投诉和抱怨。处理的申诉包括侵犯居民权利和尊严，身体、语言或精神虐待，剥夺维持身心健康所必需的服务，提供质量低劣的照料，不适当的个人卫生，强迫出院等多方面。长期照料监察仲裁人保证了需照顾老人的基本权益，是改进长期照料服务体系的重要推动力。这一制度属于联邦政府老年人行政局的业务范围，各州相应安排在州政府老年人服务部门。

2. 家庭照料提供者支持项目

家庭非正式照料提供者在提供照料的同时，需要付出巨大的情感、身体和精神方面的代价。美国的家庭照料提供者平均年龄已超过50岁，也在逐渐进入老年阶段，健康状况需要精心地维持。面对不断增长的老年长期照料需求和家庭照料提供者日益严重的负担，联邦政府老龄署逐渐拓宽服务范围，从仅关注于老年人的健康和福利，延伸到对非正式照料提供者的关注。早在 1990 年，美国超过 70%的州就开始给予家庭照料提供者某种形式的补助。其中一些州（缅因、马里兰、密歇根、科罗拉多、新墨西哥、纽约）采取向家庭成员直接支付报酬的形式（Consumer-directed Attendant Care Programs，CDCs），政策制定者认为这种方法比基于机构的照料更具有成本效益（L. Polivka & F. C. Alliance，2001）。

在 2000 年，美国国会通过全国家庭照料提供者支持项目（NFCSP），根据各州 70 岁以上老年人口的数量提供资金用来支持家庭中的非正式照料提供者，减轻照料老人所带来的精神和经济负担。NFCSP 项目所提供的服务种类主要包括：①为照料者提供信息服务。地区老龄机构通过社区层面的信息宣传和入户指导，帮助老年人和他们的照料者了解可以获得的服务。②帮助照料提供者获取这些服务。以一对一的方式评估照料者面临的问题并帮助他们寻求机会和服务，包括转介、个案管理等服务。③个人咨询，对照料者的培训。个人咨询和支持小组是非正式照料提供者的咨询和倾诉渠道，他们可以通过向照料顾问或其他的照料同伴倾诉来缓解精神压力，照料培训则为他们提供必要的照料技能指导服务。④喘息照料。由政府购买替代性的临时照料服务，用来帮助非正式照料提供者获得暂时的休息。包括居家间歇照料服务、临时或紧急夜间照料服务。⑤补充性服务。包括住房改建、紧急呼救系统、交通服务、理财计划、法律帮助等辅助性的服务项目。

四、对我国老年照料服务体系建设的启示

我国长久以来缺乏针对老年人的社会保障制度，家庭在老年照料中发挥着极为关键的作用。新中国成立后的半个多世纪中，老年人的社会保障制度经历了由无到有的过程，现在处于逐步完善的阶段，但老年社会照料服务发展仍滞后于人口老龄化程度，面临巨大的压力。老年人有很大的服务需求，但是社会中还没有创造出足够的适合这种需求的服务产品，大部分老年人正在忍受着缺乏服务的痛苦，老年照料服务体系建设迫在眉睫。在这种背景下，受经济发展水平的限制，将家庭无法照料的老年人全部转移到机构中接受照料是不现实的。在老年照料服务制度建设中，我们应该避免走发达国家反复的道路，始终坚持以家庭和社区为基础的思想。同时，发展多种照料模式，实现照料资源的优化组合，按照老年人的实际照料需要引导他们理性选择，用最低的成本实现对老年人更好的照料。在这一思路基础上，对国际上具体实践经验的分析能够为我国老年照料服务体系建设的实际操作提供借鉴。

（一）建立老年人失能状态评估标准体系

建立客观的老年人失能状态评估标准体系是社会化老年照料服务体系得以正常运转的基础。评估标准体系建设的主要目标是避免老年照料资源的浪费，为照料服务的供给提供标准，同时，也为老年人选择照料方式提供参考。为此，这一体系应该将老年人的经济社会特征排除在外，将实际的照料需求放在核心地位。所包含的指标应该能够判定老年人是否符合提供照料的条件，以及进入照料体系后能够得到什么等级的照料。

（二）建立第三方机构协调照料供需方关系

一个完整的老年照料服务体系是由多种照料模式构成的。由于老年人的身体状况和照料

需求时刻在发生变化，各种模式间畅通的流转机制对于更好地满足老年人需求，以及节省社会资源都是极为关键的。为此，要建立专门的公共服务机构作为社会老年照料机构和老年人之间的桥梁，帮助老年人理智选择照料模式和照料机构，在各种照料模式间进行流转，维护老年人的正当权益。

（三）社会照料服务发展与经济发展水平保持协调

受公共支出额度的限制，目前一些发达国家政府正在用降低资助水平的办法缓解老龄化给财政带来的压力。受经济发展水平的影响，我国的老年照料资源更为有限。这决定了各种社会照料形式的发展要综合考虑社会承受能力，循序渐进。另外，社会保险虽然能够减轻家庭的负担，但也会增加公共支出。日本实施老年照料的社会保险覆盖后，付费服务的需求量明显增加，尤其是专业护理机构提供的服务（O. S. Mitchell，J. Piggott & S. Shimizutani，2004）。我国现阶段的经济发展水平还无法与老龄化水平相匹配，未富先老特征明显，大范围实施社会护理保险的条件还不成熟。

（四）加强对非正式照料提供者的支持

家庭提供非正式照料虽然能够节省社会成本，但对于照料提供者来说，除了显性的货币成本外，还要付出时间、精力、情感等隐性成本（刘柏惠，2014）。为了维持和进一步鼓励非正式照料的发展，要从资金和服务等多个方面加强对家庭非正式照料提供者的扶持和帮助。

参考文献

［1］P. Baldock，JC. “Caring for Frail Elderly People：Policies in Evolution.” *Journal of European Social Policy* 8，4（1998）.

［2］Booth，M. and V. Mor. “Long-Term Care in the USA：Lessons for New Zealand?” *Social Policy Journal of New Zealand*，32（2007）.

［3］Campbell，J. C. and N. Ikegami. “Japan's Radical Reform of Long-Term Care.” *Social Policy & Administration* 37，1（2003）.

［4］Campbell，J. C. and N. Ikegami. “Long-Term Care Insurance Comes to Japan.” *Health Affairs* 19，3（2000）.

［5］Eto，M. “Public Involvement in Social Policy Reform：Seen from the Perspective of Japan's Elderly-Care Insurance Scheme.” *Journal of Social Policy* 30，1（2001）.

［6］Iwamoto，Y.；M. Kohara and M. Saito. “On the Consumption Insurance Effects of Long-Term Care Insurance in Japan：Evidence from Micro-Level Household Data.” *Journal of the Japanese and International Economies* 24，1（2010）.

［7］Lakdawalla，D. and T. Philipson. “The Rise in Old-Age Longevity and the Market for Long-Term Care.” *American Economic Review* 92，1（2002）.

［8］Miller，E. A. and V. Mor. *Out of the Shadows：Envisioning a Brighter Future for Long-Term Care in America*. Brown University Center for Gerontology and Health Care Research，2006.

［9］Mitchell，O. S.，J. Piggott and S. Shimizutani. “Aged-Care Support in Japan：Perspectives and Challenges.” *National Bureau of Economic Research*，2004.

［10］ Pavolini，E. and C. Ranci. “Restructuring the Welfare State：Reforms in Long-Term Care in Western European Countries.” *Journal of European Social Policy* 18，3（2008）.

［11］ Polivka，L. and F. C. Alliance. *Paying Family Members to Provide Care：Policy Considerations for States*. Family Caregiver Alliance，2001.

［12］ Centers for Medicare and Medicaid Services. “*National Health Expenditure Data*，” https://www.cms.gov/nationalhealthexpenddata/.

［13］ Taylor-Gooby，P.；T. Larsen and J. Kananen. “Market Means and Welfare Ends：The Uk Welfare State Experiment.” *Journal of Social Policy* 33，4（2004）.

［14］ Tomita，N.；K. Yoshimura and N. Ikegami. “Impact of Home and Community-Based Services on Hospitalisation and Institutionalisation among Individuals Eligible for Long-Term Care Insurance in Japan.” *Bmc Health Services Research*，10（2010）.

［15］ Tsutsui，T. and N. Muramatsu. “Care-Needs Certification in the Long-Term Care Insurance System of Japan.” *Journal of the American Geriatrics Society* 53，3（2005）.

［16］ 刘柏惠. 我国家庭中子女照料老人的机会成本——基于家庭动态调查数据的分析. 人口学刊，2014，（5）：48—60.

失业保障

澳大利亚失业救济制度的挑战及改革

裴 沛

【摘要】失业是澳大利亚社会面临的一项巨大挑战。联邦政府制订的救济制度，目的是让失业者有足够收入来接受教育、培训或安置。但近年该制度也面临诸多挑战，尤其是失业者数字居高不下、福利分配公平性失衡、大量移民涌入、人口老龄化等，冲击着就业市场，使救济资金有杯水车薪之虞。为应对这些挑战，澳联邦政府对该制度进行了调整与改革，这对完善我国失业保险和失业救济制度有借鉴意义。

【关键词】澳大利亚　失业救济制度　挑战　改革

The Challenge and Reform of Australia's Unemployment Relief System

Pei Pei

(*Ningbo Dahongying University*, *Renmin University of China*)

Abstract Unemployment is a huge challenge for the Australian society. The purpose of welfare plans is to help those who are looking for a job to obtain enough income so that they can receive education, training or replacement for new employment opportunities. However, in recent years, Australia's unemployment relief system is faced with challenges from all sides. The threats to both job markets and relief funds came from the high rate of long-term unemployed, fairness imbalances of welfare allocation, the influx of immigrants and the aging of the population. To cope with these challenges, in the past few decades, the commonwealth government has carried out several countermeasures and reforms of both the policy and the entire system. By using the advantages and reform experiences of Australia, we can benefit a lot in perfecting the system of unemployment insurance policy in our country, thus makes it of great significance in promoting the development of our relief system.

Keywords Australia　unemployment relief system　challenge　reform

失业救济制度是政府或官方机构依据身份、资产、原工作等因素，在劳动者丧失工作和收入后的待业期向失业者提供包括金钱、求职或再就业辅助的规范体系，是一个国家社会保障制度的重要组成部分。美国、日本以及德国、法国、荷兰等部分欧洲国家实行的是强制性失业保险与失业救济相结合的制度；瑞典、西班牙、芬兰等国实行的是失业救助与非强制性

作者简介：裴沛，宁波大红鹰学院讲师，中国人民大学博士研究生。

本文为作者主持的宁波大红鹰学院校级科研基金项目《澳大利亚失业救济制度对浙江省的启示》（项目编号：1320131039）阶段性成果。

失业保险制度。澳大利亚的失业救济制度既不像通过缴费形式为投保人提供预防性收入补偿的保险制度，也不像大多数以满足失业者日常生活最基本需求为目的的福利救助制度，而是以货币与服务辅助的方式，为事业起步人员与失业人员提供帮助，使他们能够拥有基本的生活水平、物质保障以及社会认同感和参与意识，其首要目标是缓解和抵御贫困。

澳大利亚的救济制度是建立在一个发达的信用体系之上的。联邦政府针对失业者的救济，其目的是让失业者有足够收入来接受教育、培训或安置。“联络中心（Centrelink）”对每个登记在册的失业者进行资格评估并提供再就业辅助。满足申领资格的失业者可以定期从联邦政府的财政支出中获得固定数目的救济金。但由于长时间依赖政府救济津贴，长期失业者为社会经济带来巨大的压力和负担，在一定程度上威胁到社会福利的公平性。同时，由于每年大量涌入的移民以及社会老龄化趋势，澳大利亚的失业救济制度也面临着诸多挑战。对此，联邦政府在过去几十年中进行了一系列政策调整与制度改革。借鉴其优势与调整改革的经验，对完善和促进我国的失业保险和救济制度具有重要意义。

一、澳大利亚失业救济制度及其特征

（一）澳大利亚失业救济制度体系

失业是澳大利亚社会面临的一项巨大挑战。联邦政府针对失业者设置了包括青年津贴、起步津贴、家长津贴、行动津贴、开始就业付款以及房屋贷款暂缓救助等一系列的救济津贴，帮助起步青年和失业者为获得就业与再就业的机会而得到足够的收入，以接受教育、培训或安置。与此同时，还向失业者和求职者提供各种促进就业的职业培训，包括工作实习、以工作换福利、义务工作等。[①] 而接受救助者在领取津贴前除了接受审查外，还必须履行一项义务，即证明自己正在积极寻找工作，证明方式有签订寻工活动协议、在求职过程中使用雇主联络卡、随时接受政府为其安排的工作或培训等。

（二）澳大利亚失业救济制度的特征

澳大利亚因其优美的自然风光和社会的高福利闻名于世，每年为本国吸引数百万来自世界各地的旅游者和移民。联邦政府制定的失业救济计划不局限于满足接受救助者的生活基本需要，而是以抵御和缓解贫困为首要目标，因此带有福利性、激励性、平等性以及人性化、管理高效等多种特征。

1. 福利性。在合法税收之外，个人无须缴纳任何保障类费用，失业救济的津贴和就业服务所需的经费基本都在联邦政府预算中列支，由政府财政全额承担。从历年澳大利亚财政支出的数据看，社会保障和福利一直是最大的支出项目，约占全部财政支出的30%～40%。[②]

2. 激励性。救济对象权利与义务相结合。接受救助者可以在领取救济金的同时获得就业指导、心理辅助等服务，但也必须承担相应的义务，如接受严格的收入、资产审查并配合

---

① Department of Human Services，Australian Government. *Payments when looking for work* ［EB/OL］. http://www.humanservices.gov.au.

② 杨翠迎，郭光芝编著. 澳大利亚社会保障制度［M］. 上海：上海人民出版社，2012：35.

联络中心针对求职活动的调查。一旦审查或调查被认定为不合格或不配合，则无权领取或被终止领取救济金。

3. 平等性。失业救济的对象覆盖面广且分类详细，失业救济制度涵盖的救济对象是除政府公务员之外的全体合法居民（但不必是公民）。救济金和求职辅助的设置不仅针对失业人群，也包括年轻的新晋求职者。

4. 人性化。在面对救济人群的服务和辅助上充分体现出对个人需求的考量。联络中心提供免费网络以便失业者浏览求职网站，如有需要，工作人员将会帮助、指导求职者写简历，中心还有打印设备供求职者免费使用。面向救济对象的辅助除了普通的求职及招聘网站，还囊括了未来职业规划协助机构、理财指导等。

5. 管理的高效性。各管理部门职责分明、协作程度高；管理高度信息化、网络化。联络中心负责失业人员登记、调查与资产评估，并对救济对象的状况变化进行定期追踪。同时，联络中心为注册人员预约就业服务中心机构，后者协助救济对象寻找就业机会并提供相关辅助。建立于1989年的全国自动化信息处理系统将所有社会保障办公室的分处理器连接起来，组成一个全国性的统一网络，向全体办公人员提供实时信息。居民也可通过家庭电脑登录系统进行登记、申请、信息查询。①

二、失业救济制度面临的挑战

凯恩斯在《就业、利息和货币通论》中提出的有关经济社会的两个显著缺点之一就是不能提供充分就业。② 澳大利亚，根据国际货币基金组织的统计，常年处于高失业率状态。③随着福利开支的负担逐渐加重以及全球经济的不景气，澳大利亚的社会保障制度面临着来自各方面的压力和挑战。其中，失业救济制度的挑战主要来自两方面：慷慨的救助开支为政府财政带来的巨大压力以及救济金制度的公平性失衡。

（一）财政支出压力的挑战

1. 长期失业者的增加与救济金依赖

根据澳大利亚统计局对劳动力市场的调查结果，连续52周以上处于失业状态的人群被定义为长期失业者。这其中，三分之二的人年龄在15～44周岁，有超过一半的人没有高中毕业证。当前就业岗位对知识和技能积累的要求很高，而受教育程度不高的年轻人，初次就业将会面临很多困难；同样，非技能劳动者的失业率也在逐渐上升。经济学中的“职业搜寻”理论认为失业现象可以被看作是当劳动者初入就业市场时，往往不清楚自己适合的职业以及岗位空缺，因此，为了找到适合的职业而不断搜寻的一种自愿失业；时间越长，获得的信息越充分，找到满意工作的可能性就越大。④ 为了寻找满意职业而延长失业时间可以说是一种理性的选择行为。而一个国家的失业保障越好，失业者寻找工作时期的成本就越低，搜寻满意职业的时间就越长。但现实的情况往往是就业岗位不充足，许多人不一定能够找到满

---

① 陆发才. 澳大利亚社会保障制度及启示［J］. 中国财政，1998，(12).

② ［英］约翰·梅纳德·凯恩斯 著. 宋韵声译. 就业、利息和货币通论［M］. 北京：华夏出版社，2005：286.

③ International Monetary Fund. *2011 World Economic Outlook*［EB/OL］. http://www.imf.org/external/index.htm

④ 袁志刚著. 失业经济学［M］. 上海：格致出版社·上海三联书店·上海人民出版社，2014：57.

意的工作，相反，个人失业周期越长，就越难以回到就业市场。这种情况可能与逐渐脱离社交和工作网络、失去相关技能、自信降低、缺乏动力有关，也可能因为雇主对失业者的“就业能力”持消极的态度。①

长期处于失业状态的人群比短期失业者更容易经历经济困难、处于贫困中，同时也会失去事业人际关系网。低收入和失业可能会导致个人陷入不利的境地乃至被社会排挤。长期失业者也可能会给家庭带来负面影响，有一种担忧认为这种负面影响可能会导致代际的缺陷，父母处于长期失业状态的儿童可能会在教育和未来发展中面临额外的挑战。② 相对于起步人员和短期失业者，长期失业者会更多地依赖外界提供的资源和辅助。2010 年，澳大利亚有四分之三的长期失业者在联络中心注册，其中又有三分之二在就业服务中心注册，这些数字是短期失业者的两倍，起步人员的四倍。③ 此外，大多数劳动者都会面临包括竞争者多、工作经验缺乏、技能和文化程度低、工作地点偏远以及健康或残疾等困难。但相对于新入职和短期失业者会尽可能努力保住自己的工作岗位，许多长期失业者即使在获得一份工作之后，也会很快因为各种原因被雇主辞退或者放弃工作以各种理由去申领救济金。因此，尽管拥有高福利的救济制度，澳大利亚国内对于未来失业状况的展望依旧不乐观，短期内即使在劳动力市场环境有所缓和的前提下，长期失业者的数字仍将呈上升趋势。④

表 1　　澳大利亚失业人口与失业率

	2007	2008	2009	2010	2011	2012
总失业人口（千人）	493.8	475.5	r571.0	r639.2	r602.3	624.3
失业率（%）	4.5	4.2	5.0	5.5	5.1	5.2
长期失业人口占总失业人口比（%）	16.8	15.0	13.9	16.9	19.2	18.8

数据来源：Australian Bureau of Statistics，cat. no. 4102.0，*Australian Social Trends*，*Data Cube-Work*，2013。
注：表中 r 代表 revised（修正后的数据）。

2　移民涌入增加政府公债

澳大利亚是主要移民接受国家之一，其移民数量居世界第一。移民构成主要分为三类：技术移民、投资移民和难民。技术移民须通过语言和技能测试；投资移民须通过企业家技能和财务资本测试；难民则是基于人道主义考虑允许入境的。正因如此，难民也就成为最有可能依赖于社会福利和救济的群体。对于任何依靠社会保障，而非私人收入或技术安置下来的移民，本土出生的居民将不得不承担很大部分的安置成本。同时，新入境的难民其配偶、子女也能够在短时间内获得难民身份入境。但是，由于缺乏必要的技能、语言能力、教育背景加之多子女等因素，使难民从一开始就很难进入就业市场为税收做贡献。

① Australian Social Inclusion Board，*A Compendium of Social Inclusion Indicators*：*How's Australia Faring*?，Canberra. http://www.socialinclusion.gov.au.

② Kalil，A.，2009. “*Joblessness*，*Family Relations and Children's Development*” *in Family Matters*，No. 83，Australian Institute of Family Studies. http://www.aifs.gov.au.

③ Australian Bureau of Statistics. *Australian Social Trends September* 2011：*Long-term Unemployment*. http://www.abs.gov.au/socialtrends.

④ Judith Sloan. Some Policy Responses to Long-term Unemployment. *The Australian Economic Review*. 2nd Quarter 1993.

另一方面，越来越多的技术移民也在与本地出生的公民竞争就业市场、共享救济津贴。引入移民的首要目的是为澳大利亚增加人口、劳动力，尤其是高科技技术人才。但是，今天澳大利亚有一种普遍的观点认为，对海外资格识别的缺乏，以及移民对澳大利亚本国政策和制度的陌生，导致许多移民未能充分利用其人力资源，反而过多享受失业救济计划，增加了政府公债。其实这一观点早在一项基于1990年收入分配调查的实证研究中就被证实了。总之，移民领取失业救济的概率要高于本地出生的居民，并且移民领取失业救济的额度也要高一些。① 如果移民比本地居民更依赖救济与福利，那么很有可能后者正在通过税收和转移机制，补助前者的消费开支。所以，本地居民对于外来移民的不满愈发严重，联邦政府的救济金开支负担也日益增加。

表2　澳大利亚2011年移民及劳动力人口比

	本地出生（千人）	占比（%）	移民（千人）	占比（%）	总人口（千人）	占比（%）
15周岁及以上人口	12 698.1		5 417.5		18 119.7	
劳动力人口	8 737	68.81%	3 408.1	62.91%	12 147.3	67.04%
在职人口	8 290.5	65.29%	3 221.9	59.47%	11 514.7	63.55%
失业人口	446.5	3.52%	186.2	3.44%	632.6	3.49%
非劳动力人口	3 961.1	31.20%	2 009.4	37.09%	5 972.4	32.96%
无工作意向人口	2 755.7	21.70%	1 484.5	27.40%	4 241.5	23.41%

数据来源：Australian Bureau of Statistics，34150DS0068 *Migrants Data Matrices*，Sep 2011.

3. 老龄化威胁

根据联合国的定义，一个国家65岁以上的老年人口超过7%，该国就属于老龄化国家。从19世纪末发达国家开始出现老龄化现象至今，人口老龄化已经成为一个世界性问题。由于经济的发展、医疗条件的进步、科学技术的创新，带来了人口死亡率的下降以及预期寿命的延长。在澳大利亚，各年龄人群的平均余命均呈现出逐年增长的趋势（见表3）。65周岁以上的人口占总人口的比重在逐年增加，14周岁以下的人口比重却在逐年降低，导致15～64周岁的适龄工作人口比重也在逐渐下降。随着老龄化社会的发展，社会的老年抚养系数②随之上升，造成社会负担日益加重。

表3　澳大利亚人口构成

	2006	2007	2008	2009	2010	2011
总人口（千人）	20 697.9	r21 015.9	21 384.4	21 778.8	22 065.3	22 323.9
0～14周岁人口比（%）	19.6	19.4	19.2	19.1	18.9	18.9
15～64周岁人口比（%）	67.4	67.5	67.6	67.6	67.5	67.3
65周岁以上人口比（%）	13.0	13.1	13.2	13.3	13.5	13.8
85周岁以上人口比（%）	1.6	1.6	1.7	1.7	1.7	1.8
人口中位年龄	36.6	36.8	36.9	36.9	37.1	37.3

数据来源：Australian Bureau of Statistics，*cat. no.* 4102.0，*Australian Social Trends*，*Data Cube-Population*，2012.

① ［澳］阿斯法·纳希德，阿布负·M·单苏丁著. 澳大利亚移民和失业救济［J］. 孙思忠译. 应用经济学，2001，(12).

② 老年抚养系数由老年人口与适龄工作人口比例决定。

老年抚养负担加重财政税收的压力，带来一种由下一代为父辈甚至祖父辈养老买单的现状。而财政支出中用于支付养老金部分的比重加大也对失业救济金形成威胁。从另一个侧面看，适龄工作范围内的长期失业者一旦进入退休年龄范围，也可能会因为没有职业年金或自愿储蓄养老金而必须依赖由政府提供的最低养老金。这种长期的持续依赖为救济金制度带来巨大挑战。

（二）制度的公平性失衡

尽管澳大利亚政府设立失业救济制度的目的在于缓解贫困、减少财政压力、鼓励再就业，但现有的制度也带来了新的问题，甚至在一定情况下产生了负面作用，造成一种以福利为诱因的失业。[①] 这种诱因在很大程度上是由救济制度的两项原则导致的，一是救济金的平均发放原则，二是救济对象需证明积极求职的原则。两种原则在本质上是为了体现出救济制度的平等性与激励性，但在实施的过程中却引起了公平性的失衡。全球大部分国家的救济金是按照纳税人的贡献即个人交税多少来计算的，澳大利亚则是按照当年的税收平均分配救济金给领取者。换言之，一个努力工作了多年按时交税的人因正常因素[②]失业，与另一个多年一直处于失业状态没有缴纳过任何税金的人领取的救济金是一样多的。这种为了体现平等的救济金的平均发放原则为公平性带来挑战，在一定程度上降低了失业者再就业的动力。

根据国际劳工局对失业的定义，失业主体必须具备三个条件：有劳动能力、愿意就业、没有工作。因此，从客观上可以将所有劳动年龄人口[③]划分为三种类型：就业人口、失业人口和不在劳动人口（没有工作且不在寻找工作的人口），其中，就业人口与失业人口构成一个国家的劳动力人口。但在现实中，这种划分的界限并不明确，界定一个不工作的人是否为真正的失业者在实际操作中十分困难。科尔曼认为，人以理性的行动满足自己的偏好，并使效用最大化。[④] 当一个国家的失业保障制度允许失业者可以在保障机构领取一份失业救济金时，就会有许多不愿意工作的人伪装成失业者进行登记，而这一部分人实际上是不愿意就业的。在澳大利亚，凡通过资产审核有资格领取失业救济金的对象只需履行一项义务，即证明自己在积极求职。但是这种以激励再就业为目标的原则在实施过程中忽视了投机因素，许多长期失业者即使在服务机构的帮助下重新就业，也有可能一有机会就放弃工作甚至创造条件失业去领取救济金。根据之前的定义，这部分人并非失业者，也不属于劳动力人口，而仅仅是为了领取失业救济金，才成为统计上的失业者。

三、政策调整与改革

高福利伴随着高失业率对发达国家经济产生严重威胁，希腊的案例已经为全球高福利国家敲响了警钟。澳大利亚如不加改变，长此以往必会步希腊后尘，以致拖垮整个国家的经济。为了应对支付救济金造成的巨大财政压力，联邦政府针对不同群体进行了一系列政策调

---

① Brian Dollery and Stewart Webster. Unemployment Benefits and Unemployment in Australia，1950—89. *Australian Journal of Social Issues* Vol. 30 No. 1，02. 1995.

② 正常因素指不包括健康、残疾或主动离职等因素.

③ 依据世界上大多数国家的规定，劳动年龄人口为16～65周岁的人口。

④ 文军主编. 西方社会学理论：经典传统与当代转向［M］. 上海：上海人民出版，2006：219.

整与改革。

（一）化被动为主动

为应对以福利为诱因的失业，澳大利亚政府越来越注重失业者的主观能动性。对于积极求职的强调首先鲜明地体现在救济津贴的命名上，从“被动”的“失业救济金”转变为“主动”的“起步津贴”；其次，新的政策开始逐渐强调救济金领取者的义务，尤其是处于符合工作年龄范围内的失业者在求职方面的努力。例如，引入大量个性化的求职者面试、向失业者发放雇主联系证明、要求失业者记录求职日记、个别青年求职者必须参加补习课程、加大不予配合者的惩罚力度等。[①] 这一切都表明了失业救济的政策在逐步由权力赋予向个人义务倾斜。

（二）以人力资源为选择移民新方向

全球化进程使得发展中国家占据了便宜的劳动力资源优势，发达国家为保证自己的优势，只有向技术的创新及产品质量的提升方向倾斜。随着技术的进步，就业市场对技术人才的需求逐渐上升。自霍华德政府开始，澳大利亚的移民计划逐渐偏向技术移民，之后的两届政府继续奉行这一政策，将技术移民作为移民主体，同时以澳大利亚国内经济发展需求为导向吸收紧缺的技术人才，提高对移民的语言、技术要求。自2012年起，技术移民由原来的自由申请变为选择性邀请，以保证新入境移民能够在填补劳动力市场空缺的同时避免与本国人才的竞争。而在投资移民方面不断提高对移民净资产的要求以增加投资者对税收的贡献。此外，联邦政府修改关于移民领取社保金的法律，规定包括失业救济金在内的社保金只针对澳洲公民及持有永久居留签证的移民，新到岸移民必须在澳洲居住满2年才有权领取社保金。

（三）调整养老金以缓解财政压力

为了应对老龄化带给财政支出的压力，联邦政府鼓励企业与个人共同分担养老负担的计划。澳大利亚在养老保障体系的最低养老金之外设置了强制性职业年金和自愿储蓄性养老金。其中，最低养老金由联邦政府提供，凡通过收入和财产审查，确认其实际收入低于政府规定标准的退休老人均可根据各自情况领取不同额度的养老金。强制性职业年金由雇主依法为雇员按照工资的5%缴纳，并实行商业化运营。参保者到了退休年龄才能一次性或分年支取。[②] 同时，政府加大对自愿储蓄性养老金的宣传和推行，鼓励居民在工作年龄之内除了应对日常开销，也要为老年之后的生活做储备，从而减少最低养老金的领取人数以缓解财政压力。

近年来，伴随着全球老龄化问题和世界发达国家经济衰退，许多国家都开始对本国福利进行改革和调整。澳大利亚针对失业救济制度的改革就其目前的走向看，未来的成效可能会

---

① Tony Eardley and George Matheson，Australian Attitudes to Unemployment and Unemployed People，*Australian Journal of Social Issues* 35，3（2000）.

② 蔡杜文．澳大利亚社会保障制度简介［J］．中国财政，2001，（07）.

达到甚至超出预期。但是一个大的矛盾焦点依然存在，即公平与平等的失衡。公平与平等是两个不同的概念，澳大利亚的失业救济制度自设立起就体现出面向全体国民的平等。而救济金的平均分配和投机性失业现象最终导致公平性受到了挑战。如果作为制度根基的公平性与平等性问题得不到解决，那么这种矛盾在长期内依旧会对整个体系的平衡提出挑战。

四、结语及对中国的启示

自 1905 年第一个失业保险制度在法国诞生起，各国的失业保障制度经过一个多世纪的发展，已经从单纯的失业救助发展到了失业救助与就业促进相结合。澳大利亚的失业救济制度自 1945 年建立起就充分体现了平等、高效、激励以及人性化等特征，但也不断面临新的挑战。在过去的二十年中，联邦政府对失业救济制度相关政策做出了多方面的改革，就其改革的方式与方向看，未来的成效可能会为高福利国家开创成功的经验。

相对于澳大利亚的救济制度，我国是以保险的形式对待失业问题。现行的《失业保险条例》标志着我国失业保险制度取得的长足进步，但这一制度目前仍存在很多制约保障功能发挥的问题，例如，失业保险覆盖面过窄、保障人群分类不明确、保险金领取规则缺乏弹性、统筹层次低、发展不平衡等问题。澳大利亚失业救济制度及其面对的挑战、改革以及成效，对我国完善失业救助体系有着积极的启示意义。

（一）扩大保险覆盖面，明确分类救济对象

我国失业保险制度覆盖面过窄，截至目前也只是覆盖了一少部分非农就业人员和城镇就业人员，广大农民工的权益难以得到有效保护。对于无能力或不能参加当地失业保险的灵活就业人员来说，目前的制度在一定程度上形成了地区之间劳动力自由流动的壁垒，不利于促进劳动力流动和缩小地区差异。鉴于澳大利亚失业救济体系针对不同的人群设立不同的救济津贴，有必要考虑以适当的形式将我国有能力劳动的人员，尤其是处于弱势地位的农民工群体尽可能地纳入失业保险的范围，同时对不同社会群体重新进行考察和归类，根据不同人群的收入和资产，调整个人缴纳失业保险费的比例，提高保险费收缴率。此外，考虑到我国青年失业问题普遍存在，应当将就业困难的大学生纳入到保障体系中，将部分保险金用于青年失业者的培训支出。在激励劳动者积极就业与再就业的同时真正体现国家的救助。

（二）提高制度灵活性，统一权利与义务

我国失业保险费是个人按照工资的一定比例缴纳的，但是失业保险金的发放却类似于澳大利亚发放救济金时的一视同仁。因此，权利与义务对等的原则以及公平的原则都没能在此体现。可考虑合理确定待遇水平，将失业保险金标准与失业前缴费多少、缴费期长短直接挂钩。还需要普遍提高待遇水平，针对不同救助对象确定救济金额度，并根据客观需要制定救助时间，随着救助时间的延长降低救济金，在发挥救助功能的同时有效地克服福利依赖。在保险金之外设置职业技能培训的辅助，帮助有劳动能力的失业者努力获取新技能进入就业市场，既能切实保障失业人员基本生活，又能积极促进失业人员再就业。

（三）提升统筹层次，建立协调的机制

我国不同地区之间经济发展水平差异巨大，使全国难以建立统一的包括失业保险在内的社会保险制度。由于没有统一的全国网络，以城市为单元、各自为政的失业保险制度和待遇在各地互不衔接，严重制约了失业保险作用的发挥。因此，应当提升对计算机网络管理的应用，在统筹地区或更大范围联网、提高效率和准确性。还可将失业保险与就业服务统筹考虑，整合失业保险职能部门和就业服务职能部门，加强失业保险与就业服务工作的联系。最好建立一套包括失业登记、职业指导、发放失业保险金、组织技能培训、开展职业介绍、就业服务等的标准程序，随时掌握失业者的失业、培训、就业、自主谋业以及从事临时性工作的动态变化，有针对性地开展工作。与此同时，还应建设与医疗、养老等项目有机衔接的完善的保险制度。

参考文献

［1］［澳］阿斯法·纳希德，阿布负·M·单苏丁．澳大利亚移民和失业救济［J］．孙思忠译．应用经济学，2001，（12）．

［2］蔡杜文．澳大利亚社会保障制度简介［J］．中国财政，2001，（07）．

［3］陆发才．澳大利亚社会保障制度及启示［J］．中国财政，1998，（12）．

［4］文军主编．西方社会学理论：经典传统与当代转向［M］．上海：上海人民出版社，2006．

［5］杨翠迎，郭光芝编著．澳大利亚社会保障制度［M］．上海：上海人民出版社，2012．

［6］袁志刚．失业经济学［M］．上海：格致出版社，2014．

［7］［英］约翰·梅纳德·凯恩斯著．就业、利息和货币通论［M］．宋韵声译．北京：华夏出版社，2005．

［8］Brian Dollery and Stewart Webster. Unemployment Benefits andUnemployment in Australia，1950—1989. *Australian Journal of Social Issues* 30，1（1995）.

［9］Judith Sloan. Some Policy Responses to Long-term Unemployment. *The Australian Economic Review*. 2nd Quarter 1993.

［10］Kalil，A. "Joblessness，Family Relations and Children's Development" in Family Matters. Australian Institute of Family Studies，2009，http://www.aifs.gov.au.

［11］Tony Eardley and George Matheson. Australian Attitudes to Unemployment and Unemployed People. *Australian Journal of Social Issues* 35，3（2000）.

［12］Australian Bureau of Statistics. Australian Social Trends September 2011：Long-term Unemployment. http://www.abs.gov.au/socialtrends.

［13］Australian Social Inclusion Board，A Compendium of Social Inclusion Indicators：How's Australia Faring? Canberra. http://www.socialinclusion.gov.au.

［14］Department of Human Services，Australian Government. Payments when Looking for Work. http://www.humanservices.gov.au.

［15］International Monetary Fund. 2011 World Economic Outlook. http://www.imf.org/external/index.htm

东北解放区社会优抚研究

王彦龙

【摘要】解放战争期间，东北解放区开展了社会优抚工作，对荣誉军人、烈士及烈军属、战勤民工进行优抚保障。这一时期的优抚保障工作增强了社会各界对人民军队的爱戴以及解除军人的后顾之忧，激发广大民众的参军热情，对新中国成立后社会优抚工作具有重要的借鉴意义。

【关键词】东北解放区　社会优抚　荣誉军人　烈军属

On Special Care and Protection of the Northeast Liberated Area

Wang Yanlong

(*School of Marxism, Jilin University, Changchun, Jilin, 130012, China*)

Abstract During the liberation war, the Northeast Liberated Area special care to carry out social work, to honor soldiers, the martyrs and the families of martyrs, war service workers were the special care and protection. Special care and protection of work of this period to enhance the community's love for the people's army, arouse the enthusiasm of the people to join the army and relieve the worries of the military, with important reference work for special care after the founding of the society.

Keywords northeast liberated area　social special care　military honor　family members of martyrs

抗战胜利后，东北地区在政治、经济和军事方面处于极为重要的地位，中国共产党和国民党对于东北地区的争夺，是有关全国解放战争胜负的带有全局性的战略问题。社会优抚作为集中体现执政党意志的一种特殊的社会保障手段，发挥着维护国家和社会的稳定、鼓舞军队士气和增强其凝聚力和战斗力等作用。因此，研究东北解放区的社会优抚可以了解中国共产党通过优恤工作、扶持生产、安置就业等多种措施来保障优抚对象生产生活，从而达到维护东北解放区的社会稳定的效果，同时对于保证兵源和鼓舞前方将士英勇杀敌，夺取解放战争的最后胜利、建立新中国有着极为重要的作用。

一、东北解放区社会优抚的内容

（一）对荣誉军人的优抚与安置

解放战争期间，东北解放区非常重视对荣誉军人的优抚安置工作，颁布了多部优待荣誉

作者简介：王彦龙，男，吉林省集安市人，吉林大学马克思主义学院博士研究生，研究方向：中国近现代史、东北史。

军人的法令，如《荣誉军人暂行抚恤条例》《残废军人抚恤暂行条例》《关于优恤工作的联合指示》《关于处理荣誉军人的决定》《东北解放区荣誉军人复员条例》《关于地方政府系统残废人员抚恤令》等。1947年9月，东北行政委员会、东北民主联军总政治部在颁布的《荣誉军人暂行抚恤条例》中规定，对因参战负伤致残的革命军人称为荣誉军人，并由政府按“三等九级”标准（即一、二、三等，每等又分甲、乙、丙三级）发放残废抚恤金，每年分两次发给。二等以上残废人员直到病故停止抚恤，三等残废人员一次性发清后停止抚恤。[2]这种评定标准在东北解放区内并不是完全统一的，每个省份根据自己省内的实际情况制定相应的等级分类和抚恤标准。如辽宁省政府对荣誉军人的残废等级分为四等十级，抚恤金分别为一等甲级9万元（东北币），一等乙级8.1万元，一等丙级7.2万元；二等甲级6.1万元，二等乙级5.4万元，二等丙级4.5万元；三等甲级3.6万元，三等乙级2.7万元，三等丙级1.8万元；四等即临时残废1.8万元（一次终了）。[3]1949年6月23日，东北行政委员会颁发的《荣病军人退伍与烈属抚恤暂行办法》中在荣誉军人的范围、残废等级和抚恤金进行了细致的分类。文件中规定凡人民解放军军人包括主力军、地方军、护路军以及各省公安队、各机关各公营企业警卫队及军事学校、军工部门脱离生产的人员，在革命战争中因作战负伤或因公负伤而致残废者，均享受抚恤。由省民政厅荣军管理部门发给东北人民政府颁发的“荣誉军人残废抚恤证”。残废等级分为四等六级，即特等、一等、二等甲级、二等乙级、三等甲级、三等乙级，抚恤分为退伍与参加工作的两类，退伍的发给荣誉金及生活补助费，参加工作的只发荣誉金不发生活补助费。均以猪肉与高粱米作为计量标准。见下图[4]。

1949年荣誉军人荣誉金及生活补助标准　　单位：公斤

等级	类别	荣誉金（按猪肉）	生活补助费（按高粱米）
特等	参加工作者	—	—
	退伍的	30	500（供给终身）
一等	参加工作者	30	—
	退伍的	20	400（供给终身）
二等甲级	参加工作者	20	—
	退伍的	15（供给终身）	300（两年后减半供给终身）
二等乙级	参加工作者	15	—
	退伍的	10（供给终身）	200（两年后减半供给终身）
三等甲级	参加工作者	10	—
	退伍的	30（一次发清）	400（一次发清）
三等乙级	参加工作者	7.5	—
	退伍的	30（一次发清）	300（一次发清）

为了做好在解放战争中由部队转到地方的荣誉军人的安置工作，1946年11月30日，东北行政委员会、东北民主联军政治部发出《关于优恤工作的联合指示》，规定对伤病残军人必须退伍者，各地政府应负责安置，介绍职业或分配一定的土地、耕具、房屋，帮助解决生产和生活上的困难，使其能建立家业。其家居关内或国民党统治区的，则分配各地予以安置。12月底，吉林省共接收荣军1 603名，其中：分配工作的766名，回家休养的142名，

办理退伍手续的48名，送学校学习的548名，入院疗养的99名。[5]1947年11月黑龙江地区根据东北局、东北政委会、总政治部颁布的《关于处理荣誉军人的决定》精神，开始建立荣军学校、荣军休养院、荣军农场和光荣院，到年底达到20余处。建立荣军学校是为了提高他们的文化知识水平；建立荣军休养院，是安置无家可归或家庭难以照料的残废军人；建立荣军疗养院，是解决带病回乡、久治不愈的荣军和复员军人的医疗问题；建立荣军农场，是接收安置无家可归的荣誉军人，组织他们参加生产劳动；建立光荣院，是帮助孤老优抚对象安度晚年。1948年，吉林省根据东北行政委员会、东北军区政治部颁布的《东北解放区荣誉军人复员条例》规定，为符合复员条件的在乡伤病残军人办理了复员手续，发给复员证和复员费。复员安家费标准：参军服役一年的，发给高粱米50市斤，每多服役一年加发50市斤。对荣誉军人分别按其残情等级，另发2～10个月的安家补助费。安家补助费为每月高粱米100市斤，按月发给，期满为止。家居东北解放区以外的，每月加发补助粮30市斤。[6]各地党委、政府通过组织生产、生活照顾以及群众优待等方式，使荣誉军人的生活得到了明显改善。

（二）对烈士及烈军属的优抚保障

1. 对烈士的优抚

1947年4月，东北行政委员颁布的《东北解放区爱国自卫战争阵亡烈士抚恤暂行条例》中对东北解放区境内的东北民主联军及地方部队、游击队阵亡官兵，由地方政府一次性发给烈士抚恤粮，采取一次抚恤终了的办法，标准为500市斤高粱。部队官兵牺牲后，由部队师旅（或军分区）填发《烈士纪念证》，发往死者原籍的县（市）人民政府换发《烈士抚恤证》，死者家属持证领取一次抚恤。[7]1948年2月东北行政委员会颁布的《东北解放区爱国自卫战争阵亡烈士抚恤条例》中把抚恤粮的标准提高到5 000斤，并提出各地建立纪念碑、纪念塔、纪念馆来纪念烈士。[8]1949年6月，东北行政委员会将革命烈士抚恤标准调整为发给高粱1 000公斤。据1949年统计，松江①、黑龙江两省对1 612名有直系隶属的革命烈士给予抚恤，发给烈士家属高粱161.2万公斤。[9]吉林省共抚恤2 319人，发放抚恤粮251.7万市斤。[10]

东北解放区对为国建功立业的阵亡殉职的烈士建墓竖碑、凭吊祭悼、授名立传作为拥军的一项重要内容。1946年9月，敦化、额穆（今属蛟河、敦化县）县政府为抗联第一路军第三方面军指挥陈翰章在家乡敦化县城合建一座陈翰章烈士纪念碑。10月，中共吉林省委发出《关于宣传革命战士英雄事迹，缅怀悼念革命烈士的指示》，要求各级党委、政府搜集死难烈士事迹，送交军区政治部编写烈士传记。对战争中牺牲的著名烈士，依据其战功业绩给予追功、授号，予以褒扬。[11]从1946年起，凡市、县修建的革命烈士纪念碑、塔、陵园落成或安葬烈士遗骸时，当地党政军领导及各界人民均举行公祭或追悼活动。1948年4月5日，西满革命烈士陵园在齐齐哈尔市落成，为革命烈士举行安葬仪式。4月6日，西满各省暨齐齐哈尔市党政军民各界3万人，在烈士陵园举行追悼大会。同年10月，在东北烈士纪

① 1945年8月31日，国民党政府拟重划东北行政区时的省名。1954年6月19日，松江省被撤销，与黑龙江省合并为黑龙江省。

念馆和东北抗日暨爱国自卫战争烈士纪念塔落成揭幕之际，东北大区、松江省及哈尔滨市党政军及各界代表1.5万余人，隆重举行揭幕典礼和公祭追悼大会。东北行政委员会主席林枫在追悼大会上讲话，号召各界人民加紧生产，支援前线，争取最后胜利，建立新中国。

2. 对烈军属的优抚

关于优待烈军属的工作，东北行政委员会先后颁布了《关于拥军优属的指示》和《东北解放区优待革命军人家属条例》，解放区内的各省也相应颁布许多条例和规定，如1946年7月，嫩江省①政府颁布了《关于建立优待军人家属代耕制度的规定》；1947年2月11日，吉林省政府颁布《吉林省优待革命军人家属暂行条例》、1948年1月，松江省政府颁发了《松江省优待军人家属土地包耕暂行办法》等。

代耕在各级政府的优抚工作中起着至关重要的意义。从1946年开始，各级政府发动和组织群众为缺乏劳动力的革命军人家属及革命烈士家属代耕土地或派工助耕。1946年7月，合江省②政府在颁布《为民主联军军人家属代耕条例》中规定了代耕土地的数量、代耕方法以及负担办法。随着革命形势的发展和拥军优属工作的不断深入，各级政府都把代耕当作一项政治任务，认真总结代耕工作经验，逐渐完善了优属代耕制度。1948年1月，松江省政府发布命令，在颁发的《松江省优待军人家属土地包耕暂行办法》中对军属土地应否包耕、包耕多少、由谁包耕等问题进行了规定，同时明确了以村为单位组成优属委员会的职能。从1949年春开始，黑龙江省改变了过去优属代耕临时派工办法，实行代耕专责制。代耕专责制的形式，一是包耕制，由军属自找对象，包给一户耕种；二是由生产小组代耕，把全村代耕地按劳力数分给生产小组负责，基本上一个小组代耕一户的土地；三是工资制，由群众摊钱交给应代耕的军属自己雇工；四是出租制，由军属将土地出租，“四六”分粮（军属得四份），差额部分由群众补足。实行代耕专责制后，群众省力，军属省心，但仍以村为单位负担，存在着村与村之间负担不平衡的现象。由于拥军优属工作的深入发展，优属代耕制度日趋完善，农村缺乏劳动力的烈军属和荣誉军人普遍享受了土地代耕的优待。据1949年统计，松江、黑龙江两省共为17.1万户缺乏劳动力的烈军属代耕土地31.83万公顷，平均为每户享受优待的烈军属代耕土地1.83公顷。[12]

在对待贫困烈军属上，东北解放区通过给予实物的方式对其进行补助。据1947年统计：延吉市为烈军属发放优抚救济款物计14.8亿元（东北币），延吉县（今龙井市）发放优抚救济粮30吨，无息借给烈军属粮食40多吨。汪清县对70户贫困烈军属发给救济粮7 600市斤。哈尔滨市对贫困军属的补助标准是：大人每月发给高粱米15公斤，小孩每月发给高粱米10公斤，每户每月发给木柴30公斤。1949年，吉林市人民政府为贫困烈军属203户、566人发放优抚救济粮7 330市斤、薪柴12 340市斤、救济款8 795万元。[13]

东北解放区以此为基础进一步保障烈军属的权益，如公粮征购、上学就业、疾病医疗、住房饮水等方面实行优待政策。1946年10月1日，吉林省政府颁布的《吉林省政府征收公粮暂行条例》规定：对抗日义勇军、抗日联军、民主联军和革命烈士直系家属，减征其负担的10%。10月29日，中共吉林省委发出通知，要求各县委、各工作队，要关心烈军属生

① 抗战胜利后在东北成立的九省之一，1949年4月21日被撤销，并入黑龙江省。

② 国民政府成立的九省之一，现已并入黑龙江省。

活，对抗联家属和烈士遗属进行调查、慰问，给予生活救济，帮助烈士子女入学。1947 年 2 月 11 日，吉林省政府颁布《吉林省优待革命军人家属暂行条例》，规定在机关、公营事业单位采用员工时，军人家属（包括烈士家属及荣军家属）享有优先权，其子弟入学实行免费，在公营商店、合作社购买货物按市价优待 5%；疾病治疗可减免医药费。11 月 16 日，吉林省政府发出《关于优待工作的指示》，确定了优待等级（按其贫苦程度），发给“优待证”，凭证享受优待。要求地方人民政府帮助烈军属建立家务，进一步健全了优待制度。1948 年，吉林省加强了对城市烈军属生活照顾，组建军属合作社，发动军属入股、入社，对生活困难的补助粮食、烧柴，在公立医院看病享受半价，免费饮用自来水。1949 年 2 月，长春市政府制定《优待烈军属办法》，规定烈军属居住公房、使用自来水、疾病治疗及子弟入学，予以半价或者免费优待，公私营企业雇用员工时优先录用。同年 9 月，吉林省贯彻《东北公立中华人民助学金暂行条例》，对学业优良的贫苦烈属、军属、干属子弟发给人民助学金。[14]东北解放区对烈军属的优抚保障措施鼓舞了前方将士英勇杀敌，为夺取解放战争的彻底胜利，产生了极其重大的意义。

（三）对战勤民工的优抚保障

对参加战勤牺牲的民工，根据 1949 年 1 月东北行政委员会《关于战勤民工抚恤暂行办法》，由政府发给抚恤粮 1 500 公斤；参战负伤的民工，由部队野战医院或省、县公立医院免费治疗；参战伤亡的民工，持有战勤大队部或其服务部队师以上政治机关证明书，经部队野战医院、师以上卫生机关或地方县以上卫生机关检查评定残废等级，经省民政部门审查批准，可承认为“残废民兵民工”，残废情形分三等，不分级。残废抚恤金标准以高粱米计量，一等 900 斤，二等 600 斤，三等 300 斤。[15]通过对战勤民工的抚恤，不仅保障了民工的生活，解决了民工的后顾之忧，同时使参战民工以高度的热忱投入到解放战争中去。

二、东北解放区社会优抚的特点

（一）内容的综合性

东北解放区的社会优抚不是单一的社会救助，也不是单一的社会保险或社会福利，而是三种制度特性兼有的一种综合性的社会保障制度。对荣誉军人的退休或就业安置，对烈军属和伤残人员的抚恤等，具有社会保险的性质；对贫困烈军属发放救济粮、款和衣物等帮困济贫等政策措施，具有社会救助的特征；而为烈军属提供就业、子女入学、医疗等特殊待遇，又有了社会福利的性质。所以说，东北解放区的社会优抚是一个以特殊群体为保障对象的综合性的保障体系。

（二）目标的双重性

东北解放区的社会优抚既强调物质优抚又重视精神优抚。一方面，提供荣誉军人和烈军属基本生活的保障，即为烈军属和伤残军人提供抚恤金，对退役军人提供安置费以及提供荣军疗养院、复退军人精神病院、军队离退休干部休养所等服务设施等。另一方面，褒扬革命烈士，对人民群众进行宣传教育，鼓舞人民群众的革命意志，增强军民之间的鱼水情，对优抚对象精神上具有特殊的抚慰意义。这种保险制度的双重性使东北解放区的社会优抚有了自下而上的广泛群众基础，因此能卓有成效地开展起来，并取得了很好的社会效果。

（三）手段的计划性

东北解放区的优抚安置更多的是国家有计划性的利用行政命令的方式向企事业单位分配安置任务，企事业单位将其作为重要的政治任务，无条件的完成接收安置对象。1947年，在东北爱国保田自卫战争中，根据中共中央东北局和东北行政委员会指令，辽宁省政府接收安置退伍军人，由省民政厅负责介绍到县、区政府进行安置。同年4月，辽宁省政府发出妥善处置退伍军人的训令，对入伍半年以上因疾病经师或分区以上政治机关批准，并持有证件的退伍军人，由省民政厅民政科开介绍信，县、区政府酌情安置于村屯，为其代找职业，代找住所或分给土地。同年4—10月，辽北省①政府接收安置将近800名残废军人，省政府发出指示，凡能工作者，分配到省、县级各机关部门，按其工作能力、健康条件给以适当工作。对不能分配在机关部门工作者，设法安置到工厂、农场、烧锅、油房等生产部门。这种优抚安置手段虽然保障了安置对象的基本生活，但是加重了接收单位和机关的财政负担，造成人员严重臃肿。

三、东北解放区社会优抚的作用

（一）增强社会各界对人民军队的爱戴

解放战争期间，东北解放区的人民主动发扬拥军的光荣传统，有力地支援了东北解放战争的胜利进行。1946年4月，在“四平保卫战”中，当地人民组成四平市各界前线慰问团赴前线慰劳部队官兵，带去袜子、雨衣、皮靴、药品、纸烟等大批慰问品及现金，分发给前方官兵。[16]据不完全统计，从1947年至1948年底，黑龙江地区各界人民团体和广大群众共为前线作战将士捐献慰劳金1.6亿元（东北币），以及大批肥猪、猪肉、小鸡、鸡蛋、大米、白面等慰问物资，[17]极大地鼓舞了广大作战士兵的革命斗志，加深了军民之间的鱼水情。

（二）激发广大民众的参军热情

在各级党、政机关的重视和有计划的领导和推动下，各地开展了参军、归队的运动。广大群众参军情绪非常高涨，都表现出“参军保家乡，解放全中国”的认识。辽宁省盘山县在1948年11月21日到29日的9天内，全县已有1 640名青壮年参军，仅沙岭区就有321名，田家区172名，胡家区171名。安东省通化地区动员归队的逃亡战士160余名。[18]东北解放区社会优抚政策的措施成为巩固和扩大部队的关键和必要条件，极大地提高了军队的战斗力。

（三）解除军人的后顾之忧

东北解放区各级政府尽可能地创造较好的物质文化环境，保障抚恤对象的物质生活、教

① 民国政府在东北设立九省之一，新中国成立后被废除，分属辽宁省、吉林省、内蒙古自治区。

育、就业、医疗等方面，有效地稳定了军心、增强了军队的战斗力。吉林省政府就作出规定，对城镇烈军属子弟上学学杂费等实行减免照顾。广大人民群众和各行各业从实际出发，尽其所能地为烈军属、残废军人做好事、实事，排忧解难，服务到家。活动内容从早期的帮助烈军属、残废军人买米、担水、劈柴、干家务活，发展到各行各业主动送货、送煤、送粮、送医送药上门，分工负责，分片包干。一系列的优抚安置措施不仅有利于退伍军人及其家属能够安心生产、生活及工作，并且为社会安定团结做出了巨大的贡献。

东北解放区的社会优抚工作的开展与战争环境密切相关，由于受到当时的生产力水平的限制，这就决定了东北解放区的社会优抚不同于现代意义上的优抚安置，而且存在很多不完善的地方。但作为解放战争时期社会保障的重要内容，其发展也为新中国成立后的优抚安置制度提供了一定的借鉴作用。

参考文献

[1] 谢冰. 社会保障概论. 武汉：武汉大学出版社，2011.

[2] [9] [12] [17] 黑龙江省地方志编纂委员会. 黑龙江省志·民政志. 哈尔滨：黑龙江人民出版社，1993.

[3] [4] [15] 辽宁省民政志编纂委员会. 辽宁省民政志. 沈阳：辽宁人民出版社，1996.

[5] [6] [10] [11] [13] [14] [16] 吉林省地方志编纂委员会. 吉林省志 政事志·民政. 长春：吉林人民出版社，1991.

[7] 辽宁省档案馆档案，全宗：建国前资料，目录：民政类，案卷号 1.

[8] [18] 东北解放区财政经济史编写组. 东北解放区财政经济史资料选编（第四辑）. 哈尔滨：黑龙江人民出版社，1988.

残疾人保障

公平视阈下我国残疾人社会保障的发展

龙玉其

【摘要】残疾人公平享有社会保障是社会公平正义的重要体现，是实现残疾人同步小康的必然要求。公平性不足是当前我国社会保障的重要问题，不利于残疾人社会保障权益的实现。国内外相关法律法规对残疾人公平享有社会保障做出了明确规定。近些年来，我国残疾人社会保障的发展取得了积极进展；但是，依然存在诸多问题，残疾人难以公平享有社会保障，主要体现在残疾人与正常人社会保障的不公平、城乡残疾人社会保障的不公平和其他维度的不公平；究其原因，主要体现在理念不清、责任不明、制度不优、投入不足等方面。未来应该强化公平优先、残疾人优先的价值理念，遵循城乡统筹、地区均衡、分类保障、普惠与特惠相结合的原则，强化政府责任与财政投入，构建发展型残疾人社会保障体系，建立残疾人专项社会保障制度，推进残疾人社会保障的城乡统筹发展。

【关键词】残疾人　社会保障　公平　特惠　政府责任

Fair Development of the Disabled Person Social Security in China

Long Yuqi

(*School of Management*, *Capital Normal University*, *BeijingHaidian*, *100089*)

Abstract Equitable access to social security for the disabled is an important manifestation of social fairness and justice, is a necessary requirement forthe disabled synchronous well-off. Unfairness is an important issue of China's current social security; is not conducive to social security rights and interests of the disabled. Relevant laws and regulations at home and abroad on the fairness of social security made clear. In recent years, social security developmentof the disabled has made positive progress; However, there are still many problems, the disabled unfair enjoy social security, the unfairness mainly between the disabled and normal people, urban and rural disabled and other dimensions of inequality; For the reason, is mainly embodied in the concept of not clear, responsibility is not clear, system is not optimal, investment is not enough etc.. In the future, should strengthen the value of equity priority and the disabled priority, urban-rural coordination, regional balance, classified protection, common benefit combined with special benefit, strengthen government

作者简介：龙玉其，1982年生，男，湖南省新宁县人，首都师范大学管理学院讲师，研究方向为社会保障与社会政策。

基金项目：本文为2012年国家社会科学基金重点项目“少数民族地区的贫困与反贫困研究——基于社会保障反贫困的视角”（项目编号：12AZD106）、国家社会科学基金项目“我国公务员养老保险制度改革研究”（项目编号：12CHS084，主持人：龙玉其）的阶段性研究成果。

responsibility and financial investment, and construct the social security system for the disabled development, establishment the special social security for the disabled, coordinate urban and rural disabled social security system development.

Keywords disabled social security fairness preferential government responsibility

残疾人公平享有社会保障是实现残疾人同步小康的重要保障、是实现城乡一体化、公共服务均等化的必然要求。近些年来，我国残疾人事业不断发展，残疾人社会保障的发展取得了明显成绩。但是，目前我国残疾人社会保障还存在诸多问题，难以满足日益增长的残疾人社会保障需求。其中一个重要方面就是社会保障的公平性不足，不利于残疾人获得公平的社会保障，不利于残疾人全面小康的实现。因此，这里基于对公平和残疾人公平享有社会保障的理解，结合目前我国残疾人社会保障的现实，分析残疾人公平享有社会保障存在的主要问题及其原因，为实现残疾人公平享有社会保障提出具体建议。

一、公平与残疾人公平享有社会保障

（一）对公平概念的理解

公平是人类文明进步的重要体现，是人类永恒的理想追求。自古以来，中外一些思想家一直在追求着公平的理想社会，阐述公平思想。关于公平的含义，至今没有一个完全统一的认识，仁者见仁，智者见智。从字面上讲，公平包含“公正、平等”的意思。《布莱克法律词典》认为“公平是指法律的合理、正当适用，是指对有关赋予当事人权益的法律事件或争议所做的处理具有持久性”。[①]《现代汉语词典》将公平定义为：“处理事情合情合理，不偏袒哪一方面”。[②]

公平与平等、正义等词的词义相近，但不完全相同。平等是对客观事物状态的描述，可以用具体客观的标准来衡量。是否承认差别是公平与平等的主要区别，公平承认合理的差别存在，平等则不然，主要强调结果的均等。公平但不一定平等，平等也未必公平。正义是平等的衡量准则之一，是实现平等的重要条件。正义和公平、平等是密不可分的，一些思想家在论证自己的平等观时，往往将其诉诸正义，在论述“正义”时往往又借助于平等。[③]罗尔斯认为，正义是“公平的正义”，正义总是意味着某种平等。[④]

公平主要是一种基于客观数量和事实、行为的价值判断和道德标准，是个人判断事物合理性的一种观念。公平是一个动态的概念，在不同的时代和发展阶段，公平的具体内涵会有所变化。综合各类因素，这里将“公平”理解为人与人之间在发展机会、利益获取、资源占有、社会地位、公民权利等方面的公正与平等。

根据不同的标准，公平可以分为不同的类型，体现不同的形式。根据公平的内容，包括经济公平、政治公平、社会公平等；其中，社会公平是一个社会的基本价值观念及社会发展

① *Blour' s Law Dictionary Henry Campbell Bloch*, *M*, *A*, *5ched*. West Publishing Co, 1979: 776.

② 现代汉语词典［Z］. 北京：商务印书馆，1996：436.

③ 洋龙. 平等与公平、正义、公正之比较［J］. 文史哲，2004，(4)：148.

④ 罗尔斯. 作为公平的正义——正义新论［M］. 北京：中国社会科学出版社，2002：70.

评价准则，其实质是社会资源在一定的历史环境和地域环境中，公平合理地进行分配。[①] 根据公平的层次，可以分为生存型公平、发展型公平。根据公平的体现，可以分为法律上的公平和事实上的公平，或者是形式公平与实质公平。根据公平的环节，可以分为起点公平、过程公平和结果公平。起点公平就是指“站在同一起跑线上”，个体之间的条件和能力完全相同，由于多种原因，绝对的起点公平是不存在的；不过，可以通过各种努力来缩小起点不公平。过程公平，也可以理解成规则公平、制度公平、机会公平、权利公平，过程公平是实现公平竞争的关键，是促进结果公平的手段，甚至对起点公平也产生重要影响。结果公平是公平的最终目标，是最重要的公平，受制于诸多因素，结果公平的实现比较困难；与起点公平相比，结果公平具有更强的可控性，国家和社会可以通过各种努力来缩小结果的不公平。

（二）残疾人公平享有社会保障

胡锦涛指出：“我们应该坚持社会公平正义，着力促进人人平等获得发展机会，逐步建立以权利公平、机会公平、规则公平、分配公平为主要内容的社会公平保障体系，不断消除人民参与经济发展、分享经济发展成果方面的障碍”。[②] 让残疾人公平享有社会保障是社会保障体系公平的重要体现，由于残疾人群体的特殊性，更加需要强调公平性。“社会政策在本质上是强调公平，制衡市场，保护市场竞争中先天的弱势群体。残疾人社会政策的首要价值取向应当是公平，这一点是绝对的、第一位的”。[③] 罗尔斯认为，社会和经济的平等应该满足两个条件，其中之一便是“它们应该有利于社会之最不利成员的最大利益（差别原则）”。[④] 残疾人作为社会的“最不利成员”，理应受到社会政策的重点关注。

残疾人公平享有社会保障是残疾人社会权利和机会均等的重要体现。联合国《残疾人机会均等标准规则》对残疾人公平享有社会保障做出了明确规定：“实行社会保障、社会保险或其他社会福利制度或正在为一般民众制定这类制度的国家，应确保这类制度不排除或歧视残疾人”。《残疾人权利公约》明确规定：“确保残疾人可以平等享受退休福利和参加退休方案”。

对残疾人公平享有社会保障的理解，应该将残疾人作为普通公民和特殊公民两个方面来考虑，在使残疾人享受普通公民社会保障待遇的同时，要给予残疾人更多的关注、支持与倾斜。考虑到残疾人对社会保障需要的迫切性，如果仅仅拿普通公民的规则适用于残疾人，则难以较好地体现出社会保障在扶弱、济困等方面的公平性。根据前面对公平概念的理解，残疾人社会保障中的公平也可以体现为起点公平、过程公平与结果公平，形式公平与实质公平，生存型公平与发展型公平。

起点公平、过程公平与结果公平。起点公平就是要发挥社会保障在缩小残疾人起点不公平方面的作用，让残疾人与正常人在同等条件下应该享受同等的社会保障，这是残疾人公平享有社会保障的基本要求。过程公平就是要通过科学的制度设计和管理服务，实现残疾人

---

① 魏杰，叶榕. 论社会公平的度量标准［J］. 理论前沿. 2008，（3）：5－8.

② 胡锦涛. 深化交流合作实现包容性增长［N］. 人民日报，2010－9－17.

③ 童星. 残疾人社会政策的基点［J］. 甘肃社会科学，2013，（1）：24－27.

④ 罗尔斯. 作为公平的正义——正义新论［M］. 北京：中国社会科学出版社，2002：70.

"人人享有社会保障"，还包括实现残疾人在社会保障政策制定过程中的公平参与。结果公平是残疾人社会保障公平的直接体现，主要是指社会保障的待遇和服务提供不能因为"残疾"而出现过大差距。普惠的基本社会保障难以真正实现残疾人公平享有社会保障的目标，而需要通过一些特殊性的制度和措施来体现。

残疾人公平享有社会保障的其他划分。①形式公平与实质公平。形式公平是指从表面上来看，社会保障的制度和服务提供在形式上将残疾人与其他人群统一对待；实质公平是指残疾人与其他群体社会保障待遇的公平性与服务的可及性。形式公平未必实质公平，真正实现残疾人公平享有社会保障主要指的是实质公平，而非形式公平。②生存型公平与发展型公平。主要考虑了残疾人不同层次的社会保障需求，生存型公平主要是指社会保障要维护和实现残疾人的生存权利，主要通过残疾人津贴、社会救助（特别是最低生活保障）、社会保险等经济保障措施来实现；发展型公平则是指通过社会保障维护和实现残疾人公平的发展权利，主要通过残疾人康复、教育和就业来实现。

二、我国残疾人社会保障的发展及其公平性审视

（一）我国残疾人及其社会保障的发展

残疾人是我国一个数量众多的特殊群体。根据第六次全国人口普查我国总人口数、第二次全国残疾人抽样调查中残疾人占全国总人口的比例和各类残疾人占残疾人总人数的比例推算，2010 年末我国残疾人总人数 8 502 万人，分别为：视力残疾 1 263 万人，听力残疾 2 054 万人，言语残疾 130 万人，肢体残疾 2 472 万人，智力残疾 568 万人，精神残疾 629 万人，多重残疾 1 386 万人。不同等级的残疾人数分别为：重度残疾 2 518 万人，中度和轻度残疾人 5 984 万人。[①]

近些年来，随着我国社会保障体系的日益完善和残疾人事业的不断发展，残疾人社会保障也取得了积极进展。2013 年，有 401.4 万城镇残疾人参加了城镇居民社会养老保险，参保率 65.1%；60 岁以下的参保残疾人中有 77.9 万重度残疾人，其中 73.1 万得到了政府的参保扶助，代缴补贴比例达到 93.8%，56.8 万非重度残疾人享受了全额或部分代缴的优惠政策；领取养老金待遇的人数达到 162.0 万人；1 638.3 万残疾人参加了新型农村社会养老保险，参保率 71.2%，60 周岁以下的参保残疾人中有重度残疾人 314 万，其中 302.9 万得到了政府的参保扶助，代缴补贴比例达到 96.5%，175.2 万非重度残疾人也享受了全额或部分代缴的优惠政策；享受养老金待遇的人数达到 628.1 万人。城镇残疾职工参加社会保险人数达到 296.7 万，城镇残疾居民参加基本医疗保险达到 547.3 万人，264.8 万城镇残疾人和 828.2 万农村残疾人纳入最低生活保障范围；城镇集中供养残疾人和农村五保供养残疾人分别达到 11.7 万和 65.2 万；366.2 万和 92.0 万城乡残疾人分别享受了稳定的生活补贴和护理补贴。266 万城乡残疾人得到了其他救助救济。[②] 从最近几年部分残疾人社会保障项目的发展情况来看，残疾人在参加医疗保险、养老保险和享受最低生活保障等方面均取得了明显

---

① 中国残疾人联合会网站. http://www.cdpf.org.cn/sytj/content/2012-06/26/content_30399867.htm

② 数据来源：2013 年残疾人事业发展统计公报。

进展（见表 1）。

表 1　2009—2013 年部分残疾人社会保障项目发展情况　（单位：万人）

项目	2009	2010	2011	2012	2013
残疾居民参加城镇居民医疗保险	283.6	355.9	433.1	498.6	547.3
农村残疾人参加新型农村社会养老保险	158.9	487.1	1 232.5	1 338.4	1 638.3
城乡残疾人纳入最低生活保障	853.6	927.1	1 031.4	1 070.5	1 093.0
托养残疾人	11.0	57.9	60.7	74.7	76.9

数据来源：2013 年中国社会统计年鉴，2013 年残疾人事业发展统计公报。

残疾人家庭收入、住房、教育、康复等方面得到了明显改善，残疾人家庭人均可支配收入从 2007 年的 4 163 元上升到 2012 年的 9 364 元，残疾人家庭人均住房使用面积从 2007 年的 19.3 平方米上升到 2012 年的 21.2 平方米，康复服务覆盖率从 2007 年的 19%上升到 2012 年的 55.2%，学龄残疾儿童接受义务教育比例从 2007 年的 63.3%上升到 2012 年的 71.9%，城镇残疾人基本社会保险覆盖率从 2007 年的 34.8%上升到 2012 年的 82.8%，农村残疾人合作医疗覆盖率从 2007 年的 84.4%上升到 2012 年的 97%。残疾人社会保障的发展对于残疾人生活水平和生活质量的提升发挥了重要作用，残疾人小康程度不断提升。残疾人小康进程从 2007 年的 46.8%上升到 2012 年的 68.4%。①

（二）残疾人难以公平享有社会保障

尽管近些年来我国残疾人社会保障取得了明显成效，但是，仍然存在诸多问题，其中一个重要方面就是社会保障的公平性不足，残疾人难以公平享有社会保障，主要体现在以下几个方面。

1. 残疾人与正常人社会保障的不公平

目前我国社会保障基本上是将残疾人与正常人统一对待，表面上比较公平，但是，这种“普惠”式的思维不能较好地考虑残疾人的特殊困难和需求，因而不能较好地体现公平性。由于我国社会保障发展的渐进性和残疾人的收入能力限制，残疾人实际纳入社会保障范围往往落后于正常人，其待遇水平也往往比正常人要低。

以住房保障与教育保障为例，残疾人与正常人有着较大差距。残疾人家庭人均住房使用面积明显低于全国水平。2012 年，残疾人家庭人均住房使用面积为 21.2 平方米，比全国居民家庭人均住房使用面积低 7.5 平方米。残疾人与正常人在享受教育方面也存在着较大差距。2012 年，学龄残疾儿童接受义务教育的比例为 71.9%，还有 28.1%的学龄残疾儿童没有接受义务教育，而全国非残疾学龄儿童基本上都接受义务教育。

社会保障水平是城乡居民生活水平的重要体现，考虑残疾人收入、能力的限制，其社会保障收入来源远远不足。社会保障水平的差异，在一定程度上导致残疾人家庭恩格尔系数明显高于全国平均水平。2012 年度，残疾人家庭恩格尔系数为 48.5%，比全国居民家庭恩格尔系数 37.7%高出 10.8 个百分点。可见，残疾人家庭的生活水平与全国平均水平还有较大

① 数据来源：中国残疾人小康进程年鉴监测报告。

距离。[①]

2. **城乡残疾人社会保障的不公平**

从残疾人康复的城乡比较来看，2012年全国残疾人接受过康复服务的比例为55.2%，其中，农村残疾人接受过康复服务的比例为52.6%，城镇为63.0%，明显高于农村。从城乡残疾人受教育情况来看，2012年城镇18岁及以上残疾人从未上过学的占21.1%，而农村占42.2%，农村未上过学的残疾人比例是城镇的两倍，城镇残疾人中初中、高中、中专、专科、本科及以上的比例均大大超过农村残疾人。

从最低生活保障的城乡比较来看，无论是受保障的人数，还是保障水平，城乡之间都有较大差距。根据有关学者的研究测算，在我国城镇残疾人口中，有275万人享受到当地居民最低生活保障，占城镇残疾人口总数的13.28%；而农村残疾人口中，有319万人享受到当地居民最低生活保障，仅占农村残疾人口总数的5.12%。农村贫困残疾人享受当地最低生活保障的比例严重落后于城市贫困残疾人享受社会最低生活保障比例，少了8.16个百分点（2006年抽样数据计算）。[②] 从待遇水平来看，2012年城市最低生活保障平均支出水平为2 869.2元/人·年，农村为1 247.9元/人·年，二者相差1 621.3元/人·年。[③]

从有劳动能力未就业残疾人生活主要来源的城乡比较来看，生活主要来源为离退休金和领取基本生活费城镇残疾人的比例大大超过了农村残疾人，相反，生活来源为家庭成员供养农村残疾人的比例大大超过城镇残疾人，可见，农村残疾人的生活主要依赖于家庭（见图1）。转移性收入是反映社会保障及其他国家公共投入的重要指标，2012年城镇残疾人家庭收入中的转移性收入为8 081.8元，农村为1 734.8元，农村家庭仅为城镇家庭的21.4%。[④]

城镇残疾人社会保障的不公平，主要体现在社会保障的供给不平衡及其导致的需求满足程度不平衡两方面。一方面，城镇残疾人社会保障的供给水平明显优于农村残疾人；另一方面，由于需求满足程度的差异，农村残疾人社会保障的需求水平又明显高于城镇残疾人。2012年农村残疾人在医疗、生活、康复、教育等方面的救助需求分别为62.3%、68.6%、29.8%、10.2%，城镇残疾人在医疗、生活、康复、教育等方面的救助需求分别为52.7%、45.2%、25.6%、7.6%，农村残疾人的需求水平明显高于城镇。[⑤]

3. **残疾人社会保障不公平的其他方面**

残疾人与正常人社会保障的不公平、城乡残疾人社会保障的不公平是残疾人社会保障不公平的两个主要方面。此外，在不同地区、不同性别、不同职业残疾人之间也存在社会保障不公平。

从残疾人社会保障的性别差异来看，由于社会保障制度设计的性别差异，残疾人社会保障的性别差异也较为明显。有学者根据相关调查数据的研究发现，无论是数量上还是比例上，参加养老保险的男性残疾人约是女性残疾人的2倍，男女差别很大。[⑥]

---

① 数据来源：中国残疾人小康进程年鉴监测报告。

② 卢江勇，陈功. 贫困残疾人的社会保障问题研究［J］. 中国人口资源环境，2011，(12)：166－169.

③ 数据来源：2013年中国民政统计年鉴。

④ 数据来源：2012年中国残疾人状况及小康进程监测报告。

⑤ 数据来源：2012年中国残疾人小康进程年度监测报告。

⑥ 姜向群，胡立瑷，山娜. 农村残疾人的社会保障状况及社会保障需求［J］. 人口学刊，2011，(3)：53－60.

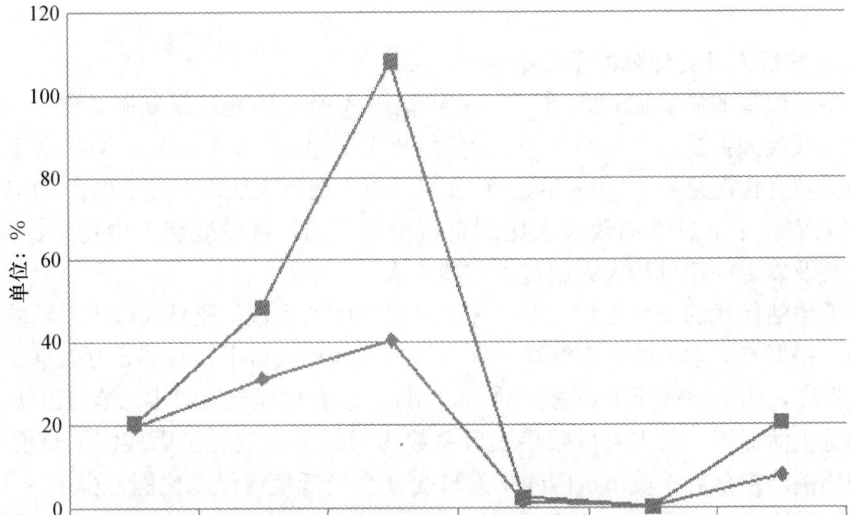

	离退休金	领取基本生活费	家庭其他成员供养	财产性收入	保险性收入	其他
城镇	19.5	31.2	40.4	1.3	0.1	7.6
农村	1	17.3	67.8	1	0	13

图 1　城乡未工作残疾人的生活主要来源情况

数据来源：2012 年中国残疾人小康进程年度监测报告。

由于我国经济社会发展和社会保障发展的地区不均衡性，残疾人社会保障的地区差异较为明显，东部发达地区的残疾人社会保障优于中西部欠发达地区。有学者运用聚类分析方法证实了残疾人社会保障的地区差异，并且认为，这种非均衡性是与各地区经济的非均衡发展相对应的。① 以城市居民最低生活保障为例，不同地区城镇最低生活保障的支出水平较大，2012 年城市最低生活保障水平最高的北京市为 463 元/人·月，最低的河南省仅为 189.3 元/人·月，二者相差 273.7 元/人·月。②

此外，不同类型、不同身份残疾人的社会保障状况也有较大差距。关于不同类型残疾人的社会保障差异，在姜向群等（2011）学者的调查研究中已经获得证实。至于不同职业和身份残疾人社会保障的差距就更大了，由于我国社会保障的碎片化和身份差异，不同职业和身份人员的社会保障差距较大，机关事业单位、城镇职工、城乡居民等不同职业和身份以及不同行业残疾人的社会保障差异也较大。

三、残疾人难以公平享有社会保障的原因分析

残疾人之所以难以公平享受社会保障，究其原因，主要体现在理念不清、责任不明、制度欠优、投入不足等方面。

一是理念不清。理念决定方案、理念指导行动，理念的模糊是当前我国残疾人难以公平享受社会保障的重要原因。究竟该如何公平、有效地满足残疾人的社会保障需求，并没有真

① 赵萌萌，吕学静．我国残疾人社会保障地区间非均衡性研究［J］．人口与经济，2012，(6)：77—81．

② 数据来源：2013 年中国民政统计年鉴。

正形成理念共识。在我国社会保障理念并不十分清晰的前提下，社会保障如何处理正常人与残疾人的关系、如何维护和实现残疾人的社会保障权益，并没有特别明晰的理念。尤其是在实践中，社会保障的公平、正义理念不突出，尽管“平等、参与、共享”已经成为我国残疾人事业发展的理念共识，但是，没有较好地体现在残疾人社会保障实践中，“普惠”式的社会保障发展理念不利于残疾人公平享有社会保障。残疾人社会保障的理念模糊实质上是忽略了残疾人的特殊性及其社会保障需求，容易忽视公平性，形成“社会排斥”。

二是责任不明。责任不明确是我国社会保障发展过程中的重要问题之一，也是影响残疾人公平享受社会保障的重要原因。政府、社会、家庭、个人是残疾人社会保障的重要主体，目前这些主体在承担残疾人社会保障方面的责任失衡甚至是缺失的。从目前来看，残疾人的生活主要来源于家庭供养，特别是农村残疾人，其他方面的生活来源支持相对较少，这是残疾人社会保障责任不清的重要体现。残疾人社会保障的满足，更加需要政府和社会的支持，而保障的不公平恰恰来源于政府和社会的支持欠缺。政府整体责任不足的同时，不同层级政府的责任划分不清，导致残疾人社会保障更多依赖于地方政府而使得不同经济发展水平地区之间残疾人社会保障的不均衡。

三是制度不优。制度设计是确保实现残疾人公平享有社会保障的直接依据。通过近些年来的努力，尽管我国社会保障制度体系的基本框架已经建立；但是，由于诸多因素的制约，我国社会保障的制度设计还存在很多问题，由于社会保障制度设计中制度模式、筹资机制、补偿机制等方面的不完善，难以较好地发挥社会保障的公平作用，甚至在一定程度上还导致逆向公平的出现。社会保障制度设计在没有完全实现“普惠”的同时，更没有体现“特惠”，对残疾人社会保障的重点不突出，没有体现残疾人优先的制度安排，只有个别社会保障制度（城乡居民社会养老保险制度）设计中含糊地强调对残疾人的特殊支持。这种将残疾人与正常人统一对待的社会保障制度设计不利于残疾人公平享受社会保障。另外，我国社会保障制度的碎片化从两个方面不利于残疾人：一方面，根据城乡和不同职业身份设计的社会保障制度容易导致不同人群社会保障的不公平，不利于弱势群体的社会保障；另一方面，在我国社会保障制度碎片化的同时，却没有将残疾人纳入碎片化的范围，在一定程度上忽视了残疾人的群体特性及其社会保障需求。社会保障制度设计不完善，还体现在对于残疾人康复、服务和精神保障方面的制度缺乏。

四是投入不足。财政投入不足是残疾人社会保障公平性不足的重要原因，在我国社会保障整体投入不足的同时，更加容易导致残疾人社会保障资金的缺乏，导致残疾人社会保障覆盖面不足、保障水平低、体系不健全，难以满足残疾人的社会保障需求。尚未真正建立制度化的残疾人社会保障财政投入保障机制，没有专门针对残疾人的社会保障财政预算，不利于为残疾人提供公平、适度、可持续的社会保障。残疾人社会保障财政投入不足的另外一个原因就是不同层级政府的财政投入责任不明确，出现了过于强调地方财政对残疾人社会保障投入的倾向，不利于残疾人社会保障的地区公平性。中央对欠发达地区残疾人社会保障的财政转移支付机制不完善，不能有效地平衡不同地区残疾人社会保障的财政投入能力，不利于残疾人公平享受社会保障。

四、促进残疾人公平享有社会保障的对策建议

未来应该强化公平优先、残疾人优先的价值理念，遵循城乡统筹、地区均衡、分类保障、普惠与特惠相结合的原则，强化政府责任与财政投入，立足于残疾人的经济保障、服务保障、精神保障三大需求，构建发展型残疾人社会保障体系，建立残疾人专项社会保障制度，推进社会保障制度的整合与城乡统筹发展。

（一）明确残疾人公平享有社会保障的相关理念与原则

让残疾人公平享有社会保障，首先需要明确公平优先、残疾人优先的制度建设理念。应该强化社会保障的公平属性，扶弱济困，重点向包括残疾人在内的弱势群体倾斜，始终坚持公平优先的原则，将公平理念纳入残疾人社会保障制度建设和实施的各个环节。残疾人优先是公平优先的必然要求，在社会保障制度建设中，不应该仅局限于将残疾人与正常人纳入完全相同的社会保障体系，还需要有特殊性的制度安排与扶助措施。

让残疾人公平享有社会保障，应该坚持城乡统筹、地区均衡、普惠与特惠相结合、分类保障原则。一是城乡统筹。未来需要实现城乡残疾人社会保障与社会服务均等化，缩小城乡残疾人社会保障差距，坚持城乡统筹原则，在城乡统筹的框架下重点加强农村残疾人社会保障体系建设。二是地区均衡。在残疾人社会保障地区差异较大的背景下，尤其需要坚持地区均衡原则，缩小不同地区残疾人之间的社会保障差距，实现残疾人社会保障的地区公平发展。三是“普惠”与“特惠”相结合。所谓“普惠”，就是全体国民一视同仁，统一对待，这是社会保障公平的重要基础；“特惠”就是要在“普惠”的基础上，根据残疾人群体的特点及其社会保障需求的特殊性，采取特别的社会保障措施，建立特殊的社会保障项目，使之更加有利于残疾人获得社会保障。四是分类保障。应该根据不同类别残疾、不同程度残疾人、不同收入残疾人设立不同的社会保障，提高残疾人社会保障的针对性和有效性，要求对重度残疾人、多重残疾人和低收入残疾人予以特别保障。

（二）生存保障与发展保障相结合，建立发展型残疾人社会保障体系

建立发展型残疾人社会保障体系是残疾人公平享有社会保障的必然要求，是发展型公平的重要体现。残疾人不仅有着急迫生存保障需要，也有着强烈的发展愿望，盼望融入社会、获得发展。残疾人社会保障，不能停留在消极、被动的生存型保障层次，而应该建立积极的发展型社会保障体系。应该将残疾人康复、就业、教育、住房等纳入残疾人社会保障的范围，明确社会保障预防残疾和促进发展的目标，通过建立发展型残疾人社会保障体系，在解决残疾人生存问题的同时，不断提升残疾人的人力资本和发展能力。

建立发展型残疾人社会保障体系，应该结合残疾人的特点和需求，将经济保障、服务保障和精神保障相结合。① 在满足残疾人经济保障需求，不断提高残疾人收入水平的同时，大力发展残疾人康复、养老服务、医疗服务、就业服务，通过制度建设、人才培养和资金投入，加强残疾人精神保障，全面提高残疾人的生活质量，真正实现残疾人的全面小康。

---

① 郑功成. 残疾人社会保障：现状及发展思路 [J]. 中国人民大学学报，2008，(1)：2—9.

建立发展型残疾人社会保障体系，需要通过各种措施扩大残疾人社会保障的覆盖面，实现残疾人社会保障的人群全覆盖，这是实现残疾人公平享有社会保障的前提。鉴于残疾人社会保障水平整体偏低的问题，在建立发展型残疾人社会保障体系还应该提升残疾人社会保障水平，建立残疾人社会保障的动态调整机制，实现待遇水平的发展性。

（三）在社会保障体系的整体框架下建立残疾人专项社会保障制度

实现残疾人公平享有社会保障，需要基于我国经济社会发展的整体考虑，加强顶层设计，完善社会保障体系的整体设计。在国家社会保障体系整体框架下，坚持“普惠”与“特惠”相结合原则，根据残疾人的特殊性，建立残疾人专项社会保障制度。尤其是针对一些重度残疾人和多重残疾人，应该建立专项社会保障制度。我国有 8 300 多万各类残疾人，其中重度残疾人 2 457 万，占全国残疾人口总数的 29.62%。应该按照“扶贫弱、促公平”的社会保障基本原则，加快建立重度残疾人专项社会保障制度，缩小他们在基本生活上与其他残疾人和社会平均水平的差距。① 从一些发达国家残疾人社会保障的发展经验来看，残疾人社会保障项目的设立和法律制度建设经历了从“一般”到“专门”的发展过程，并在这一过程中积累了丰富的经验。②

残疾人专项社会保障制度是一个体系，体现了残疾人特殊的社会保障需求。当前应该针对重点残疾人在生活来源方面的困难及护理服务需求，重点建立重度残疾人的生活津贴制度、护理补贴制度及托养服务制度。明确政府责任，在制度、资金、服务、设施、管理等方面采取有效措施保障重度残疾人的生活，避免出现残疾与贫困的恶性循环。

残疾人专项社会保障制度的建立，需要处理好“普惠”与“特惠”的关系，明确各自的目标定位，建立与一般社会保障制度的衔接机制。一般性制度安排与特殊性制度安排有机结合，既相互独立，又相互衔接。需要处理好重度残疾人生活津贴与最低生活保障制度的关系、护理补贴制度与医疗保险的关系、托养服务制度与一般性社会福利制度的关系。

（四）以城乡统筹为目标，重点推进农村残疾人社会保障体系建设

鉴于目前农村残疾人社会保障与城市残疾人社会保障存在较大差距，未来迫切需要重点加强农村残疾人社会保障体系建设，提升农村残疾人的社会保障水平，实现城乡残疾人社会保障的公平。2006 年第二次全国残疾人抽样调查数据显示，有四分之三的残疾人生活在农村，与正常人及城市残疾人相比，农村残疾人是弱势中的弱势，其生活水平与生存状况堪忧。

在未来我国建设城乡统筹社会保障体系的过程中，需要基于推进新型城镇化、城乡一体化和公共服务均等化的角度重点加强农村残疾人社会保障体系建设。加强农村残疾人社会保障体系建设，在“普惠”与“特惠”两个方面均需要下功夫，既需要完善一般性农村残疾人社会保障制度，更需要建立专项社会保障制度。应该实现农村残疾人社会保障的全覆盖，并不断提高保障水平，完善农村残疾人公共服务体系。

---

① 程凯. 加快建立重度残疾人专项社会保障制度的思考［J］. 红旗文稿，2012，（11）：29—31.

② 章程，宋宝安. 西方发达国家残疾人社会保障的成功经验对我国的启示［J］. 东北亚论坛，2012，（2）：89—95.

目前应该以社会救助为重点，以社会保险为基础，推进农村残疾人康复与托养服务保障，积极发展农村残疾人的就业保障、教育保障等发展型保障项目，加强农村残疾人的扶贫开发工作。当前尤其需要将农村重度残疾人和贫困残疾人全部纳入最低生活保障范围，实现"应保尽保"，并且支持农村残疾人参加新型农村合作医疗和农村社会养老保险制度。只有这样，才能真正实现农村残疾人的"平等、参与、共享"。

（五）强化政府责任，加大财政投入力度，完善财政投入机制

公平优先、残疾人优先的理念要求强化政府责任，充分发挥政府在残疾人社会保障中的作用。社会管理与公共服务是服务型政府的两项重要职能，让残疾人公平享有社会保障是政府加强社会管理、完善公共服务的重要内容。因此，需要进一步明确和强调残疾人社会保障中的政府职责，发挥政府在残疾人社会保障制度建设、监督管理、资金投入、设施建设等方面的作用。

政府责任的一个重要体现就是对残疾人社会保障的财政投入，公共财政是实现残疾人公平享有社会保障的重要资源保障。目前我国残疾人社会保障体系不完善、残疾人社会保障不足的一个重要原因就是公共财政投入不足，未来需要进一步加大对残疾人社会保障的财政投入，为残疾人公平享有社会保障提供充足、可持续的财政支持。

在加强财政投入的同时，还应该建立和完善残疾人社会保障的财政投入机制。应该明确中央和地方各级政府的财政投入责任。需要完善财政转移支付机制，加大中央财政对中西部地区、少数民族地区、农村地区残疾人社会保障的支持力度，平衡地方财政投入，推动残疾人社会保障的地区均衡发展和城乡均衡发展，提升社会保障的公平性。应该进一步明确财政支持的重点人群，即多重残疾人、重度残疾人、老残一体家庭、一户多残疾家庭。

参考文献

[1] Blour' s Law Dictionary Henry Campbell Bloch，M，A，5ched. West Publishing Co，1979.

[2] 程凯. 加快建立重度残疾人专项社会保障制度的思考. 红旗文稿，2012，(11).

[3] 胡锦涛. 深化交流合作实现包容性增长 [N]. 人民日报，2010－9－17.

[4] 姜向群，胡立瑗，山娜. 农村残疾人的社会保障状况及社会保障需求 [J]. 人口学刊，2011，(3).

[5] 卢江勇，陈功. 贫困残疾人的社会保障问题研究 [J]. 中国人口资源环境，2011，(12).

[6] 罗尔斯. 作为公平的正义——正义新论 [M]. 北京：中国社会科学出版社，2002，(70).

[7] 童星. 残疾人社会政策的基点 [J]. 甘肃社会科学，2013，(1).

[8] 魏杰，叶榕. 论社会公平的度量标准 [J]. 理论前沿，2008，(3).

[9] 现代汉语词典 [Z]. 北京：商务印书馆，1996.

[10] 洋龙. 平等与公平、正义、公正之比较 [J]. 文史哲，2004，(4).

[11] 章程，宋宝安. 西方发达国家残疾人社会保障的成功经验对我国的启示 [J]. 东北亚论坛，2012，(2).

[12] 赵萌萌，吕学静. 我国残疾人社会保障地区间非均衡性研究 [J]. 人口与经济，2012，(6).

[13] 郑功成. 残疾人社会保障：现状及发展思路 [J]. 中国人民大学学报，2008，(1).